Rose Reis

À flor da pele
Inclusão de crianças com deficiência visual

São Paulo
Cia dos Livros 2010

À FLOR DA PELE
Copyright © 2010 by Rose Reis

Coordenação Editorial
Editora Cia dos Livros

Projeto Gráfico e Diagramação
Carolina Fernandes

Capa
Alexandre Roberto Rodrigues

Revisão
Albenice Palmejane

Todos os direitos reservados.
É proibida a reprodução total ou parcial deste livro, por qualquer meio, sem autorização prévia e por escrito da editora.

Dados Internacionais de Catalogação na Publicação (CIP)
(Câmara Brasileira do Livro, SP, Brasil)

Reis, Rose
  À flor da pele / Rose Reis. - São Paulo : Cia. dos Livros, 2010.

Bibliografia.
1. Deficientes visuais 2. Deficientes visuais - Educação
3. Educação especial 4. Educação inclusiva 5. Inclusão social
I. Título.

10-05381   CDD-371.911

Índices para catálogo sistemático:
1. Crianças deficientes visuais na escola : Educação especial 371.911
2. Escola e deficiência visual : Educação especial 371.911

Cia. dos Livros
Rua Néa, n. 79 - Vila Ré - São Paulo - SP - 03662-000
www.editoraciadoslivros.com.br
editorial@editoraciadoslivros.com.br

Doação dos Direitos Autorais

Os direitos autorais deste livro serão cedidos à Instituição ANA-CREF (Associação Nascer e Crescer do Jardim da Felicidade), que tem sua sede no Jardim Felicidade, no bairro do M Boi Mirim, na cidade de São Paulo e atende cerca de 250 crianças por semana. Esta instituição foi fundada em 13/02/2007.

Esta doação não ocorre por acaso. Além de a autora desenvolver atividades comunitárias neste bairro, foi onde surgiu a ideia para as raízes deste trabalho, que agora se torna um livro. Foi lá que ela se deparou diretamente com uma situação de discriminação com uma pessoa com deficiência visual e, o que é pior, entre crianças. Foi quando viu que crianças, provavelmente num ato de brincadeira, quebraram os óculos de uma menina com visão subnormal, pois não percebiam a importância dos óculos para aquela garota.

E, aos poucos, durante a realização de sua pesquisa, a autora percebeu que não eram só as crianças pobres que não sabiam lidar com a inclusão das pessoas com deficiência no seu dia a dia, mas a população em geral e, principalmente, a comunidade acadêmica, pois os professores, coordenadores e diretores escolares também não estão preparados para isso, mesmo havendo um programa do Estado voltado a estas crianças.

Da mesma forma com que se preocupou em fazer um livro para os gestores da educação voltado para a inclusão do portador de deficiência, preocupou-se em fornecer os direitos autorais deste para a comunidade com o objetivo de eles terem mais recursos para desenvolver suas atividades de reforço escolar, dentro de um ambiente mais adequado e com condições de adquirir material necessário para isso.

Atualmente, todas as atividades ocorrem na casa do líder comunitário, o Adilson, que cede um espaço da sua própria casa para que as crianças possam ter aulas de reforço escolar. Espera-se que essa doação possa contribuir na busca e na construção da dignidade, consciência social e cidadania desta nova geração.

Carmem Silvia A. Carpinelli

Para Arthur, Fabiana e Hayeska, que inspiraram e contribuíram com seus desenhos neste trabalho e que fazem da deficiência visual um exemplo de perseverança e de fé na vida.

Agradecimentos

A Deus, por não colocar obstáculos em minha vida e sim oportunidades e possibilidades de superação.
Ao Douglas e Hélio Reis, meus filhos, meu "combustível" diário.
Ao Hélio, o "presidente" do meu fã clube.
Aos meus pais, Agustino e Rozita, pelo incentivo.
Aos meus alunos, irmãos, amigos e funcionários que estão ao meu lado e contribuíram para mais esta conquista.

Posso admitir que o deficiente seja vítima do destino! Porém não posso admitir que seja vítima da indiferença.
(John Kennedy)

Sumário

Apresentação	13
Nota Introdutória	15
Prefácio	19
Capítulo 1 - Caracterização da Educação Inclusiva	**25**
1.1 Evolução Histórica	29
1.2 Legislação e Normas	32
1.3 O que é inclusão?	35
1.4 O que é preconceito?	38
1.5 Formação de Professores para Lidar com Deficiência	43
1.6 Escola Inclusiva	49
Capítulo 2 - A Deficiência Visual	**55**
Capítulo 3 - Gestão Pedagógica	**59**
3.1 Administração Escolar e seus Gestores	60
Capítulo 4 - A Pesquisa	**67**
4.1 A Pesquisa Exploratória e Descritiva	69
4.2 A Revisão Bibliográfica e Documental	71
4.3 Questões, Hipóteses e Objetivos	72
4.4 Construção do Instrumento de Campo	73
4.5 O Trabalho de Campo	74
4.6 Análise dos Dados e Apresentação dos Resultados	75
Considerações Finais	79
Referências	83
Anexos	85

Apresentação

Este trabalho se debruça sobre a problemática da inclusão de alunos com necessidades educacionais especiais em decorrência da deficiência visual. Tem como objetivo o estudo da atuação da gestão pedagógica na inclusão de crianças com deficiência visual nas escolas. Como referências para a pesquisa foram adotadas os referenciais teóricos propostos por Mantoan (2003), Libâneo (2004), Mazzotta (1989; 2005) e Crochik (2002). A orientação metodológica obedeceu aos critérios da pesquisa exploratória e descritiva com os procedimentos da pesquisa bibliográfica e de campo, realizada através de entrevistas com os sujeitos envolvidos: pais, professores, gestores e crianças com deficiência visual. Pode-se concluir que há grandes desafios a serem enfrentados pelos gestores frente à escassez de recursos físicos e no tocante ao pouco preparo oferecido continuamente aos professores e demais funcionários para lidar com as crianças com deficiência.

Palavras-chave: educação, inclusão, deficiência visual e gestão pedagógica.

Nota Introdutória

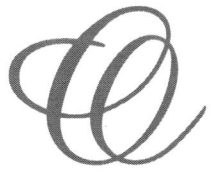 despertar da autora para esse tema deu-se durante uma ação de Extensão Universitária em uma comunidade carente, na zona sul da cidade de São Paulo. Ela foi surpreendida por uma senhora, desesperada, pedindo ajuda para comprar os óculos para sua neta, que possui visão subnormal. Os óculos da menina haviam sido quebrados propositalmente por colegas na escola. Então, além de ajudar aquela senhora a adquirir os óculos, acredita-se ser necessário fazer algo a mais no sentido de colaborar para o entendimento dessa problemática. Assim, como educadora a autora debruçou-se a pesquisar a relação dos envolvidos no processo de inclusão de crianças com deficiência visual nas escolas públicas. Algumas descobertas foram feitas, e espera-se que elas possam contribuir para a compreensão do leitor nessa difícil e árdua tarefa de inclusão.

Pessoas com necessidades educativas especiais são aquelas que demandam metodologias educacionais e recursos pedagógicos específicos no decorrer do seu processo de ensino-aprendizagem.

Este trabalho teve como objetivo proceder a uma investigação a respeito de como se dá a gestão pedagógica na inclusão de crianças com deficiência visual nas escolas. Tem-se como princípio que o Estado tem o dever de garantir o direito à educação das pessoas com necessidades especiais.

As pessoas com deficiências, quaisquer que sejam, devem ter assegurada a oportunidade de frequentar as escolas, as que devem adequar suas estruturas, física e de funcionamento, para atender a todas as necessidades e, assim, realmente garantir a inclusão. Ocorre que, essa garantia de inclusão nem sempre acontece e a constatação dessa realidade tornou esta autora interessada em pesquisar de que maneira e até que ponto a escola tem atendido às necessidades dos alunos com deficiência.

É interesse desta autora pesquisar como a gestão pedagógica das escolas oferece caminhos para a inclusão de crianças com deficiência. Ressaltamos que, nesta pesquisa, nos ateremos especificamente às crianças com deficiência visual, em função da ainda escassa literatura encontrada a respeito do tema e devido à constatação do tratamento indevido dado as pessoas com deficiência, muitas vezes integrados aos deficientes mentais nas escolas, embora não apresentem, necessariamente, deficiência cognitiva de nenhuma natureza.

O tipo de apoio que a gestão pedagógica oferece aos profissionais da escola no trabalho com crianças com deficiência visual dá suporte às ações desenvolvidas pelos professores, possibilitando essa inclusão, são alvos deste estudo. Entende-se aqui ser essencial que esse processo leve ao desenvolvimento intelectual e a um acúmulo de experiências que permitam a criança com deficiência visual uma melhor adaptação à sociedade.

Como já se observou, o tema em questão surgiu da necessidade, cada vez mais premente, de promoção de um trabalho efetivo com crianças com necessidades educacionais especiais por deficiência visual. Considera-se que, para que tal trabalho se realize, é necessário proceder à adaptação das estruturas escolares, das ações pedagógicas e das atividades específicas das disciplinas, no sentido de auxiliar o desenvolvimento das capacidades e potencialidades dessa parcela de alunos, para que, dessa forma, possam ter maiores chances de inserção na sociedade em que vivemos.

Analisando essa problemática, percebe-se ainda, a necessidade de implantação de um trabalho integrado em todas as esferas educacionais, de forma que não se limite somente às ações da escola e de seus componentes. Nesse contexto, a gestão tem um papel de suma importância, uma vez que ela pode auxiliar a escola por meio de propostas e orientações de seus componentes em ações comprovadamente efetivas, pois os administradores transformam-se em *facilitadores* das alterações no modelo de educação, despertando aptidões para as mudanças, por meio de uma ação conjunta cooperativa.

Contudo, antes de abordar a inclusão de forma geral, é importante considerar em quais aspectos da educação ela interfere, bem como a evolução do tratamento de pessoas com necessidades educacionais especiais relacionadas com deficiência visual. Somente depois de esclarecidos estes pontos basilares, é que se podem tecer considerações a respeito da ação educacional escolar e da gestão como fontes de apoio e de implementação de medidas.

Como referências teóricas para a pesquisa, serão adotados autores como Mantoan (2003), Mazzotta (2005) e Crochik (1997) no que se refere ao tema inclusão. Libâneo (2004) fornece as bases da pesquisa na área da gestão.

A pesquisa desenvolvida pela autora deste trabalho analisará as ações da escola, a participação dos gestores, dos coordenadores pedagógicos e professores e as relações existentes entre eles, no que se refere ao atendimento escolar e ensino de crianças com deficiência visual de outros alunos, por meio de pesquisa teórica e de campo. Nesse contexto, emerge a questão norteadora para a pesquisa: <u>qual o</u>

papel da gestão pedagógica no processo de inclusão de crianças com necessidades educativas especiais em decorrência de deficiências visuais?

Observa-se atualmente, em nosso país, um crescente aumento de ingresso de alunos com necessidades educacionais especiais na rede regular de ensino, assim torna-se importante discutir e refletir a educação inclusiva, pois o educador deve ter o compromisso com a formação educacional do cidadão com deficiência visual. Para tanto, é necessário, num primeiro momento, analisar o percurso da educação inclusiva no cenário mundial e nacional. Posteriormente, avaliar o processo inclusivo em nossas escolas, não deixando de lado o preconceito existente nesses casos. Para delimitar este estudo foi escolhida a deficiência visual como foco para o trabalho. Buscamos, principalmente, conhecer o caráter da atuação da gestão pedagógica no apoio a escola e a seus profissionais.

Como hipótese, entende-se que escola inclusiva é aquela em que professores e alunos aprendem a respeitar as diferenças e acolhem todas as pessoas, sem exceção. Para ser inclusiva, a escola precisa, no mínimo, fazer adaptações físicas e oferecer atendimento educacional especializado em paralelo às aulas regulares.

O trabalho foi organizado de modo a fornecer noções que vão construindo, paulatinamente, o caminho para dar conta de sua proposta. Dessa forma, no primeiro capítulo, a educação inclusiva é abordada com a descrição de sua evolução histórica, legislação, normas e a definição do que é inclusão.

O segundo apresenta os conceitos e a caracterização da deficiência visual de acordo com a política nacional de educação especial.

O terceiro capítulo traz, com detalhes, as atribuições dos gestores pedagógicos, tanto diretores quanto coordenadores e também analisa os papéis dos demais envolvidos no processo pedagógico.

O quarto capítulo tem a pesquisa de campo realizada com gestores pedagógicos, professores, pais e alunos em escolas públicas que receberam alunos com deficiência visual. Finalmente, o item conclusivo apresentará reflexões acerca do papel do gestor pedagógico na inclusão de pessoas com deficiência visual.

A autora sentir-se-á recompensada se for observado que, com esse trabalho, perspectivas forem ampliadas da compreensão da prática de uma educação inclusiva, como um projeto maior de uma sociedade inclusiva e comprometida com as ditas minorias.

Prefácio

Eu era um sujeito comum. Estudante do curso de história do Instituto de Filosofia e Ciências Sociais - IFCS, localizado no Largo de São Francisco, Rio de Janeiro. Estávamos de férias e exatamente no sábado de carnaval de 1978, com meus 21 anos, encostei o carro na garagem, entrei em meu quarto, deitei e dormi. Acordei cego.

Após algumas tentativas de recuperação da visão que de nada me valeram, como é natural de minha personalidade, assumi minha nova realidade e entrei em processo de reabilitação, que considero estar passando até hoje.

Aprender a andar com a ajuda de bengala, a me vestir tocando as roupas e descobrindo detalhes que lhe eram únicos e as destacavam das outras, fazer meu lanche sozinho, sair de casa com a cara e a coragem de quem nunca passaria da porta de entrada nessas condições, quanto mais se essa porta de entrada momentaneamente fosse a de saída e... continuar meus estudos, foram os novos desafios que, convivendo com o luto pelas perdas impostas pela deficiência visual e a provação de conhecer os novos limites e tentar diminuí-los ao máximo, eu me lançava.

Com a ajuda de amigos, transferi-me da UFRJ para a PUC-Rio. A diferença estava na locomoção: a primeira encontrava-se no centro da cidade, a segunda no bairro ao lado.

Foi na faculdade que comecei a perceber, com três meses de cegueira total, fora de casa e afastado das pessoas mais próximas, as dificuldades de uma pessoa com deficiência visual estudar.

Ser cego é uma aprendizagem. O mínimo de teoria e o máximo de prática. Ser estudante cego e sem experiência de sua deficiência, em 1978, foi simplesmente uma aventura!

Toda a tecnologia que tínhamos eram os gravadores de fita cassete, onde podíamos gravar as aulas para transcrevê-las depois para o Braille ou, simplesmente, escutá-las novamente. Amigos leitores que gravavam os livros e capítulos dos livros recomendados nas bibliografias de cada professor; e resumos feitos por nós de tudo que aprendíamos assistindo às aulas ou escutando o que os leitores haviam lido.

Eu me saí muito bem para quem, cego novo como eu, ir à faculdade sozinho já era um milagre, arrumar leitores que gostassem da matéria, outro deles, e também para quem era o único cego de toda a universidade, sendo uma curiosidade natural numa identidade de pessoa com deficiência com a qual ainda estava me acostumando.

Ouvia-se falar em integração, preconceitos, sociedade, mas, somente muito depois, em inclusão das pessoas com deficiência.

Neste livro, esses e outros conceitos são abordados. Definir, por exemplo, integração como sendo o movimento que parte da pessoa com deficiência batendo à porta da sociedade à procura de oportunidades, já estamos acostumados a ouvir. Definir Inclusão como sendo a sociedade abrindo os braços para receber as pessoas com deficiência e nos dando a tal oportunidade, também.

Para além do conhecimento desses conceitos teóricos, precisamos sentir em nós mesmos o que eles valem e seus poderes de transformação.

Dessa forma, quando comecei a ler um dos títulos deste livro denominado "Preconceitos", unido à noção de pedagogia da escola inclusiva, minha atenção se redobrou e comecei a vislumbrar um futuro de pessoas lidando melhor com eles e mais cônscias de como são provocados, esquecidos e diluídos. A autora escreve:

"*O preconceito não é natural no ser humano, não é nato. As ideias vão sendo incorporadas sempre de fora para dentro e sempre em processos contínuos de experiências e trocas, não de forma imediata. Os preconceitos são formados, introjetados a partir das relações (...)*".

"*O preconceito e a discriminação podem ser frutos de desconhecimento, sendo assim, abordar o preconceito como parte da educação inclusiva é essencial, já que esta tem a sua base exatamente nas experiências com o diferente, nas trocas, na introdução de valores.*" (...).

"*Além dos fatores sociais devem-se considerar também fatores psíquicos, necessidades psíquicas individuais que contribuem muito na formação do indivíduo preconceituoso.*" (...).

Com Rose Reis, a relação professor, escola, preconceito é trabalhada de tal forma que começamos a entender melhor como e porque passamos pelos preconceitos de algumas pessoas.

"*Preconceituosos são formados a todo instante, considerando que, por meio da transmissão da cultura, são passadas ideias e valores para os indivíduos, que acabam por transmiti-los, propagando preconceitos. A falta de reflexão pessoal, de consideração sobre conceitos e ideias nos faz preconceituosos.*".

Certa vez, discuti com um colega cego sobre racismo. Posso entender melhor, dessa forma, porque alguns cegos possam ser racistas mesmo sem ver a cor de pele das pessoas. O ambiente, a família e por vezes a própria escola transmitem as ideias às crianças que, sem uma interferência ativa de alguém que a faça refletir, ponderar, sair do conceito não experimentado, acaba permanecendo com a ideia original que lhe embutiram.

Assim, a diferença dos diferentes nas crianças em uma escola inclusiva obriga o preconceito, caso já formado, a ser questionado pela convivência, estando aí também o papel fundamental do professor e da escola inclusiva:

"Quando se fala em educação inclusiva, a escola tem papel fundamental no combate ao preconceito, porque participa da formação das crianças como cidadãs. Por isso, deve estar sempre preocupada em não reproduzir estereótipos, ou rótulos, que são um conjunto de atributos direcionado ao alvo do preconceito, redutor da percepção de qualidades presentes no indivíduo".

(...) "Sendo assim, o estudo sobre o preconceito e suas características é de fundamental importância para o desenvolvimento deste trabalho, por que estará constantemente relacionado à educação inclusiva e com o papel do professor em sala de aula. O modelo de inclusão proposto busca diminuir os preconceitos existentes na sociedade a partir da escola, pois, na medida em que a criança que é considerada diferente das demais começa a frequentar uma sala de aula regular, começam a quebrar preconceitos com os demais alunos, dando uma atenção especial a esse novo colega, auxiliando-o no seu processo de socialização com o restante da sala de aula.".

O foco de Rose Reis não é o preconceito, mas a educação inclusiva, a escola inclusiva para pessoas com deficiência visual especialmente. Entretanto, não existe em suas preocupações eliminar qualquer outra deficiência de seus estudos, mas por exigências da pesquisa acabou por concentrar-se em pessoas com deficiência visual:

"A tendência das últimas décadas tem sido a de promover a inclusão e tem havido inúmeros debates, muito embora esteja fundamentada em princípios éticos, dentre os quais se destacam o reconhecimento e o respeito aos preceitos e oportunidades iguais perante a diversidade humana. Assim sendo, a inclusão social exige que sejam garantidas as condições apropriadas de atendimento às características individuais. Tratando-se do segmento constituído por pessoas com deficiências, a inclusão social se traduz pela garantia do seu acesso imediato e contínuo ao espaço comum da vida em sociedade na escola.".

Assim, mesmo sabendo que a família é o grande molde de pessoas que a escola procura lapidar, que a escola é uma família ampliada, mas diferente, que a sociedade é a grande família "administrada" pelo Estado, Rose Reis baseia seus estudos em algo que tenha de ser mais humano, mais próximo e inteligível: *"No contexto da inclusão, o foco principal é o trabalho do professor".*

Entretanto, no processo inclusivo. Professor, coordenador pedagógico e Diretor nunca podem estar separados e praticando pedagogias diferentes, nem mesmo delegar ao próximo o trabalho que tem de ser em conjunto. Daí surge a questão em que se baseia a pesquisa de Rose Reis: a análise das ações da escola, a participação dos gestores, coordenadores pedagógicos e professores em função de todo um conjunto de aprendizagem, ensino e práticas inclusivas, para alunos com e sem deficiência, por meio de pesquisa teórica e de campo.

Hoje em dia, após encontros internacionais como o de Salamanca, esforços de pessoas com deficiência e governos em tratados de direitos humanos como a Convenção sobre os Direitos da Pessoa com Deficiência, implementado pela ONU e ratificado pelo Brasil como lei constitucional, a mídia aproximando o conhecimento e a imagem das deficiências e das pessoas que as têm de um público antes ignorante, as inúmeras tecnologias assistivas desenvolvidas proporcionando funcionalidade às outrora incapacidades, a luta pelo tomar conta de si mesmo e o poder de nossas próprias vidas e decisões, vem tornando a pessoa com deficiência alguém a quem se deve valorizar mais a humanidade que a deficiência, tornando sua diferença cada vez mais próxima de todos. Essas são as verdadeiras educação e escola inclusiva existentes no mundo atual.

Entretanto, para tudo isso acontecer a ideia precisou ser lançada, alguém teve de aprender e ensinar àqueles menos atentos e mesmo àqueles que estão iniciando a vida agora e, para isso, a escola inclusiva começa a tratar a convivência inclusiva, o pensamento inclusivo, o sentimento inclusivo, a atitude inclusiva. Tudo isso para que, um dia, de tanto já termos nos acostumado às diferenças não pensemos mais em inclusão, pois sua existência pressupõe a exclusão e, mesmo em sonho, um dia cheguemos à igualdade, cada qual com suas características que nos distingue uns dos outros e que nos unem.

Uma pessoa cega de hoje pode ir à faculdade com seu notebook associado a um leitor de tela, fazer as anotações de sua aula, provas, ler livros digitalizados e estudar com menos dificuldades, pois já existem leis que obrigam essas universidades a terem recursos facilitadores. Esse processo tem agora de descer a escada hierárquica dos estudos e chegar à criança desde a pré-escola.

Tudo isso já existe, porém ainda esbarra no desconhecimento de alguns que teimam em ver as pessoas com deficiência como seres defeituosos que não deveriam estar em ambientes que não fossem feitos para eles e que todos soubessem como lidar. A escola inclusiva vem mostrar que não existe concreto em ideias e costumes, que todos os ambientes são certos e adequados a todas as pessoas através de um desenho universal e que seres defeituosos são todos que não sabem construir, evoluir com a humanidade de todos nós. Esse livro é uma oportunidade para todos, mais uma semente a nos provocar.

Comecei esse prefácio escrevendo que "eu era um sujeito comum". Eu diria aos leitores que eu continuo aquele sujeito comum, mas com tantos acréscimos nesses

32 anos de cego, de convivência com colegas cegos e com amigos com e sem outras deficiências, de tantas voltas na vida aprendendo e reaprendendo, com tantas derrotas frustrantes a me fazerem crescer e vitórias a me dizerem que vale a pena todo esse amor que tenho pela vida, que dizer que continuo a ser somente aquele sujeito comum é demais. Seria negar momentos bons como esse de escrever agora o prefácio de um livro que gostei muito, que aprendi e o qual recomendo a todos que queiram também crescer esse pedaço que cresci com ele. Que bons olhos o leiam, bons ouvidos o escutem e boas mãos o tateiem.

Marco Antonio de Queiroz - MAQ.
Outono de 2010.

Editor de artigos, criador e conteudista dos sites: www.bengalalegal.com e www.acessibilidadelegal.com;

Autor do livro "Sopro no Corpo - Vive-se de Sonhos, RiMa Editora, 2005. Escreve sobre a perda de visão aos 21 anos e sua reabilitação.

Consultor especialista em acessibilidade digital, com 23 anos de experiência em programação de sistemas de informação no SERPRO (Serviço Federal de Processamento de Dados) e desenvolvedor de acessibilidade nas páginas da web desde o ano 2000;

Ministra cursos de acessibilidade Web para empresas e universidades;

Capítulo 1

Caracterização da Educação Inclusiva

questão da educação inclusiva vem sendo tratada desde a década passada, pelos organismos internacionais, como prioridade de uma educação para todos. Porém, essa educação inclusiva de que tanto se fala é, muitas vezes, desconhecida, para não dizer negada, por muitos, inclusive pelos meios educacionais, nos quais deveria ser privilegiada.

É grande a dificuldade encontrada pela rede regular de ensino na aplicação prática desse preceito legal, tendo em vista as inúmeras barreiras que, infelizmente, interpõem-se ao convívio desses educandos em classes comuns.

Tais barreiras que se apresentam são tanto de ordem técnica, pelo medo que os professores têm de não possuírem as habilidades pedagógicas exigidas para receberem esses alunos, quanto de ordem comportamental, pois os colegas de classe e, principalmente, seus pais, fazem restrições no compartilhamento da mesma sala que eles.

Tudo isso acaba por gerar um forte caráter discriminatório que alimenta uma das piores formas de preconceito, contra o qual devem estar alinhados educadores, pais de alunos e comunidade, na luta sem trégua pela inclusão.

> Estamos falando de relações que se dão entre sujeitos que decidem construir contextos e processos de aproximação, de conhecimento recíproco e de interação. Relações que produzem mudanças em cada indivíduo, favorecendo a consciência de si e reforçando a própria identidade. Sobretudo, promovem mudanças estruturais nas relações entre grupos (FLEURI, 2002, p. 55-56)

A educação inclusiva tem como objetivo tornar a educação acessível a todas as pessoas, além de combater os preconceitos, a discriminação e as barreiras entre os indivíduos, povos e culturas.

Cabe refletir sobre o que é ser igual ou diferente. Se olharmos a nossa volta, perceberemos que não existe ninguém igual na natureza, nos pensamentos, nos comportamentos e nas ações. Sendo assim, as diferenças não são sinônimo de incapacidade ou doença, mas são características da própria natureza humana.

A base do paradigma de inclusão está na percepção de que a diversidade é parte da natureza humana e a diferença não é um problema, mas um fator de enriquecimento entre as pessoas. Uma sociedade democrática é uma sociedade para todos. Assim, a inclusão é, antes de tudo, uma questão ética.

Todos ganham com a inclusão: as crianças com necessidades especiais, que terão a oportunidade de usufruir o espaço escolar e conviverão com outras pessoas que lhes oferecerão modelos de ação; as outras crianças, que aprenderão a conviver com a diversidade, e os educadores, que enriquecerão sua formação e sua prática, pelo crescimento que o desafio de educar a todos lhes proporcionará. Ganharão também as famílias, que passarão a ver seus filhos como cidadãos que têm direito de partilhar dos recursos de sua comunidade. As discussões sobre a educação inclusiva tomaram fôlego em meados da década de 1990, com o propósito de incluir as diferentes raças, religiões, nacionalidades e os portadores de necessidades especiais na escola.

A falta de esclarecimento e conhecimento sobre a inclusão pode dificultar esse processo, e o preconceito que surge do próprio professor, que, se não estiver bem orientado e não for incentivado a buscar alternativas para trabalhar com as diferenças, tenderá a deixar de lado os alunos com os quais não consegue desenvolver o seu trabalho pedagógico. Desse movimento, surgem muito comumente o preconceito e a acomodação do profissional diante da situação.

A função da educação inclusiva é aproximar toda e qualquer diferença existente na sala de aula, com o intuito de eliminar diferentes preconceitos, com a orientação do professor que educa as crianças desde cedo, em salas heterogêneas, nas quais o trabalho docente é transmitido para todos, respeitando o ritmo de aprendizagem de cada aluno. Com esse trabalho contínuo, as barreiras serão, a cada dia, menores e cidadãos conscientes e preparados para o convívio com as diferenças serão forjados.

No contexto da inclusão, o foco principal é o trabalho do professor, embora haja outros fatores que contribuem nesse processo inclusivo, como a própria escola, o Estado e a família. Por isso, cabe aqui uma breve discussão a respeito da grande importância do papel da escola, do Estado e da família no processo de inclusão e também a respeito da forma como a família pode contribuir para a inclusão nesse ambiente.

A escola e o Estado têm suas responsabilidades na questão da educação inclusiva: no caso da escola, a direção escolar e a coordenação pedagógica, em conjunto com as demais instâncias escolares (setor administrativo e corpo docente) devem elaborar propostas que façam parte do seu projeto pedagógico, visando à explicitação e exercício da ética e à inclusão nas salas de aula.

O Estado deve oferecer as condições necessárias para a inclusão dessas crianças na rede pública de ensino, executando as necessárias obras de adaptação dos prédios públicos e promovendo capacitação dos professores e funcionários para o atendimento dessas pessoas. Colocar à disposição recursos e materiais para que o trabalho de inclusão dessas crianças seja feito sem imprevistos ou obstáculos que venham a atrapalhar ou paralisar esse processo.

O artigo 58 da Lei de Diretrizes e Bases da Educação (LBD) 9394/96, que trata da educação especial e considera esta questão, diz: "entende-se por educação especial, para os efeitos desta Lei, a modalidade de educação escolar oferecida preferencialmente na rede regular de ensino, para educandos portadores de necessidades especiais". Com a nova LDB de 1996, a educação especial começou a ser implementada no ensino regular das escolas públicas e privadas brasileiras.

A educação inclusiva vai além da educação regular e da educação especial, pois "não pretende integrar as crianças com necessidades especiais às classes regulares, mas permitir o convívio das diferenças" (CROCHIK, 2002, p. 280).

Com relação à família, como ela poderia dar a sua contribuição para facilitar a inclusão desses alunos? E como deve ser a relação da família com o professor? Como a família pode ajudar o professor nesse trabalho? É importante a presença da família nas decisões escolares que tratem da metodologia a ser utilizada na inclusão desses alunos?

As questões acima e as que surgirão no decorrer deste trabalho estão, direta ou indiretamente, relacionadas com o papel do professor em sala de aula. Cada um possui sua parcela de participação na construção de um ambiente inclusivo na escola, não basta tratar do professor como único responsável no processo educacional, pois esse profissional não trabalha sozinho dentro da escola e precisa de uma equipe de apoio, além de recursos materiais para desenvolver suas atividades com os alunos.

A partir dessa base, como construir essa inclusão em sala de aula? Qual a função do professor na socialização das crianças com as diversas diferenças existentes em sala de aula? E quais meios ele pode adotar para lidar com a nova realidade que está vivendo no seu dia-a-dia?

Desde a sua promulgação, a LDB garantiu direitos aos portadores de necessidades especiais que não vinham sendo cumpridas desde a Constituição de 1988. Diferentemente de alguns anos atrás, o atendimento a essas crianças tem avançado a cada dia nas escolas públicas municipais de São Paulo, principalmente após a publicação do Decreto nº 45415, de 18 de outubro de 2004, que estabelece diretrizes para a Política de Atendimento a Crianças, Adolescentes, Jovens e Adultos com Necessidades Educacionais Especiais no Sistema Municipal de Ensino. Todavia, ainda surgem questões com relação ao atendimento prestado a essas crianças.

A Lei regulamenta o funcionamento e estabelece as regras que devem ser aplicadas com relação aos portadores de necessidades educacionais especiais, mas o cumprimento da lei depende de um conjunto: escola, familia, estado e sociedade.

1.1 Evolução histórica

Antigamente, as pessoas com deficiência eram segregadas, isto é, eram afastadas do convívio social, pois sua diferença era vista como algum tipo de maldição, o diferente era misterioso e causava medo. Consequentemente, essa parcela da população era levada à exclusão absoluta. Para Aranha (2001, p. 01),

> Ao se buscar dados sobre o tipo de tratamento dado às pessoas com deficiência na Idade Antiga e na Idade Média, descobre-se que muito pouco se sabe, na verdade. A maior parte das informações provem de passagens encontradas na literatura grega e romana, na Bíblia, no Talmud e no Corão. Encontra-se, por exemplo, uma recomendação feita por Mohammed, no quarto verso do quarto sutra, encorajando que se alimente e se abrigue 'aqueles desprovidos da razão', tratando-os com amabilidade.

A partir do século XIX, as pessoas com deficiência começaram a ser estudadas no campo da medicina, da biologia e da saúde em geral e, em resposta aos seus problemas, passaram a ser tratadas como doentes e colocados em instituições, excluídos da família e da sociedade.

Aos poucos, a questão das pessoas com deficiência foi saindo do âmbito da saúde exclusivamente e foi migrando para o âmbito da educação, o que fez com que surgissem as primeiras escolas especiais e centros de reabilitação.

No Brasil, o atendimento especial aos indivíduos com deficiência começou oficialmente no dia 12 de setembro de 1854, quando D. Pedro II fundou o Imperial Instituto dos Meninos Cegos, no Rio de Janeiro. Em 1942, havia no Brasil quarenta escolas públicas regulares prestando algum atendimento as pessoas com deficiências mentais e quatorze atendendo alunos com outras deficiências, porém como assistencialismo e filantropia e com uma forte herança de exclusão.

As primeiras mudanças significativas no atendimento as pessoas com deficiência se concretizaram na Europa, expandindo-se para os Estados Unidos e Canadá e, somente mais tarde, aos outros países, inclusive o Brasil. Em 1954, foi fundada, na cidade do Rio de Janeiro, a primeira Associação de Pais e

Amigos dos Excepcionais – APAE. Com poucas classes especiais e com espaço garantido pela legislação na Constituição Brasileira de 1946, vai se desenvolver ocupando o espaço deixado pelo Estado.

Somente em 1961, com a LDB (Lei de Diretrizes e Bases da Educação Nacional - Lei 4024/61) é que veio a ocorrer uma preocupação direta e abrangente do Estado brasileiro com a educação especial.

A institucionalização da educação especial no sistema público de ensino brasileiro foi se delineando na década de 1970 e início dos anos 1980, com amplas reformas educacionais promovidas pelos governos da época, expandindo os serviços educacionais para alunos com necessidades especiais, marcando, assim, um crescimento de classes especiais nas escolas públicas.

A partir da década de 1970, a Psicologia começou a tomar parte nos estudos sobre pessoas com deficiências e o ensino passou a ser mais individualizado para a observação das características do ensino-aprendizagem de cada aluno, numa tentativa de saber incluir.

Assim sendo, a integração dos ditos normais as pessoas com deficiência, como forma não discriminatória de atendimento educacional no Brasil, passou a ser designada como processo educacional e teve como respaldo filosófico, político-educacional e legal a Declaração Universal dos Direitos Humanos de 1948; a Constituição da República Federativa do Brasil de 1988; a Convenção dos Direitos da Criança de 1989; a Declaração de Salamanca/Espanha, em 1994, resultante da Conferência Mundial sobre Necessidades Educativas Especiais: Acesso e Qualidade, organizada pela United Nations Educational, Scientific and Cultural Organization (UNESCO). Foi em Salamanca que a educação inclusiva ganhou força e se tornou meta dos países que aderiram à Declaração, fruto da Conferência, como o Brasil. De acordo com Declaração de Salamanca,

> O princípio fundamental é que todas as crianças deveriam aprender juntas, independentemente de quaisquer dificuldades ou diferenças que possam ter. As escolas inclusivas devem reconhecer e responder às diversas dificuldades de seus alunos, acomodando tantos estilos como ritmos diferentes de aprendizagem, assegurando uma educação de qualidade a todos através de currículo apropriado, modificações organizacionais, estratégias de ensino, uso de recursos e parcerias com a comunidade (...) Dentro das escolas inclusivas, as crianças com necessidades especiais deveriam receber qualquer apoio extra que possam precisar, para que se lhes assegure uma educação efetiva (Título III, itens 7 e 8).

Frente ao exposto, percebemos que se fez necessária a promoção de uma reestruturação da escola regular para acolher os alunos com necessidades especiais que, até há pouco, eram ainda segregados em salas de educação especial. As escolas, de início, não sabiam como se adaptar ao novo planejamento, que requer a modificação dos currículos e dos programas de ensino para satisfazer as diferentes necessidades dos alunos. A nova concepção é de que a educação escolar faz parte dos direitos humanos e toda pessoa tem o direito de frequentar a escola. As pessoas com necessidades especiais educacionais também devem fazer parte das escolas e estas devem modificar seu funcionamento para incluir todos os alunos.

Na década de 1990, aparece um movimento que defende a ideia de que é o meio que deve adaptar-se para o atendimento dos indivíduos com necessidades especiais – é o que hoje se chama de *inclusão*. Não se trata apenas de colocar uma criança na escola, a inclusão consiste na prática da inserção social baseada em princípios diferentes dos convencionais: aceitação das diferenças individuais, valorização de cada pessoa, convivência com a diversidade humana.

Em 1996, pela LDB – Lei de Diretrizes e Bases da Educação Nacional, ocorre a priorização do atendimento educacional das pessoas com deficiência no sistema de ensino regular. Em 2001, o Congresso Nacional aprova e promulga o Decreto nº 3956/01, baseado na Convenção Interamericana para a Eliminação de Todas as Formas de Discriminação contra a Pessoa Portadora de Deficiência, celebrada na Guatemala.

A tendência das últimas décadas tem sido a de promover a inclusão e tem havido inúmeros debates, muito embora esteja fundamentada em princípios éticos, dentre os quais se destacam o reconhecimento e o respeito aos preceitos e oportunidades iguais perante a diversidade humana. Assim sendo, a inclusão social exige que sejam garantidas as condições apropriadas de atendimento às características individuais. Tratando-se do segmento constituído por pessoas com deficiências, a inclusão social se traduz pela garantia do seu acesso imediato e contínuo ao espaço comum da vida em sociedade na escola.

No Brasil, *inclusão social* é um tema recente, utilizado em diferentes contextos e até mesmo com diferentes significados, o que tem feito da inclusão um rótulo nem sempre com sentido e significação social. No entanto, o extenso e importante processo histórico na luta pela inclusão não deve ser ignorado, uma vez que se trata de uma luta de diferentes minorias pela conquista de seus direitos como seres humanos, pertencentes de uma sociedade (ARANHA, 2001).

Refletir e discutir sobre a inclusão social significa favorecer a compreensão de tal processo e, para isso, faz-se necessário conhecer as ideias e mudanças sobre o tema no decorrer dos tempos. A relação da sociedade com as pessoas com deficiência, por exemplo, tem-se modificado tanto em sua filosofia quanto em sua prática e isso implica em dizer que o processo histórico da inclusão social tem evoluído, ainda que lentamente.

1.2 Legislação e normas

Na legislação vigente em nosso país, encontra-se diversas leis que estabelecem direitos as pessoas com deficiência. Para Mazzota (2005, p. 80-81), é importante registrar a lei n° 7.853, de 24 de outubro de 1989, que estabelece "normas gerais para o pleno exercício dos direitos individuais e sociais das pessoas portadoras de deficiência e sua efetiva integração social". Em seu artigo 2° fica estabelecido que, ao poder público e seus órgãos, cabe assegurar às pessoas portadoras de deficiência o pleno exercício de seus direitos básicos. O Inciso l, desse mesmo artigo, define as medidas a serem tomadas pelos órgãos da administração direta e indireta na área da educação:

> **a)** A inclusão, no sistema educacional, da Educação Especial como modalidade educativa que abranja a educação precoce, a pré-escolar, as de 1° e 2° graus, a supletiva, a habilitação e reabilitação profissional, com currículos, etapas e exigências de diplomação próprios;
> **b)** A inserção, no referido educacional, das escolas especiais, privadas e públicas;
> **c)** A oferta, obrigatória e gratuita, da Educação Especial em estabelecimentos públicos de ensino;
> **d)** O oferecimento obrigatório de programas de Educação Especial nos níveis pré-escolar e escolar, em unidades hospitalares e congêneres, nas quais estejam internados, por prazo igual ou superior a 1 (um) ano, educandos portadores de deficiência;
> **e)** O acesso de alunos portadores de deficiência aos benefícios conferidos aos demais educandos, inclusive matéria escolar, merenda escolar e bolsas de estudo;
> **f)** A matrícula compulsória em cursos regulares de estabelecimentos públicos e particulares de pessoas portadoras de deficiência capazes de se integrarem no sistema regular de ensino.

Conforme podemos observar, existe uma preocupação do poder público na definição de políticas voltadas às pessoas com necessidades especiais.

A Educação Especial, tratada no Capítulo V do Título V da Lei n° 9.394/96 de Diretrizes e Bases da Educação Nacional, no seu artigo 58 - §2°, prevê o atendimento de educandos portadores de necessidades especiais, preferencialmente, na rede regular de ensino ou em classes, escolas ou serviços especializados, sempre que não for possível a sua integração nas classes comuns do ensino regular.

O artigo 59, inciso III da mesma lei, preconiza que os sistemas de ensino devem assegurar a esses educandos, professores com especialização adequada em nível médio ou superior, para atendimento especializado, bem como professores do ensino regular, capacitados para a integração desses educandos nas classes comuns.

O artigo 60, no seu parágrafo único, estipula que o poder público adotará, como alternativa preferencial, a ampliação de atendimento a esses educandos na própria rede regular de ensino, independentemente do apoio a instituições privadas sem fins lucrativos, especializadas e com atuação exclusiva no ensino especial. O alunado da Educação Especial é definido por Mazzota (2005, p. 117) como:

> (...) constituído por educandos que requerem recursos pedagógicos e metodologias educacionais específicas. Genericamente chamado de portador de necessidades especiais, classifica-se em: portadores de deficiência (mental, visual, auditiva, física, múltipla), portadores de condutas típicas (problemas de conduta) e os de altas habilidades (superdotados).

Como se observa, os termos específicos usados para os vários grupos de alunos foram modificados, assim como a expressão alunos excepcionais, foi substituída, em 1986, por alunos portadores de necessidades especiais e atualmente para alunos com deficiência. Segundo a Convenção sobre os Direitos das Pessoas com Deficiência, adotada pela ONU em 2006, assinada pelo Brasil na ONU em 2007, e ratificada pelo Congresso Nacional em 2008. Segue abaixo texto do artigo 24 que trata especialmente da Educação de pessoas com deficiência.

Artigo 24 – Educação

Os Estados Partes reconhecem o direito das pessoas com deficiência à educação. Para realizar este direito sem discriminação e com base na igualdade de oportunidades, os Estados Partes deverão assegurar um sistema educacional inclusivo em todos os níveis, bem como o aprendizado ao longo de toda a vida, com os seguintes objetivos:

O pleno desenvolvimento do potencial humano e do senso de dignidade e auto-estima, além do fortalecimento do respeito pelos direitos humanos, pelas liberdades fundamentais e pela diversidade humana;

O desenvolvimento máximo possível personalidade e dos talentos e criatividade das pessoas com deficiência, assim de suas habilidades físicas e intelectuais;

A participação efetiva das pessoas com deficiência em uma sociedade livre.

Para a realização deste direito, os Estados Partes deverão assegurar que:

As pessoas com deficiência não sejam excluídas do sistema educacional geral sob alegação de deficiência e que as crianças com deficiência não sejam excluídas do ensino fundamental gratuito e compulsório, sob a alegação de deficiência;

As pessoas com deficiência possam ter acesso ao ensino fundamental inclusivo, de qualidade e gratuito, em igualdade de condições com as demais pessoas na comunidade em que vivem;

Adaptações razoáveis de acordo com as necessidades individuais sejam providenciadas;

As pessoas com deficiência recebam o apoio necessário, no âmbito do sistema educacional geral, com vistas a facilitar sua efetiva educação; e Efetivas medidas individualizadas de apoio sejam adotadas em ambientes que maximizem o desenvolvimento acadêmico e social, compatível com a meta de inclusão plena.

Os Estados Partes deverão assegurar às pessoas com deficiência a possibilidade de aprender as habilidades necessárias à vida e ao desenvolvimento social, a fim de facilitar-lhes a plena e igual participação na educação e como membros da comunidade. Para tanto, os Estados Partes deverão tomar medidas apropriadas, incluindo:

Facilitação do aprendizado do braile, escrita alternativa, modos, meios e formatos de comunicação aumentativa e alternativa, e habilidades de orientação e mobilidade, além de facilitação do apoio e aconselhamento de pares;

Facilitação do aprendizado da língua de sinais e promoção da identidade lingüística da comunidade surda; e Garantia de que a educação de pessoas, inclusive crianças cegas, surdocegas e surdas, sejam ministradas e meios de comunicação mais adequados às pessoas e em ambientes que favoreçam ao máximo seu desenvolvimento acadêmico e social.

A fim de contribuir para a realização deste direito, os Estados Partes deverão tomar medidas apropriadas para empregar professores, inclusive professores com deficiência, habilitados para o ensino da língua de sinais e/ou do braile, e para capacitar profissionais e equipes atuantes em todos os níveis de ensino. Esta capacitação deverá incorporar a conscientização da deficiência e a utilização de apropriados modos, meios e formatos de comunicação aumentativa e alternativa, e técnicas e materiais pedagógicos, como apoios para pessoas com deficiência.

Os Estados Partes deverão assegurar que as pessoas com deficiência possam ter acesso à educação comum nas modalidades de: ensino superior, treinamento profissional, educação de jovens e adultos e aprendizado continuado, sem discriminação e em igualdade de condições com as demais pessoas. Para tanto, os Estados Partes deverão assegurar a provisão de adaptações razoáveis para pessoas com deficiência.

Vale ressaltar também o parecer nº. 13/2009 do Conselho Nacional de Educação (CNE), que trata das diretrizes operacionais para o atendimento educacional especializado para os alunos com deficiência, transtornos globais do desenvolvimento e altas habilidades ou superdotação matriculados em classes regulares e no atendimento educacional especializado. A homologação ocorreu após ajustes no texto, para evitar interpretações equivocadas, como a de que o governo estaria proibindo o atendimento educacional especializado.

O parecer regulamenta o decreto nº. 6.571/08, que dispõe sobre o apoio técnico e financeiro da União aos sistemas públicos de ensino nos estados, Distrito Federal e municípios para ampliar a oferta do atendimento educacional especializado. Esse tipo de atendimento se refere as atividades complementares à escolarização dos alunos públicos da educação especial, nas classes regulares.

De acordo com o texto, "para a implementação do decreto 6571/2008, os sistemas de ensino devem matricular os alunos com deficiência, transtornos globais do desenvolvimento e altas habilidades ou superdotação nas classes comuns do ensino regular e no atendimento educacional especializado, ofertado em salas de recursos ou instituições especializadas, públicas ou privadas sem fins lucrativos".

Esse atendimento é realizado preferencialmente na escola regular, no entanto as instituições especializadas, públicas ou privadas sem fins lucrativos, que ofertarem o atendimento educacional especializado para alunos matriculados nas classes comuns do ensino regular também receberão recursos do Fundo de Manutenção da Educação Básica (Fundeb). Está disposto no decreto que a matrícula de cada aluno com deficiência no ensino regular da rede pública e também no atendimento especializado deve ser contada em dobro, para que os recursos do Fundeb possam subsidiar as duas modalidades.

Ou seja, já existem leis e regulamentação de leis que apóiam integralmente a Educação Inclusiva. Este decreto, por exemplo, diz que, se um aluno estiver em uma escola especial, que deve ser matriculado em escola regular e ter seu segundo turno em escola especial e as duas terão o mesmo aluno matriculado recebendo por isso. Ou seja, estão colocando os cegos e todas as outras deficiências no ensino regular, mas com a supervisão especializada do ensino especial. O aluno vai aprender Braille na especial e português na escola regular. Vai aprender locomoção e mobilidade na especializada e educação física na regular.

Embora o poder público procure atender as necessidades das pessoas com deficiência na questão educacional, acredita-se que falta ainda o investimento no aprimoramento, na pesquisa, na capacitação docente, voltada para a grande variedade de situações especiais encontradas nas diferentes escolas e nas salas de aula. Ainda se pode constatar a falta de preparo dos professores de classes comuns para atender esse alunado, e, assim, completar a promoção dessa minoria e realmente acontecer a inclusão.

1.3 O que é inclusão?

É muito comum, quando se fala de inclusão, pensar-se em integração, ou seja, na colocação de crianças com deficiência em salas ou escolas comuns, com o intuito de dar oportunidade a esses alunos de conviver com crianças que não apresentem deficiências. No entanto, segundo a APAE (Associação de Pais e Amigos Excepcionais), incluir significa oferecer aos alunos escolas adaptadas às suas diferenças individuais, que contemplem suas necessidades educativas especiais de fato.

Segundo Stainback e Stainback (2006, p. 1), "(...) o ensino inclusivo é a prática da inclusão de todos – independentemente de seu talento, deficiência, origem socioeconômica ou origem cultural (...)".

A inclusão, ao contrário do sentido que tem sido dado à integração, tal como ora explicitado, é o convívio diário e permanente, entre todos, pessoas com deficiência ou não, que tenham necessidades especiais ou não, logicamente com suporte necessário para que tal aconteça. Tal confusão de conceito acontece devido ao fato de que grande parte das pessoas especializadas no atendimento a criança portadora de deficiência exagera nas dificuldades enfrentadas, fruto ainda de preconceitos, tal como antigamente.

A partir do momento em que tal paradigma começa a ser modificado, há a necessidade de se colocar o tratamento igualitário para todos, modificando a atuação de todos os componentes escolares, procurando determinar novos conhecimentos e novas formas de com eles lidar, pois, como Mantoan (2003, p. 18) afirma:

> Ocorre que a escola se democratizou, abrindo-se a novos grupos sociais, mas não aos novos conhecimentos. Exclui, então, os que ignoram o conhecimento que ela valoriza e, assim, entende que democratização é massificação de ensino e não cria possibilidade de diálogo entre diferentes lugares epistemológicos, não se abre a novos conhecimentos que não couberam, até então, dentro dela.

Revela-se que houve avanços relativos à inclusão e ocorreram também algumas transformações indispensáveis para sua efetivação. Constata-se que, nos últimos anos, as pessoas com deficiência saíram de um contexto medieval para um outro, em que seus direitos e capacidades são respeitados e reconhecidos cada dia mais.

No momento em que se tem consciência do que significa pessoas com deficiência, pode haver maior possibilidade de mudanças, pois é o respeito às peculiaridades individuais que caracteriza a inclusão.

Existem leis que procuram efetivar a inclusão, não só nas escolas como no trabalho, como já foi demonstrado e como evidencia a Lei de Acessibilidade (nº. 10.098/2000), segundo a qual os sistemas de ensino devem matricular todos os alunos, cabendo às escolas organizar-se para atender aos educandos com necessidades educacionais especiais e que empresas de médio e grande porte devem contratar número de aprendizes equivalente a um mínimo de 2% e um máximo de 5% em seu quadro de funcionários, cujas funções demandem formação profissional. Mesmo assim, é difícil encontrar quem esteja em condições de atender à legislação, seja por desconhecimento, por despreparo ou por simples negligência.

Percebe-se que, apesar de após vários anos da assinatura da Declaração de Salamanca, que garante a frequência de indivíduos com necessidades educacionais especiais em escolas de ensino regular, ainda são poucas as escolas, no Brasil, que têm condições de acolhê-los de forma adequada.

Clemente (2004) afirma que mesmo que todas as médias e grandes empresas cumprissem o que é determinado por lei, o número de vagas estaria aquém da demanda por empregos para pessoas com deficiência e acrescenta que uma das soluções para tal problema está na educação inclusiva, que permite a formação de cidadãos conscientes e capazes de conviver com as diferenças.

A inclusão, em sentido bastante amplo, deverá conduzir ao questionamento e à reflexão do real significado desse novo modo de enxergar a escola. Ao abordar o tema inclusão na sala de aula, é necessário entender o que vem a ser inclusão. Para Aranha, a inclusão escolar "(...) prevê intervenções decisivas e incisivas, em ambos os lados da equação: no processo de desenvolvimento do sujeito e no processo de reajuste da realidade social (...)". (2001, p. 25).

Assim, além de se investir no processo de desenvolvimento do indivíduo, busca-se a criação imediata de condições que garantam o acesso e a participação da pessoa na vida comunitária, através da provisão de suportes físicos, psicológicos, sociais e instrumentais.

Nesse sentido, a inclusão representa a integração e a socialização dos indivíduos com deficiência em uma escola que possa, por sua vez, atender às suas necessidades em vários níveis de desenvolvimento. A inclusão em sala de aula demonstra um passo de grande evolução para esses sujeitos, pois atualmente é praticamente impossível ignorar a existência e a permanência em escolas regulares de sujeitos com necessidades especiais. Mais que uma necessidade, a inclusão em sala de aula tem-se tornado essencial ao pleno desenvolvimento desses cidadãos. Para Aranha (2001, p. 39),

> (...) cabe à sociedade oferecer os serviços que os cidadãos com deficiência necessitarem (nas áreas física, psicológica, educacional, social e profissional). Mas lhe cabe, também, garantir-lhes o acesso a tudo do que dispõe, independente do tipo de deficiência e grau de comprometimento apresentado pelo cidadão.

Tudo isso representa uma nova perspectiva de mudança, tanto em termos de escolarização quanto de humanização. A inclusão em sala de aula não se restringe apenas à inserção de alunos "especiais", mas conduz todos a uma mudança de postura e comportamento frente aos novos paradigmas.

A proposta de mudança que a inclusão permite refletir representa uma possibilidade de reconstruir o pensar sobre a concepção de um mundo estereotipado e preconceituoso, e isso torna-se mais efetivo quando iniciado pelas próprias crianças. Existe ainda uma grande dificuldade em sala de aula, tanto dos alunos quanto do professor - esses, em especial, pelo fato de estarem frente a algo que poderá despertar algum tipo de desconforto, pois, ao perceber o outro, ele se percebe como sujeito profissional incompleto nas suas próprias necessidades e desejos de atendê-los. Amaro (2001, p. 5) considera que:

> O diferente, o estranho nos aponta para a fragilidade humana. Podemos pensar então, como é difícil para o professor, dada as condições de sua atual realidade profissional, formação individual e cultural, ter que identificar em si mesmo suas limitações, sua fragilidade, sua ignorância para com o que desconhece e teme em si. Por isso tentam se defender desta tomada de consciência consigo mesmo, justificando que são despreparados para lidar com a proposta de oferecer uma educação para todos os alunos.

Com base nesse raciocínio, é possível entender a fragilidade e a dificuldade posta sempre de maneira defensiva pelos professores quando lidam com a inclusão. Em sala de aula, faz-se necessário entender que a educação precisa sair de uma inércia, de uma visão unidirecional que fragmenta as ações pedagógicas em sala e repercute no desenvolvimento do aluno dentro e fora do contexto educacional. Por conseguinte, esbarra-se num outro problema, bastante presente - mesmo que não se poupe esforços para modificar tal visão, o preconceito ainda está presente de uma maneira mais subjetiva, com uma compreensão além do senso comum.

A sala de aula é um verdadeiro palco de desafios internos para o professor e este não se sente incluído na proposta de inclusão. Dessa forma, torna o confronto ainda mais cruel, pois o indivíduo com necessidades especiais consegue o que nenhum outro poderá, que é desconstruir a imagem que o professor carrega de si e dos outros. O desejo maior é que a inclusão torne-se integração, e que os professores e alunos, ambos sujeitos, possam estar mais expostos às suas necessidades e, assim, construírem uma nova sala de aula, enfim, percebe-se o quanto é importante, para o docente que aceita a inclusão como um caminho a ser seguido, objetivando sua própria evolução e das pessoas com quem trabalha, alunos, colegas e pais, a constante troca e atualização de conhecimentos e experiências.

1.4 O que é preconceito?

Os preconceitos são formados a partir de um conjunto de ideias que surgem na sociedade e que podem influenciar, consciente ou inconscientemente, nas relações sociais e nas ações do dia-a-dia.

O preconceito não é natural no ser humano, não é nato. As ideias vão sendo incorporadas sempre de fora para dentro e sempre em processos contínuos de experiências e trocas, não de forma imediata. Os preconceitos são formados, introjetados a partir das relações, das experiências com as quais os indivíduos se envolvem. Para Benedict (1934, p.14), "não há ninguém que veja o mundo com uma visão pura de preconceitos. Vê-o sim, com o espírito condicionado por um conjunto de costumes e instituições, e modos de pensar".

O preconceito e a discriminação podem ser frutos de desconhecimento, sendo assim, abordar o preconceito como parte da educação inclusiva é essencial, já que esta tem a sua base exatamente nas experiências com o diferente, nas trocas, na introdução de valores.

Além dos fatores sociais devem-se considerar também fatores psíquicos, necessidades psíquicas individuais que contribuem muito na formação do indivíduo preconceituoso. Fatores psíquicos e sociais se complementam nessa formação já que, para Crochik (1997, p. 284):

> (...) a representação do preconceituoso em relação a sua vítima não é imediata, há fatores relacionados a necessidades psíquicas que ao se associarem aos estereótipos sociais o constituem.

A fragilidade do indivíduo preconceituoso é característica que este não consegue combater e por isso prefere combater a fragilidade do outro. Assim, o alvo do preconceito acaba sendo alguém ou um grupo que respeita esta fragilidade. Segundo a autora "o desprezo, a desconsideração pelo alvo do preconceituoso, enaltece as qualidades daquele que não pode conviver com a própria fragilidade" (*opus cit*, 1997, p. 285).

Evitando o seu alvo, o preconceituoso busca na verdade evitar sua identificação com este. É uma fuga de si mesmo, não possibilitando a possível superação da sua fraqueza ou por meio de eliminação desta ou, até mesmo, pela consideração, reflexão e consequentemente alteração do preconceito que o indivíduo tinha da fraqueza, pois para o estudioso (*idem*):

> Claro, ou se forma por múltiplas identificações e, assim, é por meio de diversas experiências que nos individuamos, e como corolário temos que aquele que não se identifica não se individualiza, posto que não modifica o seu eu na experiência com os outros.

Preconceituosos são formados a todo instante, considerando que, por meio da transmissão da cultura, são passadas ideias e valores para os indivíduos, que acabam por transmiti-los, propagando preconceitos. A falta de reflexão pessoal, de consideração sobre conceitos e ideias nos faz preconceituosos.

Contudo, é notável que o preconceito ganhe espaço para se efetivar no indivíduo, sendo que este, consciente ou inconscientemente, não reflete sobre si mesmo e sobre as relações com a cultura social, a partir das experiências vividas. A reflexão, então, é a maneira de evitar que o indivíduo aceite simplesmente os valores e ideias propagados pela cultura social, sem considerar a importância ou o significado real desses valores, muitas vezes carregados de preconceitos. O indivíduo sem autonomia de consciência, conseguida através da diversidade das experiências, certamente está propício à recepção e aceitação de preconceitos, como define Crochik (1997, p. 19):

> Para se falar em indivíduo, deve-se pressupor uma esfera de intimidade ou de interioridade que se contraponha a uma esfera exterior, mas é uma interioridade que surge a partir desse mesmo exterior o que implica que o indivíduo é o produto da cultura, mas pela sua singularidade se diferencia dela. Quando o indivíduo não pode dela diferenciar-se, por demasiada identificação, torna-se seu reprodutor, sem representar ou expressar críticas que permitam modificá-la, tornando-a mais justa; se o indivíduo somente contrapõe-se a ela, não se reconhecendo nela, coloca a própria possibilidade da cultura em risco.

O trecho abaixo nos faz entender o que é e por que ocorre o preconceito, quais seus motivos, tipos e de que maneira ele pode interferir dentro da sala de aula e o que o professor pode fazer para atenuar esse problema na educação inclusiva.

> Ter preconceito significa formular conceitos e opiniões antes de conhecer a realidade. O preconceito nasce quando um certo grupo ou indivíduo defende com unhas e dentes sua identidade como sendo a única legítima. A do outro não é válida por ser diferente. O preconceito se forma em três dimensões. Primeiro ocorre assimilação de conceitos errôneos. É quando se aprende, por exemplo, que "mulher é burra", "índio é preguiçoso" e "negro é sujo". Depois, o medo do diferente cria um sentimento de insegurança, que gera ódio e desprezo. A terceira dimensão concretiza esse sentimento em violência legal (segregação) ou violência física contra as pessoas discriminadas (GUIMARÃES, 1997, p. 34-5).

Quando se fala em educação inclusiva, a escola tem papel fundamental no combate ao preconceito, porque participa da formação das crianças como cidadãs. Por isso, deve estar sempre preocupada em não reproduzir estereótipos, ou rótulos, que são um conjunto de atributos direcionado ao alvo do preconceito, redutor da percepção de outras qualidades presentes no indivíduo, e que são usados para qualificar genericamente grupos raciais, étnicos ou de sexos diferentes.

Assim, ao se falar do preconceito, deve-se entender como o preconceito age no indivíduo, como Crochik relata em uma das suas explicações sobre preconceito no texto *Apontamentos sobre a educação inclusiva* (2002. p. 284).

> (...) mas que a representação do preconceituoso em relação à sua vítima não é imediata, há fatores relacionados a necessidades psíquicas que, ao associarem aos estereótipos sociais, o constituem.

Ainda mais, a sociedade tem grande participação na construção dos indivíduos, que muitas vezes são influenciados pelo modo de vida nos quais estão envolvidos, em que normalmente aqueles que apresentam uma baixa escolaridade, falta de cultura ou de informação, os desempregados, os deficientes físicos são os alvos preferenciais dos preconceitos, destilados por quem se sente superiores a eles.

De acordo com Crochik, "o termo preconceito pressupõe um conceito, um juízo, prévio à experiência, que resiste à alteração mesmo no contato com os alvos do preconceito" (2002, p. 284), ou seja, o indivíduo preconceituoso não aceita o outro, aquele que de certa forma o incomoda, que possa trazer alguma ameaça à sua cultura, ao seu emprego, a sua interação dentro da sala de aula, enfim, não aceita opiniões e fatos que possam mudar a sua forma de pensar. Nessa mesma linha de pensamento, Crochik (2002, p. 284) descreve que:

> O preconceito é entendido, em geral como uma atitude hostil em relação a um grupo de indivíduos considerados inferiores sob determinados aspectos - morais, cognitivos, estéticos - em relação ao grupo ao qual o preconceituoso pertence, ou almeja planejar (...).

Com relação aos alvos do preconceito, Crochik faz um breve comentário com relação ao que chama de fragilidade, em que diz:

> (...) Numa sociedade que valoriza a força, física ou intelectual, cada um de nós deve eliminar as lembranças de seu passado que enunciam a fragilidade que foi experimentada, o alvo do preconceito, contudo, lembra essa fragilidade. Isso significa que a segregação desejada do alvo do preconceito é o afastamento de si mesmo (*opus cit*, p. 285).

Para que o indivíduo possa começar a se adaptar àqueles indivíduos que o incomodam, é importante que haja uma certa adaptação às outras espécies, como Horkheimer e Adorno (*apud* CROCHIK, 2002, p. 286) explicam que:

> (...) poderíamos já viver em uma sociedade na qual a fragilidade pudesse ser compartimentada sem ambiguidade. Assim, dever-se-ia tornar consciente todos quanto há de regressivo na exaltação da força. Na educação, essa apresenta-se ao menos de duas formas: a acadêmica e a corporal, a primeira expressa na avaliação escolar.

Para que se possa diminuir o preconceito entre as pessoas, e principalmente na escola, que é um dos objetivos do professor na construção de um ambiente inclusivo, é necessário que, além de trabalhar esse temas com os alunos, a classe seja heterogênea: "(...) um maior número de crianças deficientes numa classe chamaria menos atenção e poderia, por isso, atenuar o preconceito." (CROCHIK, 2002, p. 289). Dessa forma, o preconceito entre as crianças que são consideradas normais em relação àquelas portadoras de algum tipo de deficiência física, comportamental ou educacional, poderia ser atenuada, pois haveria a possibilidade de uma ajudar as outras, construindo um ambiente harmonioso na sala, o que é um dos pilares para a construção de um ambiente inclusivo.

Por fim, o preconceito sempre existirá, mas com uma sociedade bem esclarecida, em que a educação é o ponto de partida para a formação de cidadãos conscientes, capazes de transmitir bons frutos às futuras gerações, o nível de preconceito entre as diferentes classes sociais e demais diferenciações será atenuado, pois a maior arma contra o preconceito é a informação e a reflexão.

Sendo assim, o estudo sobre o preconceito e suas características é de fundamental importância para o desenvolvimento deste trabalho, por que estará constantemente relacionado à educação inclusiva e com o papel do professor em sala de aula. O modelo de inclusão proposto busca diminuir os preconceitos existentes na sociedade a partir da escola, pois, na medida em que a criança que é considerada diferente das demais começa a frequentar uma sala de aula regular, começam a quebrar preconceitos, com os demais alunos dando uma atenção especial a esse novo colega, auxiliando-o no seu processo de socialização com o restante da sala de aula.

Os preconceitos acompanham os indivíduos cotidianamente e se revelam em exemplos muito simples: ao presenciar uma pessoa em cadeira de rodas, tentando atravessar uma rua sem rebaixamento na calçada, e observando como são poucas as pessoas que se propõem a ajudar, a maioria ignora o fato; ou ainda, a reação comum de espanto e rejeição diante da presença de uma pessoa portadora de qualquer deficiência se apresentado na escola pela primeira vez.

A partir desses exemplos, pretende-se evidenciar que os preconceitos "funcionam como instrumentos que barram ou simplificam nossas experiências, mediante aquilo que vemos ou ouvimos de outras pessoas" (SILVA, 2002, p. 76).

1.5 Formação de professores para lidar com deficiência

Perrenoud (2000, p. 180) enfatiza esse aspecto ao falar sobre a profissionalização dos professores:

> Não pode haver nenhum avanço sem uma representação partilhada das competências profissionais que estão no centro da qualificação, aquelas que convém manter e desenvolver e das quais os profissionais devem prestar contas. Ajudar a formar e a estabilizar uma visão clara do ofício e das competências é uma das principais funções – subestimada – dos referenciais de competências.

Os professores necessitam de uma formação voltada para poder lidar com pessoas com deficiência, só assim se pode cobrar desses profissionais atitudes adequadas para possibilitar a inclusão de pessoas com deficiência. Assim sendo, é importante que os educadores e todas as pessoas envolvidas no processo de inclusão tenham em mente que esse processo abrange crianças, jovens e adultos que podem ter problemas de aprendizagem, como, por exemplo, a dislexia, e também até superdotados.

Em qualquer situação, é necessário que o docente responsável por aquela criança, por aquele jovem ou adulto, receba o suporte adequado para seu trabalho, bem como a própria criança, jovem ou adulto em questão.

Para garantir essa formação do docente, a Lei de Diretrizes e Bases da Educação Nacional (Lei 9394/96) em seu capitulo V que trata da Educação Especial, prevê no artigo 59: (...) "III - professores com especialização em nível médio ou superior, para atendimento especializado, bem como professores de ensino regular capacitados para a integração desses educandos nas classes comuns".

Os professores não são, comumente, os únicos profissionais envolvidos no acontecer da educação, mas certamente são os profissionais que estão mais perto, presentes sempre na situação de aprendizagem, são aqueles que conduzirão o processo de aprender e servirão como exemplos aos alunos. Com isso, tornam-se pessoas fundamentais para a concretização dos objetivos propostos.

Devido ao enorme tempo que o professor passou atuando em um único tipo de sistema escolar, em que os princípios da educação inclusiva não estavam presentes, ele pode ter internalizado que para ter sucesso no trabalho com dificuldades especiais é necessária a criação de regras, como nos moldes tradicionais, prontos para serem aplicados. Com isso, acreditam que a sua formação para lidar com as turmas heterogêneas deve acontecer baseada nesses mesmos princípios, isto é, uma formação que lhes forneça métodos e técnicas específicas para a aprendizagem dos "alunos especiais", conhecimentos específicos que resolvam os problemas pontuais, com os quais podem se deparar.

Contudo, formar um profissional completo na dimensão da inclusão escolar, não significa especializá-lo, ou atualizar seus conhecimentos pedagógicos. A formação deve ir além dos simples instrumentais de ensino. Deve, principalmente, evidenciar a importância do papel do professor, tanto no que diz respeito à construção do conhecimento, como à formação de valores, princípios e atitudes dos alunos.

A capacidade de utilizar as experiências na formação de valores e crenças e, consequentemente, no desenvolvimento de potencialidades humanas requer a reestruturação de muitas práticas utilizadas em sala. Para que o professor consiga oferecer oportunidades para todos os alunos, independente das suas diferenças é necessário que ele se desprenda de certas práticas tradicionais. Mais do que isso, que consiga compreender a razão da não utilização dessas práticas e, a partir daí, que consiga reinventá-las, tornando-as interessantes, compatíveis com as intenções da educação inclusiva. Nesse sentido, podemos complementar com as ideias de Mantoan (2003, p. 70 -71):

> Como não me canso de dizer, ensinar atendendo às diferenças dos alunos, mas sem diferenciar o ensino para cada um, depende, entre outras condições, de se abandonar um ensino para cada um, ensino transmissivo e de se adotar uma pedagogia ativa, dialógica interativa, integrada, que se contrapõe a toda e qualquer visão unidirecional, de transferência unitária, individualizada e hierárquica do saber.

Levando em conta todos os pontos colocados, é perceptível que a formação do professor é parte fundamental para a proposta vingar. É na formação que o professor tem a chance de compreender, a partir das informações disponíveis, em que consiste realmente a educação inclusiva, qual o universo abrangido por ela e qual a importância do seu papel dentro desse universo.

É necessário um currículo de formação que contemple o desenvolvimento da reflexão, para que o professor vá da simples compreensão à consciência e, assim, naturalmente, possa assumir uma nova postura como profissional, capaz de descartar os métodos tradicionais e utilizar conscientemente, tanto a flexibilidade como a autoridade (característica essencial para o trabalho do professor na educação inclusiva), fator da aprendizagem a partir das diferenças.

O trabalho do professor em sala de aula talvez seja o mais importante espaço para se resgatar a consciência nos indivíduos de que as diferenças são produzidas pelas reações sociais, que são muito ricas como fonte para o desenvolvimento da personalidade humana e como oportunidades únicas, interessantes e especiais.

O professor tem um grande desafio a enfrentar, que exige vontade, determinação, incentivo, preparação e necessita de recursos educativos auxiliares do professor no trabalho inclusivo desses alunos na sala de aula.

Segundo Mantoan (2002, p. 19), ao permitir o acesso de todos os portadores de necessidades especiais às redes de ensino público é necessário ao professor:

> A construção da competência do professor para responder com qualidade às necessidades educacionais especiais de seus alunos em uma escola inclusiva, pela mediação da ética, responde à necessidade social e histórica de superação das práticas pedagógicas que discriminam, segregam e excluem, e, ao mesmo tempo, configura, na ação educativa, o vetor de transformação social para equidade, a solidariedade e a cidadania.

É nesse sentido que o professor deve promover a solidariedade, a cidadania e a transformação social entre os alunos que consideram normais, com aqueles que possuem algum tipo de necessidade, física, mental ou educacional. O professor tem o papel de ser o intermediário dessa inclusão, buscando mecanismos que incluam esses alunos na sala de aula, sem que haja qualquer tipo de impedimento, obstáculos ou preconceitos contra eles.

Para que o professor possa desenvolver com plenitude o seu trabalho, é importante que sejam oferecidas as devidas condições, que vão desde os materiais pedagógicos utilizados para o trabalho com esses alunos, como livros, carteiras, cadeiras para os portadores de deficiência física, e também, que a escola seja adaptada para que essas pessoas com deficiência possam ter acesso a todas as dependências, onde são realizadas atividades educativas, além dos materiais que possam facilitar esse trabalho.

Com relação à parte que cabe à qualificação pedagógica, – e é nesse instante que cami¬nharemos para falar da formação e capacitação dos professores –, é importante que sejam desenvolvidas as seguintes competências e os valores para o trabalho com a inclusão. O Artigo 18 da Resolução nº. 2 CNE/CEB de 11 de setembro de 2001 designa que "são considerados professores capacitados para atuar em classes comuns com alunos que apresentam necessidades educacionais especiais aqueles que comprovem que em sua formação de nível médio ou superior foram incluídos conteúdos sobre educação especial adequados ao desenvolvimento de competências e valores para:

I - Perceber as necessidades educacionais especiais dos alunos e valorizar a educação inclusiva;

II - Flexibilizar a ação pedagógica nas diferentes áreas de conhecimento de modo adequado às necessidades especiais de aprendizagem;

III - Avaliar continuamente a eficácia do processo educativo para o atendimento de necessidades educacionais especiais;

IV - Atuar em equipe, inclusive com professores especializados em educação especial".

Além disso, é importante o acompanhamento pela direção e coordenação pedagógica do trabalho desse professor, e auxílio nos casos em que esse profissional estiver encontrando algum tipo de dificuldade para desenvolver o seu trabalho, além de prepará-lo para o atendimento desse novo aluno.

Segundo Prieto (2006, p. 61), quando se fala em formação do professor para a inclusão dos portadores de necessidades educacionais especiais é importante que:

> (...) recursos humanos com capacidade de oferecer o atendimento aos educandos especiais nas creches, pré-escolas, centros de educação infantil, escolas regulares de ensino fundamental, médio e superior, bem como em instituições especializadas e outras instituições.

A formação, preparação e qualificação dos professores para a inclusão é o primeiro passo para dar a esse profissional condições para lidar com as diferenças em sala de aula, possibilitando a construção a igualdade entre os alunos, e criando cidadãos capazes de conviverem com as diferenças não só na escola, mas também fora dela.

Como exemplo pode-se citar que, já na década de 1970, Telford e Sawrey (1978) abordaram questões que hoje parecem fazer parte do repertório da inclusão escolar. Segundo esses autores, a inserção da pessoa com deficiência na sala de aula comum é fato que gera um grande problema aos professores de uma classe regular. Esse profissional necessita de uma preparação que vai além da aceitação e do respeito por tais pessoas com deficiência, sendo assim, recomenda-se *a priori* bons procedimentos gerais de ensino e além disso o conhecimento da instrução individualizada, uma programação flexiva e ainda o incentivo à independência da criança e sua máxima integração.

Os mesmos autores afirmam que é frequentemente necessário preparar as outras crianças para que haja a aceitação da criança com deficiência, isso significa orientá-las em como e até que ponto poderão prestar ajuda. Por sua vez, o professor se sente ameaçado com a inserção da criança com deficiência na escola comum, ou, ainda, tal fato constitui um desafio para esse profissional, que muitas vezes se questiona sobre como lidar com tal situação. Assim, o professor sente-se inseguro, sem saber como reconhecer as limitações e as capacidades dessa criança especial, temendo provocar nela uma excessiva dependência.

Dessa forma é de extrema importância que o professor busque um caminho de acesso aos pais, aos professores de outras disciplinas, a medicina geral, a psiquiatria, a psicologia e a assistência social, para que assim possam conseguir a assistência necessária para realizar um trabalho produtivo.

Tais autores afirmam que, um aspecto importante a ser levado em conta na presença da criança com deficiência na sala de aula comum é a identidade do professor, que necessita ser temperamentalmente adequado e ainda se sentir capaz de aceitar a criança plenamente. Por exemplo, um fator que deve ser considerado na inserção, no caso de crianças com deficiência mental, é que os mesmos sejam inseridos geralmente dentro de um grupo mais jovem, onde as expectativas e potencialidades tornam-se mais compatíveis, o que facilita o processo inclusivo. Em alguns casos mais genéricos (crianças com deficiências mentais, visuais, físicos) pode-se utilizar o "sistema de companheirismo", no qual um colega de classe é selecionado para ficar junto a criança com deficiência e assim prestar-lhe assistência. Esse sistema requer extremo cuidado na seleção do assistente, assim como a permissão das crianças envolvidas e ainda de seus pais.

A educação inclusiva é um tema que vem sendo discutido há anos e tem o objetivo de denunciar a injustiça social, além de pretender proporcionar uma melhora da sociedade a partir da educação, mas, como qualquer outra proposta, sua implantação enfrenta muitos obstáculos e por isso é uma discussão que exige muita reflexão. (SANTOS E SILVA, 2002).

Ainstow (*apud* SANTOS E SILVA, 2002) afirmou que existem diversas propostas de educação inclusiva, algumas se baseiam em princípios que levam em conta a atenção centrada nos alunos, outras não. Dessa forma, o autor cita alguns pressupostos que podem ser considerados. Nesse sentido, afirma que (p. 282):

> 1 - Os alunos nomeados de portadores de necessidades especiais devem ser considerados como um estímulo à criação de um ambiente mais rico e diversificado. Combate-se, portanto, a homogeneização das classes escolares, que tem em vista as competências cognitivas, motoras e sensoriais dos alunos;
>
> 2 - Visa-se ao desenvolvimento do currículo pela classe e não dos alunos in-

dividualmente considerados, o que envolve a utilização de recursos, em geral, pouco usados, como o aprendizado por pares, o trabalho cooperativo, atividade essa que a literatura de psicologia social indica ser também importante no combate ao preconceito. Os professores devem trabalhar em conjunto no planejamento e desenvolvimento das atividades escolares, trocando experiências e refletindo sobre elas;

3 - A improvisação dos professores é necessária tendo em vista as dificuldades que surgem. Assim, o planejamento das atividades deve ter alguma flexibilidade;

4 - A cultura escolar, obviamente, deve ser favorável a esse tipo de ensino.

Na publicação de Santos e Silva (2002) afirma-se que hoje se tem buscado uma alteração do papel atribuído aos profissionais envolvidos nos trabalhos com pessoas com deficiência (psicólogo, fonoaudiólogo, fisioterapeuta, etc.), ou seja, recentemente a busca é pelo foco nas dificuldades da classe como um todo e não mais centrado nas dificuldades específicas da criança. Isso implica dizer, por exemplo, que o conhecimento psicanalítico pode buscar dentro da instituição um entendimento do que impede alunos com deficiência mental de se relacionarem e até mesmo de aprenderem, ou ainda, que a psicologia social pode ir além de promover uma adaptação do grupo, de modo que também auxilie no processo de individualização dos alunos com deficiência em geral dentro da escola. Dessa forma, o que passa então a ser enfatizado são as barreiras escolares ao aprendizado e não mais a incapacidade do aluno, que, por sua vez, é enfatizada quando o assunto é educação especial.

Conforme Mantoan (1997), a inclusão da pessoa com deficiência na escola comum é um momento de transformação da escola brasileira, em que nele se busca uma *educação para todos*. A inclusão escolar visa a desafios que estimulem o comportamento dessas crianças, proporcionando com isso, na medida do possível, a independência do aluno. Dessa forma, incluir o aluno com deficiência na sala de aula comum significa tentar livrá-lo de estereótipos, condicionamentos e de sua dependência.

Segundo a mesma autora, incluir o aluno com deficiência na escola comum significa também uma modernização da escola, ou ainda, uma evolução dos processos de ensino e aprendizagem, assim como das práticas pedagógicas. Dessa forma, falar em *educação para todos* é oferecer a essas crianças especiais uma oportunidade de educação que busque as especificidades de cada um, sem permitir a exclusão. Assim, a inclusão escolar não é uma tarefa fácil e sua complexidade exige do professor novos conhecimentos, que não só vão além de seus conhecimentos aprendidos, mas, também muitas vezes os contradizem.

1.6 Escola inclusiva

Uma escola inclusiva é aquela em que todos os alunos estão em salas de aula regular. Todos recebem oportunidades e apoio necessários, com a diversidade que existe no mundo, na sociedade, pois mesmo aquelas crianças que não possuem nenhum tipo de deficiência são diferentes entre si, sendo assim a escola inclusiva é aquela em que todos são participantes significativos, são aceitos como são, de modo que todos desenvolvem suas potencialidades individuais. A diversidade deve ser valorizada, pois tal diversidade fortalece o grupo e oferece a todos melhores oportunidades de aprendizagem. Nenhum aluno, nenhuma criança deve ser encarada como um modelo padrão, pois todos somos diferentes.

O mérito das escolas inclusivas não reside somente no fato de que são capazes de promover uma educação de qualidade a todas as crianças, elas são um passo crucial no sentido de modificar atitudes discriminatórias, de criar comunidades acolhedoras e de desenvolver uma sociedade inclusiva. O desafio que confronta a escola inclusiva é o de educar juntas todas as crianças, incluindo aquelas que possuam desvantagens severas.

O princípio fundamental da escola inclusiva é: todas as crianças devem aprender juntas, sempre que possível, independentemente de quaisquer dificuldades ou diferenças que possam ter. Escolas inclusivas devem reconhecer as necessidades diversas de seus alunos e responder a elas, acomodando ambos os estilos e ritmos de aprendizagem e assegurando uma educação de qualidade a todos, por meio de um currículo apropriado, arranjos organizacionais, estratégias de ensino, uso de recursos e parcerias com comunidades e associações.

A escola inclusiva deve ser uma escola líder em relação às demais. Deve apresentar-se como a vanguarda do processo educacional. O objetivo da escola inclusiva é fazer com que a escola atual, através de todos os seus escalões, possa possibilitar a integração, seja de crianças, jovens e adultos que dela fazem parte. O processo educativo deve ser entendido como um processo social, em que todos os portadores de necessidades especiais e de distúrbios de aprendizagem têm o direito à escolarização o mais próximo possível do normal.

É necessário conhecer de perto se a inclusão de crianças com necessidades educacionais especiais acontece de fato em nossas escolas, ou se é apenas um processo ilusório, que ainda está longe de se tornar uma prática efetiva, é preciso analisar como esse processo de inclusão poderá ser realizado pela escola.

Segundo Mantoan (2004), é preciso desenvolver um novo olhar, mais reflexivo, o qual possa contribuir de forma mais significativa para a implantação de uma educação inclusiva que atinja também as crianças especiais. Ainda, investigar se a inclusão é realmente colocada em prática nas escolas públicas ou privadas que se autodenominam inclusivas, buscando conhecer de forma mais minuciosa seus projetos político-pedagógicos, suas ações e seus trabalhos paliativos.

Para Mantoan (2003, p.28), o papel da escola vai muito além de apenas incluir um determinado aluno na sala de aula, porque:

> Não adianta, contudo, admitir o acesso de todos às escolas, sem garantir o prosseguimento da escolaridade até o nível que cada aluno for capaz de atingir. Ao contrário do que alguns ainda pensam, não há inclusão, quando a inserção de um aluno é condicionada à matrícula em uma escola ou classe especial.

Isso significa que, ainda segundo essa autora, não basta a escola dizer que está incluindo alunos portadores de necessidades educacionais especiais, é preciso criar condições para que esses alunos possam desenvolver tanto a sua aprendizagem como a sua socialização no ambiente.

É importante que essa inclusão seja feita com a colaboração de todos aqueles que convivem com esses alunos, tanto os pais, como os professores e os funcionários da escola. Toda e qualquer mudança, agrada uns e desagrada outros, mas é importante que haja um entendimento de como esse processo poderá ser realizado para obter êxito. De acordo com Mantoan (2003, p. 57).

> A inclusão é uma inovação que implica um esforço de modernização e de reestruturação das condições atuais da maioria de nossas escolas (especialmente as de nível básico), ao assumirem que as dificuldades de alguns alunos não são apenas deles, mas resultam, em grande parte, do modo como o ensino é ministrado e de como a aprendizagem é concebida e aplicada.

Mantoan (Idem, p. 59) cita ainda quatro eixos que podem facilitar que a escola faça essa reestruturação na sua maneira de trabalhar com a inclusão na sala de aula, como segue abaixo:

- Recriar o modelo educativo escolar, tendo como eixo o ensino para todos;

- Reorganizar pedagogicamente as escolas, abrindo espaços para a cooperação, o diálogo, a solidariedade, a criatividade e o espírito crítico sejam exercitados nas escolas, por professores, administradores, funcionários e alunos, porque são habilidades mínimas para o exercício da verdadeira cidadania;

- Garantir aos alunos tempo e liberdade para aprender, bem como um ensino que não segrega e que reprova a repetência;

- Formar, aprimorar continuamente e valorizar o professor, para que tenha condições e estímulos para ensinar a norma toda, sem exclusões.

Cada um dos eixos citados indica como a escola pode facilitar todo o processo de inclusão dos alunos com necessidades educacionais especiais, em que o primeiro passo é garantir o acesso de todos à escola. Em seguida, a escola deve reestruturar o seu projeto pedagógico, a fim de propor mecanismos para o trabalho educacional com aqueles que possuem algum tipo de dificuldade de aprendizagem ou de socialização.

Fator muito importante nesse processo, e já apontado aqui, é o respeito a todas as diferenças e o seu respectivo ritmo de aprendizagem. Cada aluno tem o seu desenvolvimento diferente dos demais. Muitas vezes, a inclusão pode encontrar obstáculos que estão diretamente relacionados à forma como alguns são tratados, diferentemente de outros (MANTOAN, 2003, p.61). Desta forma, afirma que:

> Superar o sistema tradicional de ensinar é um propósito que temos de efetivar com toda a urgência. Essa superação refere-se ao que ensinamos aos nossos alunos e ao como ensinamos, para que eles cresçam e se desenvolvam, sendo seres éticos, justos... Recriar esse modelo tem a ver com o que entendemos como qualidade de ensino.

Assim, não basta a escola oferecer todos os recursos para o trabalho com os alunos com necessidades educacionais especiais, é importante que o professor saiba que o seu papel é o principal desse ciclo no desenvolvimento educacional desses alunos. Que o professor deixe os preconceitos de lado, supere todos os obstáculos à sua volta e trabalhe em equipe com a coordenação, a direção e com os demais funcionários da escola.

O convívio diário entre os diversos segmentos dentro da escola, como coordenação pedagógica, direção, secretaria, sala dos professores e o ambiente operacional da escola, onde ficam os funcionários encarregados pela limpeza, manutenção e preparação das refeições que são oferecidas aos alunos, facilitará a inclusão desses alunos com necessidades educacionais especiais, na qual todos esses funcionários poderão auxiliá-los nesse processo inclusivo, e os alunos que podem ser considerados normais podem e devem participar do aprendizado e da socialização com os alunos especiais. Dessa forma, é importante que esse processo possa obter os resultados esperados e devem estar citados no projeto pedagógico da escola. Por esse motivo, Mantoan (2003, p. 63) considera que:

> Tem-se um ensino de qualidade a partir de condições de trabalho pedagógico que implicam formação de rede de saberes e de relações, que se entrelaçam por caminhos imprevisíveis para chegar ao conhecimento: existe ensino de qualidade quando as ações educativas se pautam na solidariedade, na colaboração, no compartilhamento do processo educativo com todos os que estão direta ou indiretamente nele envolvidos.

O projeto pedagógico quando bem elaborado, possibilita que toda a escola esteja por dentro de todas as metas traçadas para o trabalho com a inclusão, desde a parte de alimentação, higiene e outros cuidados que o aluno deve receber da escola, até as mais complexas como a parte de aprendizagem que será desenvolvida com esses alunos, como, quando e de que maneira ela será aplicada.

Mantoan (*op.cit*) defende que o projeto pedagógico, quando tratado administrativamente, pode ocasionar um isolamento entre a parte administrativa da escola e a pedagógica, pois muitos profissionais que trabalham dentro da secretaria da escola não participam ou não são consultados sobre a inclusão dos alunos com necessidades especiais nas classes regulares. Dessa forma (p. 69):

> Ao serem modificados os rumos da administração escolar, os papéis e a atuação de diretor, coordenadores, supervisores e funcionários perdem o caráter controlador, fiscalizador e burocrático e readquirem teor pedagógico, deixando de existir os motivos pelos quais esses profissionais ficam confinados em seus gabinetes, sem tempo para conhecer e participar mais intensiva e diretamente do que acontece nas salas de aula e nos demais ambientes educativos da escola.

Segundo Mazzotta (1989), as escolas especiais que atendem restritamente alunos classificados como excepcionais, recebem atualmente severas críticas, por causar a exclusão do aluno com deficiência, na medida em que reduzem ou até eliminam a oportunidade de seu convívio com o meio social. O autor destaca, entretanto, que alguns casos de deficiência mental ainda necessitam de um atendimento especializado de uma escola especial, com recursos diferenciados dos da escola comum.

A inclusão social das pessoas com necessidades especiais constitui uma questão importante para a sociedade, sendo assim, necessita de condições que favoreçam ao máximo sua autonomia em seu meio social. Logo, a escola tem papel fundamental na inclusão escolar, por esse caminho deve-se promover condições para que a inclusão ocorra e essas pessoas possam se apropriar de conhecimentos e ser integradas em um espaço que favoreça sua identidade sócio-cultural (MANTOAN, 1997).

Weschenfelder (2008) afirma que através da participação da pessoa com deficiência nos grupos sociais, uma rede de interação se estabelece, todas as relações que inclui a criança no meio social (família, escola, vizinhos etc.) são importantes, pois proporcionam ao aluno com necessidades especiais diversos significados simbólicos que são utilizados como referência na construção de seu mundo.

Mantoan (1997) explica que a inclusão social necessita de uma participação real na escola, no lazer e no trabalho, onde as pessoas participem ativamente do meio em busca da conquista de um espaço social, que se dá através das interações estabelecidas no interior dos grupos sociais. Sem os processos de discriminação, estigmatização e expulsão, torna-se possível que a educação, a saúde, a moradia e o lazer seja um direito de todos. Incluir o individuo com necessidades especiais significa lutar contra as desigualdades sociais, mesmo que na prática o acesso à escola ainda não seja um direito garantido a todos eles.

Atualmente, na educação especial a tendência tem sido manter na escola comum o maior número possível de alunos diferentes do esperado para a maioria, diminuindo a exclusão dos alunos com deficiência e tornando possível que os mesmos se beneficiem dos programas comuns, ainda que seja necessária, para um atendimento adequado, a utilização de serviços e auxílios especiais. Esse posicionamento inclusivo proporciona a esses alunos um benefício não só acadêmico, mas também social, assim como é oferecido aos alunos normais (MAZZOTTA, 1982).

Ainda segundo Mazzotta (*op.cit*), é importante na educação especial que se escolha o recurso educacional mais apropriado para cada aluno, percebendo suas possibilidades pessoais e ainda a posição de seus pais, no momento da decisão sobre o encaminhamento de um aluno especial a um determinado recurso educacional.

O autor (*op.cit*) aponta como um erro pensar a integração como a presença do excepcional no meio daqueles que não levam tal título, pois "são muito mais complexos os aspectos envolvidos nessa questão do que simplesmente a proximidade ou a distância física ou espacial entre os alunos excepcionais e normais".

Capítulo 2

A Deficiência Visual

Segundo a OMS - Organização Mundial da Saúde, o termo deficiência visual refere-se a uma situação irreversível de diminuição da resposta visual, em virtude de causas congênitas ou hereditárias, mesmo após tratamento clínico ou cirúrgico e uso de óculos convencionais. A diminuição da resposta visual pode ser leve, moderada, severa ou profunda (que compõe o grupo de visão subnormal ou baixa visão) e ausência total da resposta visual (cegueira). A OMS – Organização Mundial de Saúde (BANGKOK, 1992), sinaliza também que:

> O indivíduo com baixa visão ou visão subnormal é aquele que apresenta diminuição das suas respostas visuais, mesmo após tratamento e correção óptica convencional, e uma ausência menor que 6/18 à percepção de luz, ou um campo visual menor que 10 graus do seu ponto de fixação, mas que usa ou é potencialmente capaz de usar a visão para o planejamento e execução de uma tarefa.

Do ponto de vista médico, uma das preocupações com relação à cegueira é justamente detectar o quanto o indivíduo é capaz de enxergar. A grande maioria das pessoas acredita que os cegos vivem nas trevas, ou seja, na escuridão total, porém especialistas afirmam que muitos cegos conseguem perceber o claro do escuro, ou até perceber vultos.

A deficiência visual pode ser classificada de acordo com a intensidade da deficiência: a deficiência visual leve, deficiência visual moderada, a deficiência visual profunda, a deficiência visual severa e a perda total da visão. Com relação ao comprometimento de campo visual: o comprometimento central, o comprometimento periférico e o comprometimento sem alteração. De acordo com a idade de início, a deficiência pode ser congênita ou adquirida. Se estiver associada a outro tipo de deficiência, como surdez, por exemplo, a deficiência é múltipla.

As pessoas com deficiência visual são classificadas em: cegos ou visão residual. Todo indivíduo que possui algum tipo de problema no órgão da visão é denominado pessoa com deficiência visual.

A cegueira é normalmente diagnosticada pelos médicos, e é definida só depois de avaliada a capacidade visual do individuo e após ser ofertado todos os tratamentos médicos e até cirúrgicos como, também após a tentativa de correção óptica possível. Dentre eles, existem aqueles que são chamados de sujeitos com visão residual ou subnormal.

Para Amiraliam (1997, p. 31), "a cegueira, ao se construir como uma condição irreversível confere ao sujeito um lugar para todo o sempre a margem dos homens sadios". Os cegos possuem uma falha orgânica, do ponto de vista médico, assim ele é considerado "doente".

Para alguns educadores é importante, além de conhecer o nível que o indivíduo tem de prejuízo na visão, também se ela é congênita ou adquirida e em que fase da vida isso ocorreu.

Esses são fatores que podem influenciar no processo ensino aprendizagem e inclusive no desenvolvimento de relações afetivas.

Para poder acompanhar o processo de desenvolvimento de crianças com deficiência visual, o professor necessita conhecer as especificidades de cada caso. Assim, poderá elaborar um plano educacional adequado às necessidades do aluno. Essas informações devem ser obtidas junto aos pais ou responsáveis pela criança.

Há algum tempo, considera-se desejável, tanto do ponto de vista ético, quanto social e econômico que o maior número possível de crianças com necessidades especiais sejam mantidas na escola regular e pessoas de seu próprio círculo de relações sociais. (SEE/CENP, 1980 – Serviço de Educação Especial da Coordenadoria de Estudos e Normas Pedagógicas da Secretaria de Estado da Educação).

O professor precisa ficar atento às suspeitas da presença de deficiência visual em aluno que faz confusão na escrita, em leitura das palavras, que traz o material da leitura muito próximo aos olhos, possui sensibilidade à luz, dores de cabeças frequentes, piscarem os olhos em demasia, apresentar olhos vermelhos, lacrimejantes ou as pálpebras irritadas, perda do contato visual com a localização do trecho que estava lendo. A presença de alguns desses sinais podem dar origem à solicitação de exames oftalmológicos.

Segundo Gregory (1989, p. 92), *"a visão é o único sentido capaz de unificar, estruturar e organizar todas as outras percepções em um todo significativo"*. Para esse autor a visão é a única forma que nos permite ter um contato de forma global com o ambiente, apesar de que não podemos deixar de lembrar que as pessoas com deficiência visual podem também ter uma construção do ambiente, de forma mais lenta, mas não deixa de ser global. Pode ser uma forma de ver, diferente da mesma realidade. Ou seja, a visão apenas cria uma idéia global mais imediata.

Então, é preciso considerar que há um prejuízo no desenvolvimento global, acarretado pela ausência da percepção visual. Deve ser dada importância ao desenvolvimento da linguagem, como a construção de um vocabulário significativo, a partir de experiências vivenciadas por meio de outros canais que não o visual, e que possibilite a formação de conceitos, ou seja, a criança cega precisa de ajuda para se interar com o mundo.

Deve-se destacar que limitação visual é apenas uma das qualidades desses alunos e não deve ser encarada como a mais importante. Caso contrário, o aluno é ensinado a ser deficiente e transforma sua limitação em foco central de sua vida. É importante estar alerta para não permitir que o aluno explore suas limitações com objetivo de tratamento privilegiado ou muito menos diferenciado.

A criança cega ou de visão subnormal precisa aprender a viver num mundo de pessoas que não apresentam deficiência. Mesmo que este processo lhe seja, muitas vezes, difícil e penoso. Cabe à sociedade a responsabilidade de prover os auxílios necessários para que a criança se capacite e possa se integrar no grupo social a que pertence. Assim sendo, a forma ideal de educação é aquela que proporciona ao aluno maiores oportunidades de assimilação pelo sistema comum de ensino.

A deficiência visual pode ter efeitos graves sobre o desenvolvimento da criança. Esses efeitos impõem limitações e restrições ao desenvolvimento. Os efeitos disso são determinados pela cultura e pelo ambiente, e podem ser minimizados pela orientação aos pais e por esclarecimentos à comunidade. O ambiente familiar e a atitude dos pais afetam bastante o desenvolvimento da criança, uma vez que os pais sofrem conflitos emocionais devido à deficiência do filho, o que pode interferir na provisão de um ambiente facilitador. Partes dessas dificuldades dos pais, talvez, surjam de suas expectativas de ter um filho "perfeito" e a chegada de uma criança cega não vai corresponder ao "seu ideal de filho".

Em nosso trabalho, durante a fase das entrevistas, constatou-se que, em alguns casos, os pais têm sentimentos de culpa, pela deficiência do filho, devido à ideias como pecado e erro. A criança portadora da deficiência, às vezes, chega à escola sem um repertório de experiências de convívio social, sem rotinas diárias compatíveis com sua idade, sem os conceitos básicos de esquema corporal, lateralidade, orientação espacial e temporal e com mobilidade difícil, o que pode levar à baixa auto-estima e dificultar que se acostume com a escola. Esse contexto pode deixar a criança insegura e amedrontada.

Capítulo 3

Gestão Pedagógica

A proposta desse capítulo é de pesquisar a ação dos dois gestores pedagógicos, pois a atuação de um complementa a do outro, principalmente quando se trata de inclusão. O coordenador tem o papel de articular os diversos envolvidos, pois ele tem uma atuação mais próxima dos professores e até dos pais, sendo de grande relevância essa aproximação.

A coordenação pedagógica deve ser o elo entre "o mundo" da sala de aula e a direção pedagógica. Só a competência técnica não basta ao coordenador, de alguma forma é necessário exercer uma liderança entre os professores, ele precisa também compreender os fatos da escola e ter habilidade para tornar-se um agente motivador.

3.1 Administração escolar e seus gestores

A administração de empresas e administração da educação, apesar de possuírem tarefas semelhantes em essência, é diferente em muitos aspectos. Segundo Alonso (1988, p. 22), "sendo as organizações escolares complexas, ambíguas e paradoxais, temos necessidades de atendê-las corretamente antes de adotar uma forma ou modelo de gestão".

Embora necessitados da aplicação da administração de empresas na escola, a maioria dos teóricos em Administração Escolar não vê uma identidade absoluta entre empresa e escola, identificando, nestas, características específicas que precisam ser levadas em devida conta. Primeiramente, há que se considerar a peculiaridade dos objetivos da organização escolar. Diferentemente das empresas em geral, que visam à produção de um material tangível ou de um serviço determinado imediatamente identificável e facilmente avaliável, a escola visa fins de difícil identificação e mensuração, quer devido ao seu caráter, de certa forma, abstrato, quer em razão do envolvimento inevitável de juízos de valor em sua avaliação.

Outra especificidade da escola diz respeito ao seu caráter de instituição prestadora de serviço, que lida diretamente com o elemento humano. Com relação a esse aspecto o aluno é não apenas o beneficiário desses serviços é também participante como sujeito que irá condicionar o êxito do processo educacional. É evidente que essa matéria prima peculiar, que é o aluno, deve receber um tratamento especial, bastante diverso do que recebem os elementos materiais que participam do processo de produção no interior de uma empresa industrial.

Finalmente, intimamente relacionada com os dois aspectos anteriores, há a consideração da intensidade do fator mão-de-obra na empresa produtora de bens e serviços em geral, em que é bastante grande a participação relativa das máquinas e demais meios de produção em geral, com tendência à sua intensificação cada vez maior. Na escola é a mão-de-obra que possui participação relativa mais elevada. Isso se deve, por um lado, à citada peculiaridade de sua matéria prima, por outro lado, à própria natureza do trabalho aí desenvolvido, que consiste na transmissão e crítica do saber, envolvendo, portanto, o comportamento humano que não se contém nos estreitos limites da previsibilidade inerente às máquinas.

Em sua grande maioria, entretanto, essas observações a respeito da peculiaridade da organização escolar aparecem não como justificativas para se negar a aplicação da administração empresarial na escola, mas, ao contrário, como um dos passos no processo dessa aplicação. Em outras palavras, tais observações dedicam-se aos cuidados que devem ser tomados para que esse processo tenha êxito, já que a transposição dos mecanismos da administração capitalista para a escola é vista como algo natural e plenamente legítimo. Porém, como afirma Libâneo (2004, p. 194): "A organização escolar, portanto é toda ela uma prática educativa, isso não pode ser esquecido, a escola deve ser um lugar de trabalho do professor".

Isso se deve ao fato de que, no seio da teoria da administração escolar, a administração é encarada como um problema puramente técnico, desvinculado de seus determinantes econômicos e sociais. Nessa perspectiva, não há porque não pensar que os princípios, técnicas e métodos administrativos que promovem a eficiência da empresa não possam ser adotados com êxito também na escola.

Assim, mecanismos da administração capitalista, como a gerência e a divisão pormenorizada do trabalho, gerados no seio da empresa capitalista e aí adotados, como já visto, para resolver problemas que são, antes de qualquer coisa, de natureza econômica e social, são tomados como transplantáveis para a situação escolar. As justificativas são meramente técnicas, sendo tratadas de maneira autônoma, desvinculadas, como se disse dos condicionantes sociais e econômicos que os determinam e dessa forma, contribuem também para ocultar e escamotear os próprios determinantes concretos da prática da administração escolar.

A escola, como qualquer outra instituição, precisa ser administrada e tem na figura do seu diretor o responsável último pelas ações desenvolvidas.

Dentro das funções específicas da direção, a maior parte restringe-se ao campo burocrático, ou seja, referem-se especificamente a questões de organização legal e manutenção física do estabelecimento. O cotidiano de um diretor de escola pública consiste em organizar e viabilizar a documentação pedida pela Diretoria de Ensino, fazer a leitura do diário oficial para seguir suas ordens e normas, supervisionar o prédio visando a sua manutenção e comunicar às instâncias superiores qualquer anomalia, embora isso não resolva seu caso na maioria das vezes. Por não poder contar com muito apoio externo, sua preocupação mais constante é arrecadar dinheiro para a APM e com ele arrumar lousas, carteiras, aparar o mato ou a grama quando existe, arrumar estacionamento dos professores etc.

Resumindo, as principais funções de uma administração escolar podem ser agrupadas num conjunto de atividades específicas quanto à organização e direção do trabalho escolar, quanto ao desenvolvimento de atividades sociais, de liderança e estimulação do corpo da escola, de controle da ordem e do comportamento das pessoas, e quanto ao controle dos resultados e valor social destes. No entanto, não se pode esquecer que um diretor é também um professor. Para Alonso (1988, p. 79):

> (...) desligar a função administrativa das funções técnicas não parece muito produtivo do ponto de vista das relações existentes entre elas; porém, misturá-las, desconhecendo a natureza específica de cada uma, também seria inadequado, uma vez que intrinsecamente são muito diferentes e requerem mesmo qualificações diversas para seu desempenho.

Quanto à parte pedagógica, o diretor, cercado de problemas burocráticos, conforme exposto acima, pode acabar relegando-a para segundo plano. Pode tão somente seguir as exigências ou acabar por delegá-la aos coordenadores, que nem sempre têm uma visão do todo para suprir as necessidades.

A participação do administrador escolar na proposição, explicitação, revisão e adequação de objetivos de uma situação particular é condição básica para a compreensão da função administrativa dentro de uma perspectiva dinâmica. Se, por muito tempo, a tendência dos administradores práticos foi a de se restringir à rotina administrativa, isso se deveu ao fato de ser a administração entendida de modo restrito, presa a concepções de administração interna estritamente. Hoje tal tipo de concepção não se sustenta pela sua insuficiência em face das necessidades de adequação a fatores externos. O administrador está inserido em um contexto social e dele faz parte. Conforme afirma Alonso (1988, p. 73):

A administração escolar se mostra, portanto, necessariamente comprometida com a explicação e revisão da filosofia e da política educacional. Na medida em que seja capaz de perceber a importância dos objetivos propostos, sua adequação ou inadequação às reais necessidades de uma realidade próxima e, portanto, capaz de imprimir uma nova diretriz a esse programa no momento em que se mostre inadequado.

O perfil político do diretor escolar é muito importante, na medida em que possa incrementar seu trabalho, embora haja o risco de conflito com outros perfis dentro da escola. Tal perigo se torna mais grave quando se estabelece uma relação de autoridade suprema ligada à figura do diretor-administrador, que assume um caráter de autoridade, de poder e de controle. Entretanto, é óbvio que tal estabelecimento de poder e autoridade acima dos demais participantes da estrutura escolar não deveriam existir para o bom andamento da escola inclusiva que buscamos.

Neste trabalho, entende-se que, na escola, cada um tem sua determinada função e com a cooperação de todos chega-se a consensos e a resultados esperados. O verdadeiro poder está nos órgãos superiores e não na escola, sendo esta um instrumento do Estado e tem como balizas trabalhar dentro dos parâmetros por ele estabelecido. Nesse caso, o diretor é mediador entre órgãos superiores e a comunidade e por isso carrega o estigma de autoridade e poder. O controle da escola cabe ao diretor de uma maneira ou de outra, da mesma maneira que é supervisionado pela Diretoria de Ensino. O importante é lembrar que um diretor tem muitas facetas, como ressalta Libâneo (2004, p. 89):

> (...) trata-se de entender o papel do diretor como um líder, uma pessoa que consegue aglutinar as aspirações, os desejos, as expectativas da escola na gestão de um projeto comum.

Percebe-se que é muito importante a função do diretor, pois, além das funções administrativas, a equipe escolar leva para ele suas aspirações e seus problemas, em busca de diálogo, soluções, firmeza e motivação.

O diretor, para a equipe da escola, tem atualmente um papel de mantenedor da ordem. Independente se o processo educativo está se desenvolvendo bem ou mal, cabe ao diretor assegurar o caminho da norma legal para a escola.

Faz-se aqui uma observação crítica com relação ao papel do corpo docente em geral e atualmente: há uma ausência de preocupação ou de capacidade de questionar a educação e seu desenvolvimento e reverter seus aspectos negativos. Faltam união, espírito e atitude de cooperação para que a escola se desenvolva bem e passe os valores, já destacados aqui, para o corpo discente.

Da mesma forma, o diretor tem o papel de acatar as leis, porém deve interpretá-las, de modo a criar condições de desenvolver uma reavaliação do papel da escola e do seu próprio papel. Ele tem que estar ciente de que, assumindo o cargo numa escola, principalmente, pública, ele terá que assumir uma postura político-filosófica que deverá, mesmo que não mude o perfil da escola, proporcionar condições de questionamento do trabalho da escola, de modo a proporcionar o aprimoramento das relações internas e do processo educacional.

No decorrer da história, a função de coordenador pedagógico recebeu várias designações e remonta à reforma educacional iniciada nos anos 20. A obrigatoriedade do ensino, e, sobretudo, de uma escola única que oferece a população condições novas, põe em evidência seu papel de solidificar as propostas do Estado, da direção e o cotidiano dos professores e alunos, hierarquizando competências, fazendo a parte burocrática e catalogando as práticas pedagógicas. Além disso, tal disposição de funções cria situações externas ao trabalho docente, restringindo a este a execução das tarefas, as quais são avaliadas pelos agentes superiores, responsáveis pelo planejamento e controle. Nesse contexto, surge o provável ancestral de nosso atual coordenador, o inspetor escolar, que tinha como função controlar a presença de alunos e o trabalho do professor.

O coordenador pedagógico viria para destacar a divisão entre o fazer pedagógico (do professor) e o planejar (dos órgãos centrais). Separação geradora de conflitos entre autoridade do diretor e do coordenador pedagógico, pois distingue a autoridade legal da diretoria (administrativo-burocrática) e autoridade funcional do coordenador pedagógico (pedagógica), prevalecendo sempre a primeira em detrimento dos aspectos pedagógicos. Para Vasconcellos (2008, p. 87):

> (...) A coordenação pedagógica é a articuladora do projeto político-pedagógico da instituição no campo pedagógico, organizando a reflexão, a participação e os meios para a concretização do mesmo, de tal forma que a escola possa cumprir sua tarefa de propiciar que todos os alunos aprendam e se desenvolvam como seres humanos plenos (...).

Para se conseguir uma boa atuação, o coordenador haverá de interpretar as necessidades, sentimentos e esperanças dos integrantes desse grupo, tanto coletivamente (classe) como individualmente. Deverá ser a pessoa que orienta o trabalho da equipe docente por meio da construção coletiva dos objetivos e caminhos a percorrer para atingi-los; o administrador que controla o cumprimento das obrigações burocráticas e faz a integração escola-comunidade por intermédio das peculiaridades das relações internas da escola, será o transferidor de responsabilidades e motivação para cada equipe *virtual* que lidera.

Cada turma tem um professor com sua personalidade, modo de dar aula e vivência particular, assim como seus alunos que vivenciam que são momentos ímpares, pois jamais voltam ou se consegue fazê-las iguais, por mais que o conteúdo e o objetivo de transmitir informações sejam os mesmos.

Cada equipe seria uma nova turma, que o coordenador auxilia nas dificuldades apresentadas. Em paralelo a esse auxílio deverá motivar e estimular a integração do professor com os alunos ou determinado aluno com o restante da turma, de modo que todos percebam que necessitam estar comprometidos em suas tarefas, para não prejudicar a turma em questão, já que todos dessa equipe possuem o mesmo objetivo.

O coordenador, idealizado, deve ser uma síntese do orientador educacional que trabalha dando assistência ao aluno e auxiliando-o na superação de suas dificuldades, seja ela coletiva ou individual; do coordenador pedagógico que acompanha e estimula os professores em suas atividades de planejamento, docência e avaliação; do psicopedagogo, que tem um olhar global do processo de aprendizagem, enfatizador dos aspectos afetivos, cognitivos, psicomotores e influências do meio, ou seja, dos ambientes no qual vive.

Seu papel não é o de orientar o que o professor irá ensinar, já que isso ele sabe mais que qualquer outro profissional na escola, e sim o de auxiliá-lo a refletir sobre si e sobre sua prática e como articulá-la. Só por meio da interação entre professor e seus alunos é que se consegue uma transformação do indivíduo e isso é aprendizagem. Vale lembrar a citação de Vasconcellos (2002, p. 57):

> O papel da equipe de direção é criar um clima de confiança, pautada numa ética libertadora e no autentico dialogo. Assim, a gestão irá contribuir efetivamente com a mudança da prática pedagógica.

O coordenador deve motivar o professor. O termo motivação compreende fatores técnicos, emocionais e processos que conduzem as pessoas a uma ação ou à inércia em diversas situações. De um modo mais específico, o estudo dos motivos significa o exame das razões pelas quais se escolhe fazer algo ou executar tarefas com maior empenho que outras ou, ainda, persistir numa atividade por longo período de tempo.

Para que os aspectos psicológicos sejam positivamente estimulados é importante a adoção de adequadas metodologias de ensino. A mediação entre o interesse pessoal e o valor socialmente atribuído constitui, a cada situação, motivação para a aprendizagem.

Com a análise feita para articular os aspectos afetivos e cognitivos por meio dos conceitos das diferentes áreas do conhecimento, será possível que o professor amplie as formas de trabalhar o conteúdo programático, integrando os interesses, raciocínio e informações dos alunos, operando nos diferentes níveis de escolaridade, pois construiu criativamente seu conhecimento.

A esse coordenador psicopedagogo caberá ajudar nas relações professor-aluno, aluno-família e aluno-saúde, mostrando-lhes como reconhecer as verdadeiras necessidades do aprendiz e como estimulá-lo para novas aprendizagens.

É função desse profissional, também, oferecer um suporte emocional para professores que estão inseguros quanto à capacidade para aplicação de um método novo ou que estão com alunos com problemas de aprendizagem. Deve ainda assessorar o corpo docente para o tratamento flexível e diferenciado da diversidade de aptidões, interesses e motivação dos alunos, colaborando na adoção de medidas educacionais oportunas. Como também trabalhar as concepções dos professores sobre os processos de ensino-aprendizagem, assinalando a multidimensionalidade dos problemas de aprendizagem, a importância de se considerar fatores orgânicos, cognitivos, afetivos, sociais e pedagógicos para análise e a necessidade de se trabalhar com a diversidade, ou seja, respeitando as características de cada aluno.

Acredita-se realmente que a direção necessita passar confiança para o seu corpo docente, discente e administrativo, para que o trabalho seja desempenhado por todos de forma integrada e comprometida.

O desempenho de uma determinada turma é o reflexo do trabalho e empenho do professor que, por sua vez, tem seu empenho refletido na motivação estimulada pelo seu coordenador, o qual possui o poder de fato, pois seu cargo é de líder, de determinador de critérios e ações. "É da liderança a responsabilidade de orientar e motivar o grupo, assim como de conduzir as pessoas na obtenção dos resultados esperados" (CASTRO, 1999, p. 26). Também é de sua responsabilidade desenvolver competências de cooperação, determinação e flexibilidade. Mas para um bom desempenho é interessante que se utilize da sinergia, força que vai além da autoridade formal, "gerada pela aplicação de métodos informais e competência interpessoal e gerencial" (DINSMORE, 1989, p. 46).

Sobre a relação professor e aluno, é fundamental levar em conta o grande poder do ambiente como facilitador ou inibidor da aprendizagem. Trata-se de compreender, na construção das propostas de ensino e aprendizagem, a busca de eficiência (técnica) e da satisfação (prazer), como aspectos simultâneos e complementares e não como antagônicos ou excludentes. Aspectos que podem co-existir, mas que não são, necessariamente, vinculados ou decorrentes um do outro. Nesse sentido, é necessário compreender de que modo se articulam os conhecimentos técnicos, os interesses dos alunos como motivação para a aprendizagem, assim como situar quais conceitos de técnicas, satisfação e interesse são implícitos em cada concepção de ensino-aprendizagem presente em cada contexto (BRASIL, 1998).

Capítulo 4

A Pesquisa de Campo

O presente trabalho tem como orientação metodológica a pesquisa exploratória e descritiva. É exploratória porque busca ampliar e aprofundar conhecimentos a respeito de um tema sobre o qual não há muita informação, no caso deste trabalho, a gestão pedagógica na inclusão das crianças com deficiência visual nas escolas públicas faz um diagnóstico preliminar a respeito deste contexto.

É descritiva porque permite que se obtenha um panorama de como o fenômeno em estudo se dá no meio em que ocorre. Malhotra (2004, p. 108) afirma, "como o nome indica, o principal objetivo da pesquisa descritiva é descrever alguma coisa". Assim, por ter a natureza descritiva, pretendeu-se descrever uma realidade sem intenção de nela interferir. Ao desenvolver o trabalho, procedeu-se à pesquisa bibliográfica. Para o teste das hipóteses e alcançar o objetivo, realizou-se a pesquisa de campo em escolas públicas, da Grande São Paulo, que atendem crianças com deficiência visual de ensino fundamental.

A revisão bibliográfica e documental foi usada em todas as fases, orientando a definição das questões de pesquisa e das hipóteses e indicando os objetivos gerais e específicos. Além disso, contribuiu na escolha da técnica de campo adequada, na definição da população e guiou a construção do instrumento de campo.

A aplicação do instrumento de campo impôs o conhecimento de técnicas específicas. Nesta fase também nos socorreram as obras dos autores da área de pesquisa metodológica que forneceram os critérios de seleção da amostra e da abordagem qualitativa.

Os quadros a seguir representam a forma como a pesquisa se deu e ilustram o desenvolvimento de cada uma dessas fases.

Primeira Fase	
1. Pesquisa Exploratória e Descritiva	
2. Revisão bibliográfica	3. Definição da população
4. Definição a - das questões de pesquisa b - das hipóteses de pesquisa	5. Estabelecimento dos Objetivos a - Gerais b - Específicos
1. Escolha da técnica de campo a - Questionário: - formato das perguntas - sequência das perguntas	2. O instrumento de campo a - Pré-teste do questionário
8. Critérios de seleção da amostra a - Amostragem não probabilística b - Amostragem por conveniência c - Tamanho da amostra	3. Aplicação do teste piloto a - Análise dos dados

Segunda Fase	
9. Modificações necessárias a - Ajustes no questionário	4. Revisão do critério de seleção a - Amostragem não probabilística b - Amostragem por julgamento c - Amostragem por conveniência d - Tamanho da amostra
11. Trabalho de campo a - Aplicação do questionário	12. Análise dos dados a - Qualitativa
13. Relatório de campo	14. Os resultados
15. Redação final do trabalho/entrega	

4.1 A pesquisa exploratória e descritiva

Embora muito já se tenha investigado sobre educação inclusiva, este trabalho se dedicou à atuação da gestão pedagógica na inclusão das crianças com deficiência visual nas escolas públicas e teve a pesquisa exploratória e descritiva como caminho metodológico adequado aos nossos propósitos.

Consultando os nomes consagrados, encontramos em Mattar (1996, p.84), a indicação inicial da trajetória a seguir, já que o autor considera a pesquisa exploratória apropriada aos primeiros estágios de investigação quando a familiaridade, o conhecimento e a compreensão do fenômeno são, geralmente, insuficientes. Verificamos que as afirmações de Mattar são reforçadas pelas Aeker *et al* (2001, p. 94) quando afirmam que "a pesquisa exploratória é usada quando se busca um entendimento sobre a natureza geral de um problema, as possíveis hipóteses alternativas e variáveis relevantes que precisam ser consideradas". A contribuição de Pinheiro *et al* (2004, p. 84) nos auxiliou na definição das questões e das hipóteses de pesquisa, pois esclarece que:

> A pesquisa exploratória colabora na definição do problema de pesquisa, ajuda a definir o foco e as prioridades de estudo e visa a compreender o comportamento e as atitudes (...), explorando as possíveis relações existentes (...) servindo para levantar hipóteses e descobrir características desconhecidas sobre assuntos nos quais não se possui conhecimento ou domínio.

A pesquisa exploratória pode ser experimental ou descritiva. Como pretendeu-se descrever uma realidade sem a intenção de nela interferir, esse trabalho se caracteriza pela pesquisa exploratória qualitativa e descritiva conforme esclarece Godoy (1995, p. 62):

> A pesquisa qualitativa é descritiva. A palavra escrita ocupa lugar de destaque nessa abordagem, desempenhando papel fundamental tanto no processo de obtenção de dados quanto na disseminação dos resultados. (...) O interesse desses investigadores está em verificar como determinado fenômeno se manifesta nas atividades, procedimentos e interações diárias. Não é possível compreender o comportamento humano sem a compreensão do quadro referencial (estrutura) dentro da qual os indivíduos interpretam seus pensamentos, sentimentos e ações.

Percebeu-se que nessa mesma direção seguem as considerações de Malhotra (2004, p. 108) quando afirma: "como o nome indica, o principal objetivo da pesquisa descritiva é descrever alguma coisa". Acrescenta que este tipo de trabalho pode ser realizado para "descrever as características de grupos relevantes (...). Estimar a porcentagem de unidades numa população específica que exibe um determinado comportamento".

A contribuição desses autores foi valiosa. Contudo, como nossas preocupações se situam no âmbito da educação de crianças com necessidades educacionais especiais, procuramos também conhecer como os pesquisadores da área da saúde se colocam diante da pesquisa exploratória qualitativa e descritiva. Encontramos em Piovesan e Temporini (1995, p.321), um posicionamento que valoriza o indivíduo, seus modos de agir, pensar e sentir. Para eles, crenças, atitudes, valores, emoções e motivações são componentes importantes a condicionarem a percepção dos indivíduos acerca de fenômenos biológicos, psíquicos e sócio-ambientais, conforme se constata no trecho abaixo de Piovesan & Temporini (1995, p. 321):

> "As experiências de vida, ao lado do ensino formal, concorrem para a construção de conhecimentos, crenças, atitudes, valores, emoções e motivações, componentes importantes a condicionarem a percepção dos indivíduos acerca de fenômenos biológicos, psíquicos e sócio-ambientais. Assim, a percepção constitui experiência sensorial que adquire significado à luz dessas influências. Em geral, variáveis relativas à conduta em saúde e seus determinantes oferecem maiores dificuldades metodológicas para sua identificação, compreensão e mensuração".

Por ter essa natureza descritiva, para desenvolver a pesquisa, procedeu-se à pesquisa bibliográfica. Para proceder ao teste das hipóteses e alcançar o objetivo, nos vimos obrigados a definir uma população.

Triola (1998, p. 3) nos esclareceu que "população é uma coleção completa de todos os elementos a serem estudados", "é um conjunto de elementos com uma ou mais características em comum". Como nos debruçamos sobre gestão pedagógica na inclusão dos alunos com deficiência visual nas escolas públicas, o traço comum de nossa população é a intimidade com as questões educacionais. Os informantes tinham que ser familiarizados com nossa problemática. Identificamos a especificidade de nossa população quando percebemos que ela não seria encontrada em grande concentração se focássemos categorias como sexo, ramo de atividade, faixa de idade, orientação sexual, nível cultural, religião etc. Nesse impasse, fomos excluindo segmentos, mas ao proceder assim, verificamos que nossa população precisava incluir todas essas variáveis. Neste ponto, uma questão se apresentou: onde encontrar pessoas inseridas na problemática que abordamos de ambos os sexos, idades, opção sexual, nível cultural, religião, etc. variados? Responder a essa pergunta não foi difícil e o segmento que atendia a todas essas exigências foi à população que compõe a comunidade escolar da rede pública. Essa população se demonstrou apropriada por incluir os atributos acima e porque convivem com as questões decorrentes da gestão pedagógica na inclusão dos alunos com deficiência visual, em suas atividades corriqueiras.

4.2 A revisão bibliográfica e documental

Para Luna (1998, p. 83), a investigação científica requer um conhecimento só obtido em uma bibliografia de trabalhos sobre o tema. A revisão bibliográfica indica o conhecimento acumulado, pontuando trabalhos consagrados e os autores mais importantes. Para Luna (Idem, p. 82), a revisão bibliográfica também pode identificar "quais as principais lacunas", pois:

> Entre as muitas razões que tornam importantes os estudos com esse objetivo, deve-se lembrar que eles constituem uma excelente fonte de atualização para pesquisadores fora da área na qual se realiza o estudo, na medida em que condensam os pontos importantes do problema em questão.

O fato desse tema abordar a gestão pedagógica, a inclusão dos alunos com deficiência visual e a escola pública nos obriga a uma revisão bibliográfica extensa. Por isso, a revisão bibliográfica e documental, que foi desenvolvida teve dois momentos: o da gestão pedagógica nas escolas públicas e o da deficiência visual.

Embora esse trabalho não pretenda esgotar o assunto, enseja traçar um panorama sobre este contexto, seu impacto sobre a realidade social, principalmente no que se refere à garantia dos direitos das pessoas com deficiência visual.

Quanto ao questionário, a revisão bibliográfica também nos deu o caminho a seguir.

4.3 Questões, hipóteses e objetivos

Pinheiro *et al* (2004, p.73-4) consideram que a definição das questões de pesquisa indica o planejamento, uma vez que as questões definem os objetivos. Para eles (p. 74) "apesar da relevância de todas as etapas de uma pesquisa (...), a definição das questões é fundamental para o adequado desenvolvimento do processo". Nesse ponto, verificou-se que as ideias de Pinheiro *et al*, coincidem com as de Theodorson e Theodorson (1970, p.293), que sustentam:

> "O estudo exploratório (...) permite ao investigador definir seu problema de pesquisa e formular de forma mais acurada sua hipótese. Permite também ao pesquisador escolher as técnicas de pesquisa mais apropriadas ao seu trabalho e decidir-se sobre as questões que precisam de maior ênfase e de investigação detalhada, e pode alertá-lo sobre as potenciais dificuldades, sensibilidades e áreas de resistência".[1]

---

[1] (Tradução nossa) A preliminary study the major purpose of which is to become familiar with a phenomenon that is to investigate (...) it permits the investigator to define his research problem and formulate his hypothesis more accurately. It also enables him to choose the most suitable techniques for his research and to decide on the questions most in need of emphasis and detailed investigation, and it may alert him to potential difficulties, sensitivities, and areas of resistance.

Durante o trabalho, percebeu-se que as questões de pesquisa estabeleceram nosso foco e determinaram que informações eram necessárias para respondê-las. Isso nos indicou a população adequada e nos levou à definição das hipóteses e dos objetivos gerais. Com relação aos objetivos, Sâmara e Barros (2001, p.12) informam:

> "Os objetivos da pesquisa são determinados de maneira a trazer informações que solucionam o problema de pesquisa. É um processo interdependente e que exige total coerência entre o problema definido e os objetivos do projeto de pesquisa".

Com os objetivos, as questões, as hipóteses de pesquisa e a população definidas, vimos a necessidade de um trabalho de campo. O trabalho de campo apresenta duas possibilidades de abordagem: a quantitativa e a qualitativa.

A abordagem quantitativa tem como principais métodos de coleta de dados a entrevista. O instrumento de campo, na abordagem quantitativa, pode ser um formulário de autopreenchimento ou um questionário. Optou-se pelo questionário e passamos a nos dedicar à sua construção.

4.4 Construção do instrumento de campo

Os objetivos deste trabalho impuseram que a coleta de dados fosse feita junto à comunidade da escola pública. A metodologia adotada para a construção do questionário teve influência dos estudos de Malhotra (2004) que afirma que a elaboração do questionário é o ponto crítico do trabalho, pois:

> (...) ele é o principal ponto fraco da elaboração de um questionário é a ausência de teoria. Como não existem princípios científicos que garantam um questionário ótimo ou ideal sua concepção é uma habilidade que se adquire com a experiência. (MALHOTRA, 2004, p. 275)

Portanto, para construir as perguntas, procede-se a uma pesquisa bibliográfica sobre inclusão de crianças com deficiência visual e foram identificadas as dúvidas mais frequentes.

Na elaboração do questionário, recorreu-se a alguns teóricos que recomendam que se deve estruturar um primeiro modelo do questionário. Com base nisso, construiu-se o primeiro questionário, embrião do definitivo, e feito isso, procedeu-se ao pré-teste. Nele, foi vista a necessidade de algumas modificações, tanto em seu conteúdo, como na forma de sua aplicação.

Outro fator que poderia comprometer o trabalho era o constrangimento que o contato pessoal causava, pois as perguntas, algumas vezes, podem ser constrangedoras para algumas pessoas, como os pais das crianças, por exemplo. Para sanar essa dificuldade, esclareceram-se os motivos do trabalho e tentou-se deixar o respondente bem à vontade para se recusar a responder, caso assim desejasse. Esse procedimento orientou a aplicação do teste piloto, com os informantes. A surpresa foi que a quase totalidade dos convidados concordou em responder às questões propostas.

Depois disso, começou-se a empreender o trabalho de campo. A seguir é apresentada a explicação dos quatro públicos em que foi aplicado.

Núcleo 1 – Escola: opinião, postura, formação e condições de trabalho
Professor
Por ser o profissional que tem contato direto com a criança;
Coordenador
Por ser o profissional que tem a atribuição de coordenar a atividade pedagógica na escola;
Diretor
Por ser o profissional responsável por atender à comunidade escolar e administrar todo o andamento da escola.

Núcleo 2 – Pais: opinião, percepção
Os pais são as pessoas mais próximas da criança e os mais emotivamente envolvidos com a problemática de inclusão que envolve seus filhos com necessidades especiais.

Núcleo 3 – criança com deficiência visual: percepção
A criança é o principal foco de nosso trabalho, por isso, sua percepção sobre a escola é fundamental para a obtenção de nossos objetivos.

4.5 O trabalho de campo

O trabalho de campo foi realizado durante os meses de agosto e setembro de 2008. O encerramento das atividades de campo marcou o final de outra fase do trabalho. Confesso que o contato com pais, professores, coordenadores, diretores e com a criança foi especialmente interessante.

O que me chamou a atenção durante o trabalho de campo foi perceber que a inclusão é um assunto sobre o qual muito se fala, mas que não se dá muita oportunidade para que as pessoas envolvidas com a questão sejam ouvidas, pois, sempre que cheguei com o questionário, ouvia histórias reais de experiências sobre inclusão envolvendo alunos, pais e amigos.

As pessoas, mesmo as que não respondiam o questionário, passavam a discorrer sobre suas vivências. Falavam de parentes, amigos, colegas e conhecidos que tinham necessidades educacionais especiais.

Conforme o trabalho ia se desenvolvendo, percebia que faltavam aquelas pessoas mais oportunidades de interlocução. Alguns tinham tanta urgência em falar que o simples gesto de ouvi-las despertava nelas o carinho retribuído com votos de "boa sorte pra você no seu trabalho". Vale ressaltar que as 'confissões' se constituiriam em material riquíssimo para pesquisa se esta tivesse sido minha intenção e se elas tivessem sido registradas, pois são retratos das sensações e sentimentos desses indivíduos em relação à inclusão no contexto da vida real do dia-a-dia.

4.6 Análise dos dados e apresentação dos resultados

Uma vez finalizada a coleta dos dados, de posse de todos os questionários e desenhos das crianças, impôs-se a fase de análise dos dados para que pudesse tecer nossas reflexões a respeito de todo o trabalho desenvolvido até aqui. Dessa forma, passei a analisar, em primeiro lugar os desenhos das crianças, depois as percepções dos pais, seguidas pelos questionários respondidos pelos professores, coordenadores e diretores.

Segundo Amiraliam (1997, pg 81), "é uma tentativa de romper com ideias profundamente arraigadas de que é realmente a verbalização o canal por excelência de expressão para os sujeitos não-evidentes".

Foi escolhido o desenho justamente para que as crianças pudessem se expressar de forma livre.

- **Os desenhos das crianças** demonstram cenas relativas à vivência escolar de cada um. O aluno Arthur desenhou a sala de aula e afirmou que este é "o lugar que mais gosto na escola". A aluna Fabiana desenhou um grupo de crianças e declarou que "estou pulando corda com as minhas amigas na aula de educação física". A aluna Hayeska, por sua vez, desenhou uma criança com um livro na mão e informa que "eu me sinto muito bem na escola e gosto de ler". Os desenhos retratam situações cotidianas e alegres da vida na escola, o que nos leva a inferir que todas elas interpretam a oportunidade de frequentar a escola como uma atividade prazerosa. Isto se confirma pelas declarações que fizeram. Vale ressaltar que nenhuma delas fez alguma referência à sua condição de portadora de deficiência, o que nos leva a crer que, no universo infantil e no contato com as demais crianças esta situação, não se constitui em empecilho para a interação. Ao mesmo tempo, percebe-se que o convívio entre a criança com necessidades educacionais especiais por deficiência visual com as demais crianças, numa situação regular de educação, num espírito de inclusão, é extremamente benéfico para ambos, pois incentiva a aceitação da diferença indispensável para a construção da cidadania.

• **As respostas dos pais** evidenciam o conforto psicológico e emocional que os pais sentem ao verem seu filho, com necessidades educacionais especiais, incluído no ambiente escolar e convivendo com as demais crianças de sua faixa de idade. Os pais confirmam a afirmação das crianças ao declararem que seus filhos foram bem recebidos, que apreciam todas as atividades propostas pela escola e afirmam que eles não sofreram problemas de rejeição no ambiente escolar. Ao mesmo tempo, também demonstram satisfação ao perceberem a preocupação que a escola tem em assegurar à criança as condições de locomoção e de aprendizado adequadas à deficiência de seus filhos. Uma questão que, no entanto, chama a atenção é que os pais reconhecem que falta aprimoramento e qualificação aos professores. Destacamos que até a criança que apresentava comportamento social considerado como inadequado passou a adotar um comportamento mais amistoso depois de se sentir inserida e de poder interagir no ambiente da escola.

• **As respostas dos professores** evidenciam que, embora todos sejam favoráveis à inclusão de alunos com necessidades educacionais especiais e que todos façam o possível para "vestir a camisa" em favor dessa causa, todos os respondentes reconheceram que encontram dificuldades em atender a esse público, uma vez que não receberam formação adequada para "conhecer todo o material disponível ao trabalho da deficiência visual", além disso, a "falta de material adequado" é outro obstáculo enfrentado pelos professores. Uma professora apontou a superlotação das salas "com mais de trinta alunos" e a "falta de capacitação e orientação de como lidar com esse aluno com deficiência visual" como as maiores barreiras que enfrenta no cotidiano de sua atividade docente.

Sabe-se que o trabalho do professor em sala de aula talvez seja o mais importante espaço para se resgatar nos indivíduos de que as diferenças são produzidas pelas relações sociais, que são muito ricas como fonte para o desenvolvimento da personalidade humana e como oportunidades únicas, interessantes e especiais.

O professor tem um desafio a enfrentar, que exige vontade, determinação, incentivo, preparação e necessita de recursos educativos auxiliares no trabalho inclusivo desses alunos na sala de aula.

Segundo Mantoan (2005), ao permitir o acesso de todas as crianças com necessidades especiais às redes de ensino público é necessário ao professor que:

> "A construção da competência do professor para responder com qualidade as necessidades educacionais especiais de seus alunos em uma escola inclusiva, pela mediação da ética, responde a necessidade social e histórica de superação das práticas pedagógicos que discriminam, segregam e excluem, e, ao mesmo tempo, configura, na ação educativa, o vetor da transformação social para equidade, a solidariedade e a cidadania". (MANTOAN, 2002, p. 19)

É nesse sentido que o professor deve promover a solidariedade, a cidadania e a transformação social entre os alunos que consideram normais, com aqueles que possuem algum tipo de necessidade, física mental ou educacional. O professor tem o papel de ser o intermediário dessa inclusão, buscando mecanismos que incluam esses alunos na sala de aula, sem que haja qualquer tipo de impedimento, obstáculos ou preconceitos contra eles.

Para que o professor possa desenvolver com plenitude o seu trabalho, é importante que sejam oferecidas as devidas condições, que vão desde os materiais pedagógicos utilizados para o trabalho com esses alunos, como livros, carteiras, cadeiras para os portadores de deficiência física, e também, que a escola seja adaptada para que esses alunos com deficiência possam ter acesso a todas as dependências, onde são realizadas atividades educativas, além dos materiais que possam facilitar esse trabalho.

- **As respostas dos coordenadores** indicam que eles entendem a inclusão como forma de "integração à sociedade e transformação do aluno com deficiência em pessoa independente". Além disso, em suas respostas, demonstram que se esforçam para fornecer aos professores oportunidades de reflexão a respeito da problemática de inclusão dos alunos com necessidades educacionais diferenciadas. Para eles, essas oportunidades de reflexão deveriam se estender a toda a equipe da escola. No que se refere à preparação de atividades, queixam-se da "falta de material" e preocupam-se com a preparação de atividades adequadas ao aprendizado dos alunos com deficiência visual "de acordo com seu grau de dificuldade". A falta de material adequado, o número elevado de alunos por sala e o despreparo do professor que "não conhece todos os recursos para a deficiência visual, podendo não ajudar melhor o aluno" também são vistos pelos coordenadores como os maiores entraves ao bom andamento do trabalho de inclusão enfrentados no cotidiano.

• **As respostas dos diretores** indicam que apesar de todos apreciarem a oportunidade de socialização e aprendizagem que a inclusão oferece, têm clareza a respeito das dificuldades que a estrutura escolar tem para atender adequadamente as necessidades dessa parcela de sua clientela. Para eles, o material disponível é escasso e a estrutura física da escola não é acessível nem funcional. Reconhecem igualmente que a falta de material pedagógico adequado e o "pouco preparo dos professores" são obstáculos a serem vencidos.

Os professores não são, comumente, os únicos profissionais envolvidos no acontecer da educação inclusiva. É importante o acompanhamento pela direção e coordenação pedagógica, do trabalho desse professor, e auxiliá-lo nos casos em que esse profissional estiver encontrando algum tipo de dificuldade para desenvolver o seu trabalho. O convívio diário entre os diversos seguimentos dentro da escola como coordenação pedagógica, direção, professores e administrativos, facilitará a inclusão dos alunos com necessidades educacionais especiais. Dessa forma, Mantoan (2003, p. 69) afirma:

> "Ao serem modificados os rumos da administração escolar, os papéis e a atuação de diretor, coordenadores, supervisores e funcionários perdem o caráter controlador, fiscalizador e burocrático e readquirem teor pedagógico, deixando de existir os motivos pelos quais esses profissionais ficam confinados em seus gabinetes, sem tempo para conhecer e participar mais intensiva e diretamente do que acontece nas salas de aula e nos demais ambientes educativos da escola".

Assim, a inclusão escolar não é uma tarefa fácil e sua complexidade exige de todos os envolvidos a busca de novos conhecimentos, ou seja, é preciso um novo olhar, talvez, mais reflexivo e principalmente um trabalho em equipe.

Fecho aqui o capítulo referente à pesquisa de campo. Esclareço que este trabalho não está imbuído da ambição de atingir o limiar da representatividade, porque a amostra é bastante pequena e procura revelar tão somente qual é a opinião dos diversos atores do real papel da gestão pedagógica no processo de inclusão de crianças com deficiência visual. Meu trabalho não pretende esgotar o assunto, enseja traçar um panorama sobre este contexto.

Considerações Finais

Enfim, chegamos ao ponto em que já realizamos a maior parte do trabalho, procedemos a toda a pesquisa bibliográfica, recolhemos o material que julgamos oportuno para responder as nossas questões de pesquisa, procedemos ao trabalho de campo e, finalmente, podemos verificar se alcançamos nossos objetivos.

O objetivo que perseguimos até aqui é o de investigar como se dá a gestão pedagógica na inclusão de crianças com deficiência visual nas escolas. Pelas respostas, percebemos que embora já se tenha realizado conquistas robustas no campo da inclusão, um longo caminho ainda deve ser trilhado, principalmente no que se refere à formação do professor e à gestão pedagógica.

Dessa forma, vale ressaltar que nosso desejo de discutir a inclusão de crianças com necessidades educacionais especiais por deficiência visual não se esgota nos objetivos docentes ou assistenciais, mas se manifesta, sobretudo, na natureza humanitária que os princípios da inclusão corporificam. Essa mesma postura pode ser constatada no trabalho cotidiano dos professores, coordenadores e diretores que se esforçam para assegurar as crianças com necessidade educacionais especiais por deficiência visual um ambiente escolar acolhedor e facilitador. Contudo, constata-se que os obstáculos que enfrentam são demasiadamente difíceis de serem vencidos sem a adoção de políticas públicas que efetivamente possibilitem a inclusão, como a formação dos professores, o fornecimento de materiais didáticos adequados para o trabalho com essa clientela e a reestruturação do espaço físico da escola.

Com relação à questão norteadora desta pesquisa, ou seja, qual o papel da gestão pedagógica no processo de inclusão das crianças com necessidades educativas especiais em decorrência de deficiências visuais? Percebemos que tanto coordenadores quanto diretores se esforçam por proporcionar aos alunos em questão todo o aporte que conseguem, procurando documentos que tratam do assunto e trazendo-os para a discussão junto aos professores. Contudo, notamos que todo esse empenho poderia alcançar melhores resultados se houvesse uma real canalização de esforços e de recursos públicos para dar sustentação sistematizada a essa orientação de trabalho.

No que se refere especificamente às crianças, no contexto social em que se deu este trabalho, percebemos que tais alunos, muitas vezes, não desfrutam do universo infantil, pois em decorrência de suas dificuldades, o mundo das brincadeiras fica quase que inacessível para elas, que não têm muitas vivências de atividades lúdicas, educativas e sociais.

Para essas crianças, a escola é sempre um lugar prazeroso, onde a interação com colegas e professores promove toda a magia do ambiente que as torna novamente inseridas no contexto da infância e faz com que a fantasia renasça para elas.

A escola é um lugar povoado por histórias, músicas, desenhos e brinquedos onde podem aprender coisas novas e para onde sempre podem voltar. E esse local agradável, no qual a criança sabe que pode permanecer diariamente durante algumas horas em companhia de outras crianças, em pouco tempo, passa a ser considerado um espaço lúdico.

Durante o desenvolvimento deste trabalho, infelizmente, fizemos a triste constatação de que, para algumas dessas crianças, a escola é o lugar onde encontram mais atenção, carinho e alimento que em suas próprias casas. Por isso, ao compreendermos o paradigma da inclusão, percebemos que a sociedade pode oferecer uma escola onde as crianças com necessidades especiais possam desfrutar de um ambiente propício ao desenvolvimento da autonomia, da criatividade, do senso crítico e da auto-estima, e, por extensão, de um autoconceito positivo.

Ao terminar este trabalho, esperamos que os ideais de inclusão sejam alcançados, pois os resultados a que chegamos demonstram que ainda falta muito para que isso aconteça. Tem-se a impressão de que entre o discurso político e a ação concreta existe uma grande lacuna. Contudo, é inegável que já houve um grande avanço no que diz respeito à conscientização da sociedade em relação à aceitação da diferença. Percebe-se também, principalmente por parte dos professores, que são os profissionais que mantêm um contato mais próximo com as crianças, um posicionamento claro no sentido de saberem que precisam se atualizar para poderem fazer frente a este novo contexto de inclusão.

Em relação ao cenário que encontramos, pode-se dizer que foi experimentado a mesma sensação de impotência que acomete professores, coordenadores e diretores, mas acreditamos que os objetivos deste trabalho tenham sido alcançados e que a questão de pesquisa tenha sido respondida. É certo que gostaríamos que o contexto fosse mais animador, mas, mesmo assim, acredita-se ter oferecido uma contribuição aos simpatizantes desse tema. A autora deseja que os pesquisadores que a suceder possam encontrar, um contexto mais favorável no futuro, os frutos de todo o trabalho que atualmente está sendo realizado, muitas vezes, de forma abnegada.

Finalmente, esclarecemos que este trabalho foi realizado com dedicação e afinco no sentido de poder contribuir na investigação de melhores práticas para a inclusão de crianças com deficiências visuais.

Referências

ALONSO, Myrtes. *O papel do diretor na administração escolar.* 6ªed., Rio de janeiro: Bertrand Brasil, 1988

ALVES, Rubem. *Conversas para quem gosta de ensinar.* 28ª ed., São Paulo: Cortez, 1993.

AMARAL, I. *A educação de estudantes portadores de surdocegueira.* In: MASINI, E. F. S. / org. *Do sentido, pelos sentidos, para o sentido.* São Paulo: Vetor, 2002.

AMARO, D.G. *Propostas de combate ao preconceito:* refletindo sobre a educação inclusiva. Trabalho apresentado na disciplina: Preconceito, indivíduo e cultura. Universidade de São Paulo. Instituto de Psicologia, Pós-graduação, 2001.

AMIRALIAN, Maria Lúcia Moraes. *Compreendendo o Cego – uma visão psicanalista da cegueira por meio de desenhos-estórias.* Casa do Psicólogo, 1997.

ARANHA, M. S. F. *Paradigmas da relação da sociedade com as pessoas com deficiência.* In: Revista do Ministério Público do Trabalho, Ano XI, n.º 21, março, 2001.

BRASIL. *Estatuto da Criança e do Adolescente no Brasil.* Lei n. 8.069, de 13 de julho de 1990.

BRASIL. *Declaração Mundial sobre Educação para Todos: plano de ação para satisfazer as necessidades básicas de aprendizagem.* UNESCO, Jomtiem/Tailândia, 1990.

BRASIL. *Declaração de Salamanca e linha de ação sobre necessidades educativas especiais.* Brasília: UNESCO, 1994.

BRASIL. *Ministério da Educação. Lei de Diretrizes e Bases da Educação Nacional,* LDB 9.394, de 20 de dezembro de 1996.

BRASIL. Decreto Nº 3.956, de 8 de outubro de 2001. Promulga a Convenção Interamericana para a Eliminação de Todas as Formas de Discriminação contra as Pessoas Portadoras de Deficiência. Guatemala: 2001.

BRASIL. LDB (LEI DE DIRETRIZES E BASES DA EDUCAÇÃO NACIONAL) LEI No. 9394. OFICINAS 1,2 e 3 - Pr. Marco António Arriens. Curitiba, 2001.

BRASIL. Ministério da Educação. Secretaria de Educação Especial. Direito à educação: subsídios para a gestão dos sistemas educacionais – orientações gerais e marcos legais. Brasília: MEC/SEESP, 2006.

CROCHIK, José Leon. *Preconceito, indivíduo e cultura.* 2ªed., São Paulo: Robe Editorial, 1997.

_____. *Apontamentos sobre a Educação Inclusiva*. In: DIVINO, José da Silva e SANTOS, Gisele A. *Estudos sobre a ética. A construção de valores na sociedade e na educação*. São Paulo: Casa do Psicólogo, 2002.

CLEMENTE, Carlos Aparício. *Trabalhando com a diferença*. Osasco, SP: Espaço da Cidadania, 2004.

DECLARAÇÃO DE SALAMANCA e Linha de ação sobre as necessidades educativas especiais. *In*. Conferência Mundial sobre necessidades educativas especiais: acesso e qualidade. Brasília: CORDE, 1994.

FLEURI, Reinaldo Matias. *A questão da diferença na educação: para além da diversidade*. In: 25 Reunião Anual da ANPed, Resumos. Caxambu, ANPed, GT 06 Educação Popular, p. 1-15, 2002.

GREGORY, R.L. *Olho e Cérebro: psicologia da visão*. Rio de Janeiro: Zahar, 1974.

LIBÂNEO, José Carlos. *Organização e gestão de escola teórica e prática* – 5ª ed., Editora Alternativa Goiânia 2004.

MACHADO, Lourdes Marcelino. *Administração e Supervisão Escolar*. Questões para o novo milênio. São Paulo: Pioneira Educação, ano 1998.

MALHOTRA, N. K. *Pesquisa de marketing: uma orientação aplicada*. Porto Alegre: Bookman, 2001.

MANTOAN, Maria Teresa Égler. *A integração das pessoas com deficiência*: contribuições para uma reflexão sobre o tema. São Paulo: Memnom: Editora Senac - São Paulo, 2003.

_____. *Caminhos pedagógicos de inclusão*. São Paulo: Memnon, 2002.

_____. *Produção de conhecimentos para a abertura das escolas às diferenças: a contribuição do LEPED (unicamp)*. In: ROSA, Dalva E. Gonçalves; SOUZA, Vanilton de (orgs). *Políticas organizativas e curriculares, educação inclusiva e formação de professores*. Rio de Janeiro: DP&A, 2002.

_____. *Inclusão escolar: o que é? Por quê? Como fazer?* São Paulo: Moderna, 2003.

MAZZOTTA, Marcos J. S. *Fundamentos de educação especial*. São Paulo: Pioneira, 1982.

_____. *Educação especial no Brasil: história e políticas públicas*. 4ªed., São Paulo: Editora Cortez, 2003.

ROSA, Cida Capo de. Os limites da inclusão. *Revista Pátio*. Porto Alegre, Editora Artes Médicas. p.33–36/novembro 2004 – janeiro 2005.

STAINBACK, S. *Inclusão* - um guia para educadores. Editora Atmed: Porto Alegre, 1999.

VASCONCELLOS, Celso dos S. *Coordenação do trabalho pedagógico*. Editora Libertad, 2002.

Anexos

Fichas Pesquisa

NOME _____
ESCOLA _____

QUESTIONÁRIO – PAIS

1 – Para você, o que é inclusão?

2 – Em sua opinião, a escola que seu filho estuda possibilita a inclusão do deficiente visual?

3 – Quais são as atividades das quais seu filho participa na escola?
( ) Todas
( ) Algumas
Quais? _____
( ) Nenhuma

4 – Já houve problema de rejeição do seu filho em alguma escola?
( ) Sim
( ) Não
Se afirmativa a resposta, descreva esta experiência:

5 – Como a escola colabora com seu filho?

6 – Se o senhor fosse responsável pela escola em que seu filho estuda, que mudanças faria?
( ) Preparação de material
( ) Aprimoramento/ capacitação de professores
( ) Mudanças nas instalações físicas
( ) Estudos sobre direitos e deveres do portador de deficiência
( ) Outros

ESCOLA _____
NOME _____

QUESTIONÁRIO – PROFESSOR

1 – Em sua opinião, o que é inclusão?

2 – Como você pratica a inclusão de deficientes visuais em sua escola?

3 – O que torna uma escola ser inclusiva?

4 – Quais as dificuldades enfrentadas pelos portadores de deficiências visuais nas escolas?

5 – Quais são as dificuldades que você enfrenta para possibilitar a inclusão dos deficientes visuais?

ESCOLA _____
NOME _____

QUESTIONÁRIO – DIRETOR

1 – Em sua opinião, o que é inclusão?

2 – Como você pratica a inclusão de deficientes visuais em sua escola?

3 – O que torna uma escola ser inclusiva?

4 – Quais as dificuldades enfrentadas pelos portadores de deficiências visuais nas escolas?

5 – Quais são as dificuldades que você enfrenta para possibilitar a inclusão dos deficientes visuais?

ESCOLA _____
NOME _____

QUESTIONÁRIO – COORDENADOR

1 – Em sua opinião, o que é inclusão?

2 – Como você pratica a inclusão de deficientes visuais em sua escola?

3 – O que torna uma escola ser inclusiva?

4 – Quais as dificuldades enfrentadas pelos portadores de deficiências visuais nas escolas?

5 – Quais são as dificuldades que você enfrenta para possibilitar a inclusão dos deficientes visuais?

NOME DO ALUNO _____
SÉRIE _____
NOME DA ESCOLA _____

1 – Faça um desenho de, como você se sente na escola.

2 – Comente seu desenho

Desenhos Alunos

Nome: Hayesha Nayhara Leite
Escola: EMEF General De Gaulle

Nome: Fabiana
Escola: FE Professor Osvaldo

Nome: Arthur
Escola: Livy Gonçalves Oliveira

Glossário

ADAPTAÇÃO é o ato ou efeito de adaptar-se às condições do meio ambiente, adequando-se e tornando-se apto e adequado as exigências locais.

ADAPTAÇÕES CURRICULARES são os ajustamentos de conteúdos curriculares realizados em situações tais como transferência de curso ou instituição de ensino, aproveitamento de estudos, alterações de programa, de sequenciação, de carga horária específica etc, de forma a cumprir determinada legislação.

ADMINISTRAÇÃO ESCOLAR é, de modo geral, a atividade que tem a função de buscar a realização dos fins educativos, tanto o atividades-meio quanto as atividades-fim que se desenrolam na escola — e não somente as atividades de direção. O que a administração tem de essencial é o fato de ser mediação na busca de objetivos e na utilização racional de recursos para a realização de determinados fins.

ALUNO COM NECESSIDADES ESPECIAIS é a expressão usada para designar crianças e jovens cujas necessidades decorrem de suas facilidades ou dificuldades para aprender. Está associada a dificuldades de aprendizagem, não necessariamente vinculada a deficiências. O termo surgiu, segundo a Secretaria de Educação Especial do MEC, para evitar os efeitos negativos de expressões utilizadas no contexto educacional – deficientes, excepcionais, subnormais, superdotados, incapacitados etc. – e para se referir aos alunos superdotados, aos portadores de deficiências cognitivas, físicas, psíquicas e sensoriais. É uma forma de reconhecer que muitos alunos apresentam necessidades educacionais especiais. Nessa perspectiva, a atual Política Nacional de Educação Especial define como aluno portador de necessidades especiais aquele que "... por apresentar necessidades próprias e diferentes das dos demais alunos no domínio das aprendizagens curriculares correspondentes à sua idade, requer recursos pedagógicos e metodologias educacionais específicas."

APRENDIZAGEM é o processo de construção de conhecimento que propicia a modificação de comportamento de um indivíduo.

BRAILLE é o tipo de alfabeto utilizado universalmente na leitura e na escrita por pessoas cegas. Foi inventado na França por Louis Braille, um jovem cego, em 1825.

COMPETÊNCIA conjunto de conhecimentos, habilidades e atitudes que, quando integrados e utilizados estrategicamente, permite atingir com sucesso os resultados que dela são esperados na organização.

CURRÍCULO ESCOLAR é o conjunto de dados relativos à aprendizagem escolar, organizados para orientar as atividades educativas, as formas de executá-las e suas finalidades. Geralmente, exprime e busca concretizar as intenções dos sistemas educacionais e o plano cultural que eles personalizam como modelo ideal de escola defendido pela sociedade. A concepção de currículo inclui desde os aspectos básicos que envolvem os fundamentos filosóficos e sociopolíticos da educação até os marcos teóricos e referenciais técnicos e tecnológicos que a concretizam na sala de aula.

DECLARAÇÃO DE SALAMANCA foi a Conferência Mundial de educação Especial, representando 88 países e 25 organizações internacionais em assembléia em Salamanca, Espanha entre 7 e 10 de junho de 1994, com o compromisso para com a Educação para Todos, reconhecendo a necessidade e urgência de providenciar educação para as crianças, jovens e adultos com necessidades especiais dentro do sistema regular de ensino.

DIFICULDADES DE APRENDIZAGEM - é o termo que se refere a um grupo heterogêneo de desordens manifestadas por dificuldades significativas na aquisição e utilização da compreensão auditiva, da fala, da leitura, da escrita e do raciocínio. A criança, com dificuldades de aprendizagem, é considerada normal e apenas possui a necessidade de aprender de uma forma diferente da tradicional. Um exemplo de dificuldade de aprendizagem, que não significa deficiência nem doença, é a dislexia.

DISCRIMINAÇÃO - é o nome que se dá para a conduta (ação ou omissão) que viola direitos das pessoas com base em critérios injustificados ou injustos.

DIVERSIDADE - a diversidade não deve ser sinônimo de diferença, mas deve ser compreendida como um valor a ser perseguido, corrigindo distorções e eliminando os mecanismos produtores da desigualdade.

EDUCAÇÃO - é o processo formativo que visa ao pleno desenvolvimento da pessoa, seu preparo para o exercício da cidadania e sua qualificação para o mundo do trabalho, de acordo com a Constituição Federal do Brasil e a Lei de Diretrizes e Bases da Educação (LDB), de 1996.

EDUCAÇÃO ESPECIAL - para efeitos de Lei, é a modalidade de educação escolar, oferecida preferencialmente na rede regular de ensino, para educandos portadores de necessidades especiais.

EDUCAÇÃO INCLUSIVA - é o processo de inclusão dos portadores de necessidades educacionais especiais ou de distúrbios de aprendizagem na rede regular de ensino em todos os graus. Educação inclusiva é o nome dado ao processo de integração dos portadores de necessidades especiais ou de distúrbios de aprendizagem na rede comum de ensino em todos os seus graus. A ideia da educação inclusiva tem base no princípio da inclusão social, tendo em vista a equiparação de oportunidades e, consequentemente, uma sociedade para todos. O processo de inclusão envolve não só o acesso dos alunos especiais às classes comuns como também o fornecimento de suporte técnico e serviços na área de educação especial através dos seus profissionais. A opção pela educação inclusiva partiu de um consenso geral entre os que trabalham no campo educacional, que resultou em documentos produzidos em grandes congressos internacionais patrocinados pela Unesco (Organização das Nações Unidas para a Educação, Ciência e Cultura), e cujo teor tentava estabelecer os fundamentos de uma nova política educacional mundial, menos excludente e mais inclusiva. Os principais documentos mundiais que visam à inclusão social são a Convenção de Direitos da Criança (1988), a Declaração sobre Educação para Todos (1990) e a Declaração de Salamanca (1994).

EDUCAÇÃO INFANTIL - segundo a Lei de Diretrizes e Bases da Educação Nacional (LDB), de 1996, é a "primeira etapa da educação básica" e "tem como finalidade o desenvolvimento integral da criança até os seis anos de idade". Esta é ofertada em creches "para crianças de até três anos de idade" e em "pré-escolas, para as crianças de quatro a seis anos de idade".

ESTEREÓTIPO - é o conhecimento que se recebe de fontes externas sem confirmar a sua veracidade. É um conceito muito próximo do preconceito e pode ser definido como uma tendência à padronização, com eliminação das qualidades individuais e das diferenças.

ESTIGMA - é um rótulo negativo que marca e desqualifica uma pessoa. As pessoas estigmatizadas passam a ser reconhecidas pelos aspectos negativos associados a essa marca ou rótulo. O estigma é gerado pela desinformação e pelo preconceito e cria um círculo vicioso de discriminação e exclusão social.

FORMAÇÃO DE PROFESSORES - é a expressão empregada para caracterizar cursos e programas destinados a habilitar profissionais para o ensino em seus diversos níveis. A partir da Lei de Diretrizes e Bases da Educação (LDB) de 1996, tem sido mais utilizada para fazer referência às novas exigências do governo relacionadas ao exercício da profissão para o ensino básico.

GESTÃO DEMOCRÁTICA DO ENSINO - é o princípio associado à perspectiva de democratização das relações estabelecidas entre os diferentes atores do universo educacional (pais, alunos, professores, diretores e pessoal de apoio), no âmbito da autonomia nas escolas. A ideia da gestão democrática do ensino é considerada uma inovação da Constituição Brasileira de 1988, que a incorporou como um princípio do ensino público na forma da lei.

INCLUSÃO - é um conceito bastante utilizado no âmbito educacional para referir-se ao processo pelo qual a sociedade e o portador de necessidades especiais procuram adaptar-se mutuamente tendo em vista a equiparação de oportunidades e, consequentemente, uma sociedade para todos. Através desta perspectiva desenvolveram-se políticas que incentivam a formação através de uma educação inclusiva. Nas escolas, a expressão "inclusão de portadores de deficiências" tem gerado dúvidas quanto à possibilidade de crianças especiais estudarem nas salas de aula do ensino regular. Segundo estudiosos da educação inclusiva, a inclusão propõe que a escola se adapte ao aluno e não o contrário (integração). Como é atribuída ao professor à inserção efetiva de alunos especiais, este profissional precisaria aperfeiçoar sua concepção de ensino e aprendizagem, conhecendo, inclusive, técnicas especiais como o Braile e a língua brasileira de sinais.

INTEGRAÇÃO - é o processo que tem o caráter de um programa aberto que dá lugar a projetos diversificados nos diferentes centros educacionais, adequando seus recursos e metodologias, não somente aos alunos com necessidades especiais, mas também aos alunos regulares.

INTERDISCIPLINARIDADE - é a perspectiva de articulação interativa entre as diversas disciplinas no sentido de enriquecê-las através de relações dialógicas entre os métodos e conteúdos que as constituem. A interdisciplinaridade parte da ideia de que a especialização sem limites das disciplinas científicas culminou numa fragmentação crescente do conhecimento. Dessa forma, pela interdisciplinaridade há um movimento constante que inclui a integração entre as disciplinas, mas a ultrapassa - o grupo é mais que a simples soma de seus membros. Supõe troca de experiências e reciprocidade entre disciplinas e áreas do conhecimento.

JARDIM DE INFÂNCIA - é a designação das escolas dedicadas ao ensino pré-escolar. A ideia de "jardim de infância" é atribuída ao alemão Friedrich Froebel, influenciado pelas teorias de Johann Pestalozzi, fundador dos primeiros ensaios no atendimento infantil institucionalizado. Froebel fundou o primeiro jardim de infância em 1873, propondo que seria um lugar onde as crianças estariam livres para aprender sobre si e sobre o mundo, com manuseio de objetos e participação em atividades lúdicas. Froebel defendia o uso pedagógico de jogos e brinquedos, que deviam ser organizados e dirigidos pelo professor. Ele também idealizou recursos para as crianças se expressarem, como blocos de construção, e materiais a partir de papel, papelão, argila e serragem. Valorizava também a utilização de histórias, mitos, lendas e fábulas, além de excursões e o contato com a natureza. Nas décadas seguintes após a morte de Froebel, em 1852, a ideia dos jogos educativos se propagou pela Europa, América do Norte e Japão. Muitas escolas de educação infantil nomeiam-se ainda hoje como "jardim de infância".

NECESSIDADES EDUCACIONAIS ESPECIAIS - são necessidades relacionadas aos alunos que apresentam elevada capacidade ou dificuldades de aprendizagem. Esses alunos não são, necessariamente, portadores de deficiências, mas são aqueles que passam a ser especiais quando exigem respostas específicas adequadas. A noção de necessidades educacionais especiais entrou em evidência a partir das discussões do chamado "movimento pela inclusão" e dos reflexos provocados pela Conferência Mundial sobre Educação Especial, realizada em Salamanca, na Espanha, em 1994. Nesse evento, foi elaborado um documento mundialmente significativo denominado "Declaração de Salamanca" e na qual foram levantados aspectos inovadores para a reforma de políticas e sistemas educacionais.

PRECONCEITO - é uma atitude discriminatória que baseia conhecimentos surgidos em determinado momento como se revelassem verdades sobre pessoas ou lugares determinados. Normalmente o preconceito é causado pela ignorância, isto é, o não conhecimento do outro que é diferente.

PRÉ-ESCOLA - é o nível da educação infantil que, segundo a Lei de Diretrizes e Bases da Educação Nacional (LDB), de 1996, atende crianças da faixa etária de quatro a seis anos. Corresponde a uma segunda etapa da educação infantil já que as creches são responsáveis pelo ensino de crianças de até três anos de idade. Apesar da educação infantil não ser considerada obrigatória, a pré-escola e as creches, a partir da LDB, passaram a constituir um direito da criança e um dever do Estado, fazendo parte do sistema de ensino como primeira etapa da educação básica.

PROJETO PEDAGÓGICO chamado também de proposta pedagógica é um instrumento de caráter geral, que apresenta as finalidades, concepções e diretrizes do funcionamento da escola, a partir das quais se originam todas as outras ações escolares. Não há um padrão de proposta pedagógica que atenda a todas as escolas, pois cada unidade escolar está inserida num contexto próprio determinado por suas condições materiais e pelo conjunto das relações que se estabelecem em seu interior e entorno social. Assim, cada escola deve desenvolver o seu modelo, aquele que melhor expressa sua identidade e seu compromisso com o aluno, com a comunidade, com a educação. A ideia de projeto pedagógico entende que ele deve ter uma construção coletiva, com a participação ativa de todos os envolvidos (alunos, pais, professores, funcionários, representantes da comunidade etc).

RECURSOS PEDAGÓGICOS - dizem respeito às ferramentas e métodos didáticos, às pessoas e recursos. As ferramentas didáticas abrangem módulos, aulas e planificações de aulas, exercícios, manuais com todo o tipo de suportes. As pessoas e recursos podem ser os formadores da equipe e especialistas nos domínios abordados e mobilizáveis.

SISTEMA DE ENSINO - é o conjunto de organismos que integram uma rede de ensino, reunindo escolas e seus departamentos, Secretarias de Estado e seus órgãos (executivos) e os Conselhos de Educação, em esfera local, municipal, estadual e federal que têm função consultiva e legislativa.

SISTEMA EDUCACIONAL BRASILEIRO - é a forma de como se organiza a educação regular no Brasil. Essa organização se dá em sistemas de ensino da União, dos Estados, do Distrito Federal e dos Municípios. A Constituição Federal de 1988, com a Emenda Constitucional n.º 14, de 1996 e a Lei de Diretrizes e Bases da Educação Nacional (LDB), instituída pela lei nº 9394, de 1996, são as leis maiores que regulamentam o atual sistema educacional brasileiro.

SOCIALIZAÇÃO - é o processo pelo qual ao longo da vida a pessoa humana aprende e interioriza os elementos sócio-culturais do seu meio, integrando-os na estrutura da sua personalidade sob a influência de experiências de agentes sociais significativos, adaptando-se assim ao ambiente social em que deve viver.

TRABALHO EDUCATIVO - é o termo utilizado no Estatuto da Criança e do Adolescente (ECA) para caracterizar a atividade laboral em que as exigências pedagógicas relativas ao desenvolvimento pessoal e social do educando prevalecem sobre o aspecto produtivo.

TRANSDISCIPLINARIDADE - é o princípio teórico que busca uma intercomunicação entre as disciplinas, tratando efetivamente de um tema comum (transversal). Ou seja, na transdisciplinaridade não existem fronteiras entre as disciplinas.

UNIVERSALIZAÇÃO DO ENSINO - é uma ideia contida no Plano Nacional de Educação (PNE) de 1999 e cuja origem é o documento chamado "Declaração Mundial sobre Educação Para Todos", assinado por vários países durante a "Conferência Mundial sobre Educação para Todos", realizada em 1990, em Jomtien, na Tailândia. A declaração trata das definições e novas abordagens sobre as necessidades básicas de aprendizagem, as metas a serem atingidas relativamente à educação básica e os compromissos dos governos com o ensino.

Lista de Siglas e Abreviaturas

APAE - Associação de Pais e Amigos dos Excepcionais de São Paulo foi fundada no dia 4 de abril de 1961, por iniciativa de um pequeno grupo de pais de pessoas com deficiência intelectual. A APAE de São Paulo é referência nacional e internacional em prevenção, tecnologia e inclusão de pessoas com deficiência intelectual, do nascimento à fase de envelhecimento.

APM - Associação de Pais e Mestres é considerada um importante meio para possibilitar a participação da comunidade no espaço escolar e tem se revelado como fator fundamental na concepção e realização da Proposta Pedagógica da Escola.

CAP - Centro de Apoio Pedagógico para Atendimento às Pessoas com Deficiência Visual, um Projeto da Secretaria de Educação Especial do Ministério da Educação cujo objetivo é garantir aos deficientes visuais o acesso a um ensino de qualidade, através de materiais de apoio pedagógico e suplementação didática.

CID - Classificação Estatística Internacional de Doenças e Problemas Relacionados com a Saúde fornece códigos relativos à classificação de doenças e de uma grande variedade de sinais, sintomas, aspectos anormais, queixas, circunstâncias socias e causas externas para ferimentos ou doenças. A cada estado de saúde é atribuída uma categoria única à qual corresponde um código, que contém até 6 caracteres. Tais categorias podem incluir um conjunto de doenças semelhantes. A CID é publicada pela OMS – Organização Mundial de Saúde e é revista periodicamente e encontra-se na sua décima edição.

CNE - Conselho Nacional de Educação – órgão do governo vinculado ao Ministério da Educação (MEC), criado pela Lei 9.131 de 24 de dezembro de 1995, no governo Itamar Franco, em substituição ao Conselho Federal de Educação. Este foi extinto pelo ex-ministro Murílio Hingel por causa das denúncias de que havia tráfico de influência e de que o órgão era suscetível ao lobby das escolas privadas.

DCNs - Diretrizes Curriculares Nacionais são normas obrigatórias para a Educação Básica que orientam o planejamento curricular das escolas e dos sistemas de ensino, são fixadas pelo Conselho Nacional de Educação (CNE). As DCNs têm origem na Lei de Diretrizes e Bases da Educação (LDB), de 1996, que assinala ser incumbência da União "estabelecer, em colaboração com os Estados, Distrito Federal e os Municípios, competências e diretrizes para a educação infantil, o ensino fundamental e o ensino médio, e nortearão os currículos e os conteúdos mínimos, de modo a assegurar a formação básica comum".

DV - Deficiência visual que pode se manifestar em cegueira ou visão subnormal. É considerado cego aquele que apresenta desde ausência total de visão até a perda da percepção luminosa. Sua aprendizagem se dará através da integração dos sentidos remanescentes preservados. Terá como principal meio de leitura e escrita o sistema Braille. É considerado portador de baixa visão aquele que apresenta desde a capacidade de perceber luminosidade até o grau em que a deficiência interfira ou limite seu desempenho. Sua aprendizagem se dará através dos meios visuais, mesmo que sejam necessários recursos especiais.

ECA - Estatuto da Criança e do Adolescente, fundamentado na Lei nº 8.096, de 13 de julho de 1990. Estabelece direito e deveres de milhões de brasileiros de 0 a 18 anos, além de regulamentar conquistas garantidas pela Constituição de 1988, pela Convenção dos Direitos da Criança de 1989, que inspirou o estatuto, e por outras leis internacionais. O ECA foi criado com a mobilização popular. A Constituição de 1988, em seu artigo 227, diz que é "dever da família, da sociedade e do Estado assegurar à criança e ao adolescente, com absoluta prioridade, o direito à vida, à saúde, à alimentação, à educação, ao lazer, à profissionalização, à cultura, à dignidade, ao respeito, à liberdade e à convivência familiar e comunitária, além de colocá-los a salvo de toda forma de negligência, discriminação, violência, crueldade e opressão".

DDC - Declaração dos direitos da criança, em 20 de novembro de 1959, a Assembléia Geral das Nações Unidas proclamou a Declaração dos Direitos da Criança, tendo como objetivo garantir que todas as crianças pudessem crescer felizes, sadias e protegidas. Essa declaração se transformou no livro Os Direitos da Criança, que traz, para cada um dos 10 direitos, ilustrações maravilhosas de artistas do mundo inteiro. Não deixe de ler o livro e aproveite para discutir com seus amigos, pais e professores sobre a importância desses direitos tanto para as crianças quanto para o nosso mundo.

LDB - Lei de Diretrizes e Bases da Educação define e regulariza o sistema de educação brasileiro com base nos princípios presentes na Constituição. Foi citada pela primeira vez na Constituição de 1934. A primeira LDB foi criada em 1961, seguida por uma versão em 1971, que vigorou até a promulgação da mais recente em 1996. Com a promulgação da Constituição de 1988, as LDBs anteriores foram consideradas obsoletas, mas apenas em 1996 o debate sobre a nova lei foi concluído. A atual LDB (Lei 9394/96) foi sancionada pelo presidente Fernando Henrique Cardoso e pelo ministro da educação Paulo Renato em 20 de dezembro de 1996. Baseada no princípio do direito universal à educação para todos, a LDB de 1996 trouxe diversas mudanças em relação às leis anteriores, como a inclusão da educação infantil (creches e pré-escolas) como primeira etapa da educação básica.

MEC - Ministério da Educação – Órgão federal responsável pela política nacional de Educação Infantil; Fundamental, Média e Profissional; Superior; de Jovens e Adultos; Especial; e a Distância. O MEC tem nove secretarias: Executiva; de Assuntos Administrativos, de Planejamento e Orçamento; de Controle Interno; de Educação Fundamental; de Educação Média e Tecnológica; de Educação Superior; de Educação Especial; de Educação a Distância; e de Projetos Educacionais Especiais. Ao Ministério estão vinculados a CAPES e o INEP, em Brasília; o Instituto Benjamin Constant e o Instituto Nacional de Educação de Surdos, no Rio de Janeiro.

OMS - Organização Mundial da Saúde é uma agência especializada em saúde, subordinada à ONU. A OMS tem origem na Primeira Guerra Mundial, com o *comitê de higiene*, que foi seu embrião. A OMS tem por objetivo desenvolver ao máximo possível o nível de saúde de todos os povos. A saúde sendo definida nesse mesmo documento como um "estado de completo bem-estar físico, mental e social e não consistindo somente da ausência de uma doença ou enfermidade".

ONU - Organização das Nações Unidas é uma instituição internacional formada por 192 Estados soberanos, fundados após a 2ª Guerra Mundial para manter a paz e a segurança no mundo, fomentar relações cordiais entre as nações, promover progresso social, melhores padrões de vida e direitos humanos. Os membros são unidos em torno da Carta da ONU, um tratado internacional que enuncia os direitos e deveres dos membros da comunidade internacional.

PCNs - Parâmetros Curriculares Nacionais Elaborados coletivamente por pedagogos e publicados no final do século XX pelo MEC, os PCNs servem como referência para o trabalho das escolas de Ensino Fundamental da rede pública brasileira. Mesmo não tendo um caráter obrigatório, eles vêm sendo adotados também na rede privada de ensino. Os PCNs são um conjunto de volumes que oferecem orientações para o trabalho nas áreas de Língua Portuguesa, Matemática, Ciências

Naturais, Geografia e História e também com áreas como Arte, Educação Física e Língua Estrangeira (para 5ª a 8ª Séries).

PNE - Plano Decenal de Educação para Todos, estabeleceu diretrizes, objetivos e metas para todos os níveis e modalidades de ensino, para a formação e valorização do magistério e para o financiamento e a gestão da educação, para um prazo de dez anos. O PNE tem respaldo legal na Constituição de 1988 e na Lei de Diretrizes e Bases da Educação (LDB), aprovada em 1996, as quais determinaram a elaboração de um plano nacional de educação, em sintonia com a Declaração Mundial de Educação para Todos.

RCNs - Referenciais Curriculares Nacionais – conjunto de reflexões de cunho educacional sobre objetivos, conteúdos e orientações didáticas para os educadores, instituídos a partir da Lei de Diretrizes e Bases da Educação (LDB) de 1996. Os RCNs foram desenvolvidos para aproximar a prática escolar às orientações expressas nas Diretrizes Curriculares Nacionais.

UNESCO - Organização das Nações Unidas para a Educação, a Ciência e a Cultura, fundada em 16/11/1945. É um órgão da ONU que funciona como laboratório de ideias e como uma agência de padronização para formar acordos universais nos assuntos éticos emergentes. A Organização também serve como uma agência do conhecimento - para disseminar e compartilhar informação e conhecimento - enquanto colabora com os Estados Membros na construção de suas capacidades humanas e institucionais em diversos campos.

Obra composta usando Amaze e Minion, capa em Supremo 250g, com miolo em Offset 75g, impresso pela Gráfica Bandeirantes e publicado pela Cia do Livro Ltda. em junho de 2010.

A busca pela natureza:
turismo e aventura

Heloisa Turini Bruhns
Professora titular da
Faculdade de Educação Física
da Unicamp

Manole

Copyright © 2009 Editora Manole Ltda., por meio de contrato com a autora.

Capa: Heloisa Hernandes
Projeto gráfico: Departamento Editorial da Editora Manole
Editoração eletrônica: Departamento Editorial da Editora Manole

Dados Internacionais de Catalogação na Publicação (CIP)
(Câmara Brasileira do Livro, SP, Brasil)

Bruhns, Heloisa Turini
    A busca pela natureza: turismo e aventura/Heloisa Turini Bruhns. – Barueri, SP: Manole, 2009.

Bibliografia.
ISBN 978-85-204-2868-9

1. Ecoturismo 2. Esportes 3. Lazer 4. Natureza 5. Viagens I. Título.

09-01345   CDD-796-5

Índices para catálogo sistemático:
1. Atividades na natureza: Esportes 796.5
2. Natureza e esportes 796.5

Todos os direitos reservados.
Nenhuma parte deste livro poderá ser reproduzida,
por qualquer processo, sem a permissão expressa dos editores.
É proibida a reprodução por xerox.

1ª Edição – 2009
A Editora Manole é filiada à ABDR

Direitos adquiridos pela:
Editora Manole Ltda.
Av. Ceci, 672 – Tamboré
06460-120 – Barueri – SP – Brasil
Fone: (11) 4196-6000 – Fax: (11) 4196-6021
www.manole.com.br
info@manole.com.br

Impresso no Brasil
Printed in Brazil

Aos ex-orientandos, amigos e atuais colegas: Teca Minuzzo, Giuliano Pimentel, Sandoval Villaverde, Alcyane Marinho, Rogério Ladislau, Andréia Silva, Luiz Fabiano Ferreira, Simone Rechia e Ricardo Uvinha. Juntos compartilhamos ideias relacionadas à natureza e concretizamos sonhos.

Às companheiras com quem vivenciei trilhas de afetos e realizações: Célia Serrano e Tereza Paes Luchiari.

À Lívia, parceira de aventuras compartilhadas nas desafiadoras trilhas da natureza e da vida.

A todos aqueles que colaboraram com seus depoimentos, apontando novas possibilidades de interpretação.

Sumário

Prefácio IX
Trilha inicial XI

Parte I – Bifurcações 1
1. Nas trilhas do ambientalismo 3
2. Nas trilhas da natureza 15
3. Primeiro atalho: relações com o feminismo 37
4. Segundo atalho: ecofeminismo 45

Parte II – Errâncias 59
5. Abrindo caminhos 61
6. Nas pistas da aventura 69
7. Nas pistas das pegadas 83

Parte III – Travessias 113

8. Entre rios, corredeiras, cachoeiras etc. 115

9. Entre emoções, sensações e percepções 135

10. Entre prazeres e descobertas. 157

Trilha Final 179

Referências. 183

Sobre a autora 193

Prefácio

Por volta de 1990, período em que no Brasil pouco se discutia sobre o tema "esporte e meio ambiente", a Profa. Heloisa Bruhns já se preocupava com tal assunto e injetava as primeiras provocações acadêmicas na tentativa de alertar para a importância de um segmento carente de intervenções, nos mais diversos níveis.

A Profa. Helô (como é carinhosamente conhecida) não desperta o interesse de alunos e pesquisadores somente como precursora de publicações científicas e orientações acadêmicas sobre esse assunto, mas também como curiosa e conhecedora de muitos ambientes naturais e disseminadora de seu encanto por eles.

Foi por meio de suas diferenciadas aulas ao ar livre, regadas por poesias, músicas, entre outros instrumentos de ensino-aprendizagem que eu aprendi muitas "coisas sobre a natureza" e sua pluralidade. Informações que, muitas vezes, as formas tradicionais de ensino não conseguem transmitir.

Foi nesse contexto que, entre outras iniciativas, foi criado o Grupo de Estudos Lazer e Cultura, em 1995, sob a coordenação da Profa. Helô, no Programa de Pós-Graduação da Faculdade de Educação Física da Unicamp. A criação desse grupo buscou atender expectativas e reivindicações de seus próprios orientandos, no sentido de constituir um espaço alternativo que enriquecesse ainda mais o processo de qualificação acadêmica. O principal tema abordado era o meio ambiente, especialmente as atividades de lazer e de aventura em ambientes naturais, o ecoturismo, a educação ambiental, entre outros.

Além de estimular a produção e a publicação de artigos, tanto individual como coletivamente, e proporcionar um espaço privilegiado para a troca de experiências, criava-se um espaço de sociabilidade que, a despeito de seus objetivos acadêmicos, oferecia potencialidades que os transcendiam, estendendo-se a outras esferas da vida cotidiana de seus membros.

Quase 15 anos passados, o grupo já não existe mais; no entanto, atualmente, a maioria de seus ex-membros, docentes de instituições de ensino superior de distintos estados brasileiros, tornaram-se reconhecidos pesquisadores e disseminadores das discussões iniciadas há tanto tempo pela Profa. Helô. Com seus ex-alunos, novos grupos foram formados e novas redes de aprendizagem foram criadas, dando continuidade aos estudos do esporte, lazer e meio ambiente no Brasil e, com isso, as contribuições para a área do conhecimento não pararam de ser nutridas e estimuladas.

Desta história tive outro grande ensinamento: nunca podemos duvidar do que um pequeno grupo de pessoas pode realizar, coletiva e individualmente; pois todas as mudanças significativas do mundo começam dessa forma. A educação pode mudar as pessoas; mas não muda o mundo diretamente. O mundo apenas se transforma com a intervenção das pessoas educadas. Portanto, se hoje os ex-alunos da Profa. Helô são reconhecidos por seus trabalhos sobre o tema em questão é porque, um dia, tiveram a sua inspiração e motivação.

Neste livro, vocês poderão se deparar com escritos que fizeram parte dessa rica trajetória e, possivelmente, irão se entusiasmar com tais leituras, pois elas traduzem a seriedade, o envolvimento, a competência e a paixão de uma importante estudiosa do tema.

Alcyane Marinho
Docente da Universidade do Estado de Santa Catarina (Udesc)
Pesquisadora do Laboratório de Estudos do Lazer (Unesp, Rio Claro)

Trilha inicial

Que tal o título "Mais verde, menos estresse"? Apelativo emocionalmente? Comercialmente? Convincente o suficiente?

Bem, convincente ou não, não deve ser motivo de preocupação para analistas dramáticos que identificam somente o consumo, a propaganda ou a venda de produtos em proposições como esta ou semelhantes.

Não se trata da venda de uma casa em condomínio fechado, muito menos da publicidade de pacotes turísticos ou outra qualquer. Refere-se a uma reportagem publicada pela revista *Pesquisa Fapesp* em outubro de 2003, na qual é mencionado que o contato com flores e plantas faz bem à saúde, bem como a jardinagem ou a simples contemplação de uma paisagem traz renovação física e mental.

Para provar o fato são relatadas duas pesquisas, as quais confirmaram que as pessoas se recuperam mais rapidamente do estresse quando entram em contato com a natureza e que a simples contemplação de paisagens naturais auxilia na reabilitação de pessoas recém-operadas.

Sem entrar no mérito das pesquisas, muito menos na validade de suas metodologias, o objetivo aqui foi uma provocação para mostrar que tanto propaganda, como venda de casa em condomínio, pacotes turísticos ou pesquisas científicas podem se valer dos mesmos títulos que instigam o imaginário de universos simbólicos próximos, porém com propósitos diferentes.

No entanto, a ideia deste livro não surgiu dessa reportagem, muito menos das pesquisas mencionadas. A reportagem veio de encontro com as ideias que guiaram minha imaginação.

Ideias bem humoradas, eu diria, as quais incorporam um elemento lúdico na leitura da realidade e considera as incertezas, as ambiguidades e as contradições, sem temer as complicações geradas a partir disso ou, como já li em algum lugar (por não lembrar quem disse nem onde li, peço perdão pela não citação), aceitar a confusão pode ser uma forma de resistir à simplificação mutiladora. Enfim, é impossível simplificar a realidade e um tema gerado por ela, tão contemporâneo como a busca pela natureza nas suas múltiplas formas e propósitos, desde as viagens e as atividades advindas, entre outros.

Tema tão presente na minha vida desde a infância, pelos inúmeros contatos e contratos estabelecidos com a natureza por meio das mais diversas experimentações. Também enquanto produção acadêmica, desde aproximadamente os últimos 13 anos, com muitas publicações, projetos de pesquisa com financiamento do CNPq (Conselho Nacional de Desenvolvimento Científico e Tecnológico) e orientações de teses e dissertações, entre outras produções.

Disso tudo surgiu este livro, o qual representa uma compilação de meus trabalhos mais significativos relacionados ao tema proposto. Em decorrência disso, não senti a necessidade de citá-los na sua totalidade, mas alguns não escaparam da citação e servirão como referência para quem quiser procurá-los, embora certas publicações tenham difícil acesso, como algumas revistas editadas por universidades.

Muitas das ideias referentes às questões do feminismo, ecofeminismo, das novas maneiras de encarar a questão da subjetividade e da busca por emoções relacionadas à natureza foram construídas a partir de observações e constatações referentes às pesquisas realizadas para o CNPq. Assim, trago alguns depoimentos que foram de extrema importância para a minha compreensão desses elementos, e por eles pude detectar conexões antes não percebidas, como a relação entre o ambientalismo enquanto movimento crítico-social, o feminismo e o surgimento do que denominei, por falta de alguma coisa mais apropriada, de atividades na natureza: aquelas que surgem a partir da expansão do ecoturismo, ícone das viagens à natureza, como o canyoning, o rafting, exploração de cavernas, travessias na mata, tirolesa, boia-cross etc.

Então, sigo um percurso composto por bifurcações, trilhas, atalhos, seguindo pistas e vivências que me conduziram na aventura que representou a elaboração deste livro.

Heloisa Turini Bruhns

Parte I

BIFURCAÇÕES

A intenção, aqui, é realizar um trajeto através da busca pela natureza relacionada às opções de lazer na contemporaneidade, explorando as bases que sustentam o meu olhar sobre o tema e elementos aparentemente sem conexão que ganham, ao final, uma coesão. Para isso, vou seguir duas trilhas, a do ambientalismo e a da natureza, e pegar dois atalhos, do feminismo e do ecofeminismo.

1. Nas trilhas do ambientalismo

Em oposição a um sujeito-observador, que se situa fora do tempo histórico perseguindo os sentidos verdadeiros, reais, permanentes e inequívocos, prefiro me aproximar de um sujeito-intérprete, posicionando-me diante de um mundo-texto, imerso na polissemia e na aventura de produzir sentido a partir de um panorama histórico (Carvalho, 2001).

Pretendo desenvolver um tema pertinente às novas sensibilidades relacionadas à natureza, as quais têm possibilitado abertura para novas mentalidades, engendrando práticas diversas. Nas palavras de Maffesoli (1996, p.77), "o sensível, enquanto realidade empírica, e o senso comum, enquanto categoria filosófica, tornam a dar gosto à felicidade terrestre".

Uma sensibilidade voltada para a expressão inevitável do acaso, do contraditório, do aleatório, desembocando em um aprendizado humilde, da convivência difícil porém fundamental com o imponderável, o incompreensível, o inefável, contrariando a onipotência de tudo poder ser conhecido, conquistado, controlado.

Muito mais preocupada em compreender os movimentos relacionados à natureza em seus desdobramentos, sejam preservacionistas, exploratórios ou modismos, busco uma aproximação, por meio de um olhar curioso e indagador, não pretendendo desvendar grandes verdades (referentes a grandes descobertas), mesmo porque estas talvez nunca tenham existido. Concordo com Sevcenko (1990, p.53) quando ele alerta sobre estarmos vivendo um momento histórico metaforizado em um castelo de areia, "frágil, inconsistente, provisório, tal como todo ser humano. Um enigma que não merece a violência de ser decifrado".

Se em um momento histórico precedente presenciamos o sonho de uma utopia perfeita, produzida pela razão e comandada pela técnica, em uma vitória do maquinismo, transformando a sociedade em um gigantesco autômato autorregulado, atualmente assumimos uma atitude nascida do espanto, do desencanto, da amargura aflitiva, desprendida da postura arrogante de unidade e poder.

Não desprezando princípios de esperança e justiça presentes em períodos anteriores, a pretensão está em resgatá-los na "alteridade de múltiplas possibilidades e não mais condensada em uma diretriz única e inexorável", como coloca Sevcenko (1990, p.53) .

A "utopia compulsória" da razão planejada e do maquinismo cedem espaço para as pequenas utopias cotidianas. Cotidianidade fundamentada em uma série de liberdades intersticiais e relativas, contrariando desejos por uma existência perfeita ou autêntica.

Não mais estruturada a partir de polos unificados, a vida social se alimenta nos modos e costumes contemporâneos, confrontando-se com a heterogeneidade sob suas diversas formas e aspectos contraditórios, não mais configurados como algo sobre o qual a história pode agir, mas com o que é necessário negociar e, muitas vezes, entrar em acordo. Além de um poder, presencia-se uma "potência da socialidade", que empresta o termo de Maffesoli (1998, p.5), para o qual esta pode se manifestar subvertendo a ordem estabelecida na forma do silêncio, da astúcia, da luta, da passividade, do humor ou do escárnio, resistindo à imposição do poder. Portanto, o insignificante faz sentido, uma vez que enfrenta instituições macroscópicas e dominantes. Uma dimensão crítica no movimento contemporâneo é revelada, sem com isso negar suas ambiguidades e, portanto, não dispensando a necessidade de discernimento e superação.[1]

---

[1] Em trabalho recente ("Lazer, trabalho e tecnologia: refletindo sobre a necessidade de novos conceitos") tento desenvolver uma crítica relacionada a aspectos como o desemprego, a espetacularização da vida atrelada a uma artificialização, a questão da compulsividade do tempo, dentre outras (Bruhns, 2001).

Parto do pressuposto de que o ambientalismo enquanto movimento crítico-social influenciou a atual busca pela natureza, que recebeu conotações diferenciadas ao longo de seu percurso histórico em diferentes contextos.

Podemos considerar que essas questões, engatilhadas a partir da década de 1960 nos movimentos contraculturais, constituíram e desembocaram em crises deflagradas no âmbito das instituições (família, ensino, igreja, dentre outras), bem como contestaram instrumentos socioculturais e político-econômicos de organização das sociedades, questionando teorias e práticas em torno da luta pelo poder.

Enquanto no início dos anos de 1960 o assunto meio ambiente era pouco veiculado, em 1970 quase meio milhão de americanos participou do Dia da Terra, devido ao fato do surgimento das organizações não-governamentais ter sido acompanhado por uma renovação do ambientalismo, como esclarece Leis (1999, p.105). Assim, esse movimento revitalizou o preservacionismo e o conservacionismo de períodos anteriores, centrando-os em uma expressão que combinava as preocupações estéticas e científicas com as sociais. A revolução ambiental trazia questões referentes à própria sobrevivência humana, evidenciando problemas socioambientais, cuja solução nem sempre era adequada aos sistemas político, econômico e social vigentes. As ONGs traziam uma noção de ambientalismo, resultado de importantes mudanças de valores e propostas de transformações econômicas e estilos de vida em nível global.

O movimento ganhou forte apoio popular. Em 1990, as ONGs contavam com milhões de adeptos, evidenciando um caráter global, multiplicando-se nos países desenvolvidos e também nos não-desenvolvidos.

Nesse aspecto, surge uma noção de ambientalismo, conforme Cascino (1998, p.266), na qual estão embutidos não apenas a preservação, de maneira isolada e estanque, mas também uma infinidade de conteúdos, de complexificações do conhecimento. Noção que articula uma visão diferenciada sobre os acontecimentos naturais, socioculturais, político-econômicos, em um entendimento do ser humano como elemento corresponsável, fundamental, em tudo o que ocorre no âmbito da sobrevivência física do planeta e da própria qualidade de vida em um sentido amplo, renovado e diferenciado. Nessa direção, prossegue o autor:

> As novas configurações do expressar a política, o fazer reivindicações, o agir sobre os temas de interesses e importância na defesa de territórios existenciais coletivos

e individuais, se reveste de inéditas estruturas simbólicas, abrindo campos até então intocados da expressão humana, rompendo com velhas mensagens, envelhecidas cores de expressão dos desejos.

De modo a contribuir com o debate, Reigota (1998, p.21), define meio ambiente como:

> Um lugar determinado ou percebido onde estão em relações dinâmicas e em constante interação os aspectos naturais e sociais. Essas relações acarretam processos de criação cultural e tecnológica e processos históricos e políticos de transformação da natureza e da sociedade.

Assim, a compreensão ultrapassa a ideia de que o meio circunda espécies e populações biológicas, situando o ambiente como categoria sociológica (e não biológica) relacionada a uma racionalidade social, em que estão envolvidos comportamentos, valores e saberes, bem como novos potenciais produtivos (Leff, 2000).

A racionalidade instrumental utilitarista baseada na ética dos benefícios imediatos regeu por tempo considerável (se é que podemos afirmar o seu desaparecimento) a economia e o processo de acumulação, almejando o crescimento econômico. Nesse processo, os recursos naturais sofreram deterioração e devastação, comprometendo a vida no planeta, provocando desigualdades sociais e um entendimento equivocado de conservação ambiental traduzida como nichos isolados. Esse quadro provocou uma crise e uma reação contrária, impulsionando uma nova postura social diferente da racionalidade científica prevalecente.

Na ideia de progresso, anterior à crise ambiental desencadeada nos anos de 1950/1960, estava embutida a contaminação de lagos e rios como custo necessário para o crescimento econômico, garantia de emprego e qualidade de vida, defendidos pela grandes empresas. Isto posto, podemos considerar que poluição significava progresso. Significado hoje inconcebível, quando não mais se contesta a urgência por um desenvolvimento econômico sustentável, bem como a sobrevivência do planeta.

Nessa ideia estava igualmente presente a possibilidade do domínio progressivo dos homens sobre as condições ambientais de sua existência. Assim, o ambientalismo vem expor a falência da ideia de progresso, evidenciando os riscos de um modelo de crescimento, que mais excluiu do que incluiu, evidenciando uma crise proveniente do excessivo consumo dos recursos por uma pequena parcela da humanidade, no desperdício e na produção de lixo. Nessa perspectiva, autores como Carvalho (1997, p.273) situam o movimento ambientalista entre "aqueles emancipatórios da humanidade, tomando-o como uma das forças que corroem a possibilidade da grande narrativa moderna".

Devemos estar atentos para os vários sentidos possíveis embutidos na "crise da ideia de progresso", a qual pode conter uma postura "futuricida" (morte do futuro para celebrar o presente), uma atitude reacionária (celebração do passado) ou uma orientação mais vanguardista de reinvenção do presente "no horizonte de novos futuros desamarrados das contingências da modernidade" (Carvalho, 1997, p.277).

O termo modernidade será usado tomando como referência a época subsequente ao período medieval cuja acepção histórica e filosófica toma como referência o pensamento de Francis Bacon, na Inglaterra, e o de René Descartes, na França. Pode ser considerado como um movimento baseado na crença em relação ao novo, descartando o velho, o clássico, o tradicional, bem como no avanço do conhecimento, desenvolvido a partir da experiência e por meio do método científico. Seu significado não é fixo ou estável, mudando historicamente como resultado de um discurso teórico não esgotado, no qual novos significados e interpretações podem surgir (Peters, 2000).

A busca por uma alternativa histórica não está unicamente envolvida com críticas a posturas racionais, mas também com uma preferência de gosto (uma estética). Então, o ambientalismo carrega novas ideias e sensibilidades, configurando uma fase estética, "gerando tanto uma atitude ativa contemplativa sobre a natureza, como uma atitude ativa destinada a expandir e integrar as relações da sociedade com a natureza" (Leis, 1999, p.56).

Podemos situar a crise ambiental não somente como crise ecológica, mas como crise da razão, em que os problemas ambientais situam-se como problemas do conhecimento, pois apreender a complexidade ambiental não constitui um problema de aprendizagem do meio, e sim de compreensão do conhecimento sobre o meio (Leff, 2000, p.217).

Sobre a representação social dos problemas ambientais, Leis (1998) cita Eckserley, que destaca, nos anos de 1960, a percepção desses problemas como resultado de uma "crise de participação" proveniente de setores socialmente excluídos que buscavam acesso mais igualitário a bens ambientais. Nos anos de 1970, a partir dos relatórios do Clube de Roma e de Estocolmo-72, a problemática ambiental foi identificada como "crise de sobrevivência", o que implica mais que exclusão social, pois a resolução da exclusão não resolveria a escassez de recursos, a qual impunha limites naturais intransponíveis para o crescimento continuado. No fim dos anos de 1970 e início da década de 1980, sem eliminar as crises anteriores, a ênfase incidia em uma "crise cultural" indicando a necessidade de emancipação da racionalidade instrumental e dos valores materialistas que dominaram a sociedade moderna. A crise ambiental é associada a uma herança de ideias, valores, crenças e conhecimentos, os quais constituem as bases da ação social.

Surge um novo ecologismo, em contraposição à concepção de "proteção à natureza" presente em instituições provenientes do século XIX (sociedades de proteção da natureza, da vida selvagem, dos animais etc.) como consequência da crítica à sociedade tecnológico-industrial (tanto capitalista quanto socialista), cerceadora das liberdades individuais, homogeneizadora das culturas e, sobretudo, destruidora da natureza (Diegues, 1996).

Esse movimento ambientalista ativista crítico, desencadeado na década de 1960, foi alvo de censuras, pois representava um modelo importado dos países industrializados, nascido com a opulência da riqueza (rejeitando o industrialismo e os valores consumistas), não refletindo aspirações e conceitos sobre a relação homem/natureza dos países subdesenvolvidos, pois raramente incluíam o problema da pobreza e, principalmente, a má distribuição de renda. Entretanto, nos anos de 1980, "ficou mais difícil a defesa do ambientalismo primeiro-mundista, por causa da grave recessão que gerou altas taxas de desemprego" (Diegues, 1996, p.38).

As contrapropostas ecologistas direcionaram-se para um ideal de sociedade libertária formada por pequenas comunidades autossuficientes onde seriam utilizados trabalho, ciência e tecnologia não agressivos ao meio ambiente. Igualmente, esse ideal privilegiava iniciativas e ações articuladas pela sociedade civil em contraposição às ações de um Estado centralizado.

Uma utopia simplista manifestou-se nesse movimento de ruralização e proposta de volta às comunidades rurais, ou seja, o retorno aos modelos de convívio dos pequenos povoados e vilas, negando o conforto (o qual foi confundido com luxo) conquistado na sociedade ocidental. Por outro lado, trouxe temas de grande alcance político em seu bojo (energia nuclear, autonomia local, crescimento econômico), desencadeando um afastamento em relação ao poder instituído, concomitantemente colocando-se como força política, conquistando espaços (partidos, ministérios, organizações não-governamentais).

Formou-se um âmbito propício para o desenvolvimento de abordagens, temas e problemas até então considerados irrelevantes para a investigação social. Não mais se atendo à narrativa das conquistas dos "grandes homens", esses temas expandiram-se para aspectos da vida cotidiana, examinando modos de amar, de trabalhar, de se divertir, além das práticas e representações corporais.

Atualmente, podemos adotar como "ambientalista" a variada gama de pessoas interessadas nas questões ambientais. Muitas delas, concordando com Garrard (2006, p.35), valorizam estilos de vida rurais, caminhadas e práticas de acampamento; alguns são membros de organizações ambientalistas como a WWF, a Sociedade Audobon de Preservação da Natureza, dos EUA, a Real Sociedade para Proteção dos Pássaros, do Reino Unido, entre outras.

Ações diversas são observadas, as quais provavelmente não seriam realizadas há algumas décadas atrás – ou talvez seriam consideradas despropositadas –, tais como observar abutres na Croácia ou baleias nas Ilhas Canárias (Espanha), contar a população de morcegos "raposa voadora" na Índia, salvar macacos na África do Sul ou acompanhar o nascimento de tartarugas no Brasil – conceitos da nova cidadania mundial.

Voluntários específicos oriundos de diversas partes do planeta chegam a desembolsar quantias consideráveis (US$ 1,8 mil) em viagens para participar de programas dessa espécie, sendo que 77% do valor pago é destinado ao programa, conforme a reportagem "ONG ecológica recruta voluntários pelo mundo", publicada no jornal *Folha de São Paulo* em 1999.

Denominados "ecovoluntários", viajam para trabalhar, podendo observar baleias-piloto nas Ilhas Canárias (Espanha), durante duas semanas, por US$325, com direito a hospedagem e refeição, mapeando a população de baleias, até poucos anos alvo de matanças. Policiam o ecoturismo marinho e instruem a população sobre a importância da preservação. Também preparam a comida e ajudam na limpeza do barco, onde ficam hospedados.

Nem todos os programas ecológicos são sinônimos de pouca estrutura: no mapeamento das populações de baleia-azul no Canadá, a hospedagem ocorre em hotel, janta-se em bons restaurantes da região de Gasperie, próxima a Montreal, desembolsando-se em torno de US$ 1.840 por uma semana.

Alertando sobre o respeito à cultura local ser primordial, a representante do Programa Ecovoluntário afirma que essa ONG orienta os participantes sobre regras de conduta, na tentativa de evitar conflitos.

A internet constitui-se no meio e no ambiente propícios aos ecologistas, que aproveitam a rede para divulgar suas propostas e realizar campanhas virtuais, principalmente abaixo-assinados eletrônicos,[2] bem como angariar doações. Os temas são variados – Angra 2, alimentos transgênicos, geladeiras ecológicas, preservação das baleias, entre outros.

Em 1999, participantes da campanha "Proteja os Parques do Brasil" enviaram ao Congresso Nacional e-mails solicitando a aprovação imediata do Sistema Nacional de Unidades de Conservação (Snuc).

A Rede Nacional Contra o Tráfico de Animais Silvestres (Renctas) criou um site permanente de fiscalização. Os conectados podem fazer denúncias pela página ou até mesmo relatar suspeitas. A Renctas encaminha as denúncias à Polícia Federal e a outros órgãos responsáveis e ainda promove campanhas de preservação da fauna.

Atrelado a essas adesões e participações, o movimento ambientalista desencadeou vários enfoques, muitos deles conflitantes, gerando tensões a partir de posicionamentos opostos. Dois grandes enfoques podem ser detectados na análise da relação homem/natureza: o "ecocêntrico" e o antropocêntrico. O primeiro considera o mundo natural na sua totalidade, com seus próprios valores, independentemente da utilidade que venha a ter para o ser humano; o segundo incorpora a dicotomia homem/natureza, na qual o homem tem direitos de posse e controle sobre o mundo natural, sobretudo por meio da ciência e da tecnologia. Nesse enfoque a natureza representa uma reserva de "recursos naturais" disponíveis para exploração (Diegues, 1996).

Linhas de pensamento, às vezes contraditórias, estão envolvidas na questão. Para exemplificá-las, aproveitarei os estudos de Diegues (1996), detendo-me em três segmentos: a ecologia profunda, a ecologia social e o ecossocialismo.

---

[2] Baseado na reportagem "Ecologistas usam e-mail para fazer campanhas", a qual relata que o Greenpeace do Brasil conseguiu 12 mil assinaturas por e-mail em uma campanha para a proteção das baleias do Atlântico Sul.

A ecologia profunda é uma vertente ecocêntrica, com influência espiritualista (cristianismo, religiões orientais e outras), pregando quase uma adoração do mundo natural. Atribui grande importância aos princípios éticos que deveriam ser adotados para reger as relações homem/natureza. Recebeu muitas críticas, pois chegou a propor ao ser humano "pensar como montanha". O homem tem características humanas e age segundo as mesmas, por mais solidário que seja em relação à natureza e por mais crítico que se coloque frente ao racionalismo antropocêntrico. Manifesta-se um "ecofascismo" nessa vertente, o qual propõe que a sociedade humana adote como modelo as características do mundo natural (homeostase, diversidade biológica, dentre outras). A justificação da ordem social pelas leis da natureza serviu ao totalitarismo, exemplificado aqui com o nazismo, o qual se prevaleceu da seleção natural.

A ecologia social explica a degradação ambiental como produto da ação capitalista. Critica o poder baseado na noção de Estado, propondo uma sociedade democrática, descentralizada, baseada na propriedade comunitária de produção. Aproxima-se dos anarquistas e, assim, afasta-se dos marxistas clássicos. Possui uma vertente utópica, pois prega a busca por uma comunidade orgânica, a qual se constituiria em uma nova sociedade, na qual a tecnologia estaria sempre a serviço do homem.

O ecossocialismo surge a partir da crítica realizada à visão de natureza estática presente nas considerações sobre o mundo natural do marxismo clássico, o qual considerava a natureza apenas por meio da intervenção transformadora do homem pelo trabalho, tendo como resultado a satisfação das necessidades. Dentre outros argumentos, afirma ser necessário incorporar na contradição básica da sociedade capitalista o impasse existente entre as forças produtivas históricas e a reprodução da natureza, pois a impossibilidade desta última causaria um entrave na geração da sociedade.

Essa vertente propõe uma revisão do tradicional naturalismo, o qual tratava o homem como pura natureza, desprezando as influências culturais. Esse naturalismo opunha-se radicalmente ao culturalismo para o qual a sociedade teria todas as qualidades e a natureza, todos os defeitos, resultando em um distanciamento entre homem e natureza.

O "novo naturalismo" propôs uma reconciliação entre a natureza e a cultura, distanciando-se de uma postura ingênua e do purismo. Baseia-se em três ideias:

- o homem é produtor e produto de seu meio, e os problemas consequentes não se referem ao fato, mas à maneira dessa intervenção. A natureza pura, não transformada, representa um museu, uma reserva e um artifício de cultura;
- a natureza faz parte da história, não cabendo voltar atrás para restabelecer uma harmonia perdida, mas sim restabelecer uma relação com o estado da natureza conforme a situação histórica;
- a relação com a natureza não se opera de forma individual, mas coletiva. A sociedade é produto do mundo natural por um trabalho de invenção constante. Uma série de distorções surgiu a partir do culturalismo (sociedade contra a natureza), que justificava a necessidade de acumulação como refúgio frente à possibilidade de escassez, gerando proibições e interdições (sexuais, alimentares), provocando a divisão entre os homens, bem como desigualdades sociais.

Esse "novo naturalismo" propõe uma sociedade onde a natureza representa uma possibilidade de desenvolvimento humano envolvendo a participação social.

O fechamento da natureza em parques (áreas de conservação), muitas vezes com a expulsão da população nativa, contradiz essa participação social, além de não estabelecer uma relação harmoniosa entre a sociedade e o meio ambiente, acelerando sua destruição por meio da degeneração genética.

Uma divisão do conceito de natureza surgida a partir das novas configurações e significados dos espaços naturais irá provocar uma contradição entre praticantes e ambientalistas, de um lado, e exploradores de recursos naturais, do outro, como expõe Faria (2002, p.7):

> De um lado uma visão da natureza como fonte de recursos a serem utilizados pelos agentes sociais hegemônicos em larga escala, e sem limites, para a promoção do desenvolvimento econômico. De outro lado, como natureza "natural, equilibrada e harmônica" em oposição às sociedades, que deve permanecer intocada.

Embora não excludentes, muito menos estanques, essas representações associadas a outras (por exemplo, às místico-religiosas), conduzem a relações particulares com a natureza (como a incorporação do mito da natureza intocada[3]), movimentando os sujeitos e conduzindo-os a inventar novas formas de sociedade.

---

[3] Esse item está desenvolvido mais adiante.

Esse processo ocorre a partir de representações de ideias associadas a ações. Dessa forma, na relação dos homens com a natureza, ocorre uma mediação via representação na qual são entrelaçadas e exercidas três funções do conhecimento: representação, organização e legitimação das relações dos homens entre si e deles com a natureza. Portanto, faz-se necessário analisar o sistema de representações presentes nas relações dos indivíduos com o seu meio, pois, a partir delas, estes agirão sobre o mesmo.

Tomando o conceito de Reigota (1995, p.70), representações sociais equivalem a "um conjunto de princípios construídos interativamente e compartilhados por diferentes grupos que através delas compreende e transforma sua realidade".

Assim, uma floresta viva, além de tantas representações, pode significar e apresentar-se como "reserva de madeira". Não como árvores, mas apenas como madeira à espera de corte e até um rio pode revelar-se uma simples fonte de energia elétrica.

A questão ambiental requer novos conhecimentos teóricos e práticos para sua compreensão e resolução, com alterações na própria ciência, em um novo olhar sobre a sociedade. Ela gerou novas problemáticas sociais, abrindo espaços temáticos para a pesquisa interdisciplinar, a qual, mais do que articulação de ciências, colaboração de especialistas de diversas áreas e integração de recortes selecionados da realidade, significa a transformação ambiental do conhecimento produzindo um processo de reconstrução social (Leff, 2000). Está presente aqui uma noção de ciência não pautada em fundamentos seguros, porém aberta para revisão e autocrítica permanente, privilegiando o jogo das percepções criativas em detrimento da manipulação dogmática de fórmulas fechadas. Busca mais uma relação de conjunto e menos a busca precisa de fragmentos; mais a preocupação pelo sentido das ações, não se atendo a um enrijecimento racionalista.

Devemos, portanto, analisar as contradições, os conflitos, as crenças, as representações, as dimensões não-racionais, as aspirações e os projetos emergentes e não hegemônicos, concordando com Brandenburg (1996, p.53), os quais possam inaugurar formas alternativas de relação com a natureza. Essas contradições, como o autor explica, devem ser compreendidas dentro de "um confronto de lógicas distintas relacionadas não apenas com a reprodução do sistema, mas com o sentido que os autores dão à vida e por isso com a reprodução do mundo da vida".

O saber ambiental não é homogêneo nem unitário, devendo ser edificado na relação com o objeto e o campo temático de cada ciência, abrindo espaços para a articulação interdisciplinar, gerando novas teorias, disciplinas e técnicas.

2. NAS TRILHAS DA NATUREZA

A ideia de coexistência entre os meios urbano e natural parece mais adequada para a compreensão do deslocamento contemporâneo do sujeito urbano. Talvez essa busca exacerbada pela natureza não aconteça somente pela devastação ocorrida ou a prática indiscriminada da mesma (o que resultou em grande extinção e desequilíbrios ambientais em todo o planeta), mas também pelo sentimento de abstenção gerado nas cidades, onde o cimento prevaleceu juntamente de todos os desníveis decorrentes do crescimento indiscriminado nos centros urbanos, acarretando uma série de problemas estressantes como congestionamentos, barulho, poluição do ar, infraestrutura escassa de abastecimentos, entre outros. O desejo por aventura e a busca por determinado estilo de vida igualmente estão presentes nesse processo.

Dessa forma, os sujeitos sintonizados com a natureza desencadeiam movimentos interessantes, provocando, inclusive no próprio espaço urbano, possibilidade de relação com a mesma, por meio da busca por parques, bosques e similares, incentivando políticas públicas, projetos e programas.

Assim, devemos reavaliar as posturas interpretativas, contrapondo meio ambiente natural e artificial ou natureza e cultura, de forma estanque e desvinculada, bem como perceber as novas relações estabelecidas com esses ambientes, os quais se interpenetram em uma ressignificação da própria natureza.

Coexistindo em um conjunto em que tudo se adere fortemente constituindo conexões entre sujeitos, objetos e situações, uma nova forma de envolvimento desponta, modelando costumes, estilos de vida, agregando valores, em uma reapropriação da natureza, no espaço partilhado, na participação coletiva dos objetos.

Maffesoli (1996, p.139) desenvolve uma lógica contextual estabelecida pelo ambiente de uma época, o qual integra, na sua constituição, os elementos da realidade social. Indícios da atualidade expressam-se por meio da atenção ao fragmento, do detalhe da vestimenta, da multiplicação dos rituais nas relações interpessoais, culminando (essa integração do minúsculo) em um privilégio do conjunto, da estrutura global, podendo residir aí a compreensão do desenvolvimento atual da sensibilidade ecológica e sua preocupação ambiental, revestidas de grande relevância.

Denominada "paradigma perdido", a temática da natureza é fundamental para a compreensão da contemporaneidade, servindo de referência "a toda medida qualitativa que tenta insistir no aspecto ético dos sentimentos, das emoções e das experiências coletivas" (Maffesoli, 1996, p.248). A natureza não é mais considerada um objeto a explorar, mas incluída em um processo de parceria. Ela passa a ser reivindicada como um eixo do mundo, em torno do qual vai se ordenar a vida social, onde novos vínculos sociais irão se expressar por meio de emoções compartilhadas.

Assiste-se à produção de um discurso que evidencia a naturalidade das coisas, podendo estender-se dos materiais utilizados na construção (madeira ou concreto, em uma relação mais artificial ou não com a terra) à moda dos produtos naturais, à roupa e a outros espaços. Esse discurso integra um ressurgimento de valores aparentemente arcaicos (revalorizando o rústico, o vegetal), porém paradigmáticos, pois mantêm a sociedade em um conjunto global, lembram que as influências naturais não são desprezíveis e que há passarelas mais sólidas do que se acredita entre o crescimento natural e o crescimento individual e social.

Nesse panorama, a natureza (a recuperação do natural) como território da experiência (a base à qual nos asseguramos antes de partir ao encontro dos outros, servindo igualmente de lugar de recesso, de necessidade), opera um reencantamento do mundo. Opõe-se ao desencantamento próprio a períodos anteriores, nos quais a estética havia sido apagada ou confinada a espaços (museus) e tempos (festas oficiais) bem delimitados da vida corrente. Atualmente, composta por elementos (o sensível, a imagem, o corpo, o doméstico, a comunicação, o emocional) que se enraízam na prática, essa estética é essencialmente ética, permitindo a "religação" social, traduzida em uma religiosidade contemporânea, não relacionada "com um futuro a fazer, mas com um presente a viver de uma maneira empática com outros" (Maffesoli, 1996, p.99).

A nostalgia do claustro, a prática dos retiros, as fugas para locais desertos, as caminhadas em grupo na solidão selvagem, os exercícios ascéticos ou outro *trainning* espiritual, traços da "ecologização" do mundo social, obrigam-nos a enfrentar a religiosidade contemporânea, essencialmente sincretista, mas, sobretudo, "permite ressaltar que essa religiosidade é tribal, e que repousa na partilha, em um dado momento, de um território real ou simbólico" (Maffesoli, 1996, p.267). Assim, a extraordinária difração do naturalismo contemporâneo seria uma modulação específica da religiosidade ambiente da atualidade.

O campo da relação com a natureza é amplo, estendendo-se do discurso ambientalista, com seus sotaques tecnocráticos, ao jardineiro de domingo cultivando e deleitando-se de sua horta, passando da descrição poética de uma paisagem, pelo desejo de experimentação proposto nos encartes turísticos.

A perspectiva ecológica revela-se como uma das formas de contemplação, ao lado da estética, das novas formas de fazer política, das diferentes formas do modo de cuidar de si e dos diversos cultos do corpo. A presença de uma "ética da simpatia" fortalecendo a ligação social, por meio da comunhão com a natureza, permite compreender situações de fusão e momentos de êxtase, caracterizadores do clima contemporâneo. Novos vínculos sociais são formados, surgidos a partir da emoção compartilhada ou do sentimento coletivo, estabelecendo conexões entre a ética e a estética.

As condensações instantâneas às quais Maffesoli (1998, p.141) denomina "tribos" mantêm um constante trânsito com a massa, inscrevendo-se em um conjunto temeroso do vazio. Portanto, esses agrupamentos, nas mais diversas formas (grupos de música, alimentação, caminhadas, *nightbikers*, dentre outros), representariam uma reação ao individualismo exacerbado, característica do produtivismo e burguesismo modernos, os quais atuam no sentido de "controlar ou para assepticizar as danças de possessão e as demais formas de efervescência popular". A temática da vida cotidiana privilegiaria o enfoque no relacionismo (aquilo que é comum a todos), opondo-se a uma perspectiva individualista (aquilo que todos fazem).

A ênfase incide mais naquilo que une que sobre o que separa, pois a pessoa só existe na relação com o outro, enquanto a lógica individualista se apoia em uma identidade separada e fechada sobre si mesma. O autor expõe como o individualismo constituiu-se no campo reflexivo de uma época, alertando sobre esse modo de pensar e viver, e desprezou o fato do sujeito empírico, ser, com certeza, individualizado, porém também situado; "situado em um lugar com outros, situado em relação a outros". (Maffesoli, 1996, p.164).

Algumas práticas de lazer que têm como pano de fundo o ambientalismo como movimento crítico-social surgem ou despontam com outras características a partir de 1960, muito próximas às peregrinações do movimento *hippie* ou aos seus propósitos de volta ao campo, em que a busca pela natureza representava uma contestação de valores em relação à produção e ao consumo. A natureza como território da experiência sofre alterações, atualmente afastando-se da ênfase na contestação de valores (embora ainda mantenha ou pretenda manter uma aura diferencial em relação ao consumo, ao desperdício e ao luxo), lembrando que a raiz da palavra "experiência" é *per*, que significa tentar, testar, arriscar.

Na possibilidade da natureza como espaço para a execução do ecoturismo e atividades correlatas, os quais se vinculam às viagens como deslocamento necessário para sua prática, algumas considerações sobre a importância da representação social da natureza são necessárias.

A natureza vem tornando-se parceira indispensável para essas atividades e para essa proposta de turismo. No entanto, é preciso certa conservação para essa ocorrência se efetivar. No quadro atual, escreve Marinho (1999, p.67), essa proposta surge como interface frente aos desafios colocados "na conciliação entre o desenvolvimento social, a organização da cidade e a proteção da natureza", acrescentando ser notório o enfoque envolvendo ecologia, quando se trata do aumento das práticas supondo a natureza para suas realizações. Concomitantemente, a demanda centrada nas mesmas fez surgir uma indústria de entretenimentos e um consumo de elementos naturais, tanto da paisagem como dos recursos, trazendo à tona o aspecto dos conflitos existentes na relação com o ambiente natural.

A grande adesão a essa proposta deve ser entendida na discussão sobre o ambientalismo, do qual surgiram várias vertentes. Atualmente, como já visto, a noção de ambientalismo extrapola o enfoque preservacionista, isolado e estanque, integrando uma infinidade de conteúdos, de complexidade do conhecimento, articulando uma visão diferenciada sobre os acontecimentos naturais, socioculturais e político-econômicos.

A ideia de renúncia ao "luxo", representando uma crítica a um modo de vida esbanjador e consumista, bem como o "retorno ao campo" como alternativa de solução para esse fato, permeiam o ecoturismo em muitas ocasiões.

Nesse aspecto, notamos a influência de Thoreau (2001) no movimento ambientalista, o qual situa a maioria dos luxos e muitos dos confortos não só dispensáveis como constituidores de obstáculos à elevação da humanidade, argumentando que os mais sábios sempre viveram de modo simples e despojado.

Busco aqui uma aproximação com a figura do boêmio e seu estilo de vida, o qual corporificou o romantismo enquanto movimento social.[1] O boêmio como estereótipo corrente de um artista com fome, vivendo em um sótão vazio, esporadicamente trabalhando em sua arte, representa a prioridade inversa do ascetismo e da satisfação caracterizadores da burguesia consumista, a qual se mostra apta a restringir seus prazeres, paralela e incessantemente incrementando seu luxo. O boêmio inclui a privação na busca de seus prazeres e a renúncia ao luxo, uma vez que a garantia deste implica na ameaça ao seu estilo de vida.

No programa de trilhas na natureza, alguns lugares possuem acomodações mais simples pela própria falta de infra-estrutura local. Pousadas são construídas prevendo um público conectado com a ideia de renúncia ao conforto urbano e aberto a possibilidades de experimentar uma situação contando com aposentos precários – situação justificada devido aos supostos envolvidos em atividades na natureza possuírem valores diferenciados em relação ao consumo exacerbado e ao "luxo". Vários depoimentos manifestaram[2] a tentativa de destacar esse comportamento diferenciado na atividade, em relação à atitude dos seus participantes, como o de S., espeleólogo e organizador de grupos:

---

[1] Lowy e Sayre (1993) argumentam que certos fenômenos recentes, como os movimentos críticos dos anos de 1960, incluindo o ambientalismo, são dificilmente explicáveis sem referência à visão de mundo romântica anticapitalista.

[2] Depoimentos extraídos das pesquisas realizadas para o CNPq: "Lazer e meio ambiente: a opção pelos esportes na natureza" (1997-1999); "Esporte e natureza: a caminhada enquanto experiência sensível" (2003-2006). Os nomes dos entrevistados estão abreviados para preservar sua identidade.

> Tem pessoas que têm uma visão mercantilista e nunca voltarão para a caverna. Eles falam: "meu negócio é shopping", querem escada rolante; "esse negócio de ficar pisando no barro não é comigo não". Tem uma aluna que levei para lá e ela disse: "jamais vou ser guia de ecoturismo". Eu disse: "lógico, você não tem perfil para isso. Você devia ir para a Disney, fazer cruzeiro marítimo". Não vejo as pessoas ligadas a bens materiais, consumo, terem a mesma sensação maravilhosa dentro da caverna. Fico observando: as pessoas que falam muito em shopping, em dinheiro, poder aquisitivo, não têm a mesma reação [...].

O desprezo pelo luxo, às vezes confundido com necessidade de conforto, gera situações conflituosas entre os praticantes, os quais se sentem constrangidos para reivindicar acomodações adequadas como chuveiro quente, colchão em boas condições, limpeza nos aposentos, lençóis limpos etc. – conforto negado na postura ingênua do movimento de "retorno ao campo" dos anos de 1960. Para ilustrar, trago uma passagem significativa na obra de Bryson (1999, p.137). O autor relata sua experiência na Trilha dos Apalaches, o mais longo percurso para caminhada do mundo (aproximadamente 3.000 km) estendendo-se por montanhas e florestas ao longo da costa leste dos Estados Unidos, da Geórgia ao Maine. Adequadamente expressa esse paradoxo:

> Fazia uma semana que estávamos na trilha, e íamos para a cidade no dia seguinte. Isso era evidente. Iríamos caminhar doze quilômetros, alugar um quarto, tomar um banho, telefonar para casa, lavar roupa, jantar, comprar comida, assistir televisão, dormir em uma cama, tomar café-da-manhã... tudo isso era conhecido e óbvio. Era maravilhoso realmente.

Apesar de um discurso "ecológico" legitimar a presença das atividades em cachoeiras, cavernas, trilhas e montanhas, sem muito questionamento, permeando sua prática com nuanças românticas e utilizando termos como "harmonização com a natureza", "integração com a natureza" e outros, presenciamos uma situação que revela como o caráter inofensivo desses não se mostra tão sustentável.

Marinho (1999, p.35), apoiando-se em Vanreusel, aponta como a imagem dos praticantes de atividades na natureza afasta-se da ideia do "aliado ao ambiente natural", o qual se comportaria de forma ecologicamente correta. Algumas vezes os entusiastas são associados a uma imagem de destruição e poluição ou como simples aventureiros, unindo-se às expedições, esmagando as sutilezas e os refinamentos ecológicos.

Para ilustrar a questão, vou me valer de uma reportagem de Rodrigo Uchôa, recentemente publicada no jornal *Folha da S.Paulo* (9/5/2000), na qual uma estimativa realizada pelas autoridades de alpinismo no Nepal revelou a presença de pelo menos 50 toneladas de lixo produzido pelas expedições que tentam escalar o Everest, onde se encontram aproximadamente 300 cilindros de oxigênio utilizados devido à sua rarefação nas alturas. O governo nepalês, na tentativa de contornar a degradação da montanha, está cobrando um depósito adicional à taxa habitualmente estipulada que é devolvido no retorno da expedição, quando os equipamentos são conferidos com a lista entregue anteriormente. Na mesma reportagem, mostrando uma realidade diversa, é citada a presença de uma expedição no local denominada "2000 Everest Environmental", que pretendia limpar o lixo deixado por outros exploradores.

Dois fatores atuam contraditoriamente nessas atividades, dentro de um processo de mudança sociocultural. O primeiro diz respeito ao crescimento das mesmas, diversificando os praticantes e integrando os não "ambientalmente amigáveis", ao mesmo tempo em que se multiplicam e se diversificam constantemente essas práticas, alterando seus significados. O segundo remete-se ao conceito de natureza, o qual tem sido redefinido e multiplicado pelos diferentes usuários, ganhando uma extensa pluralidade, como argumenta Marinho (1999, p.36), citando a defesa de Vanreussel por uma abordagem socioecológica no tratamento do assunto.

Tuan (1980, p.152) demonstra como a alteração no significado das palavras "natureza", "paisagem" e "cenário" pode auxiliar na compreensão da transformação axial na visão do mundo, de cosmo para paisagem. Utilizamos cenário e paisagem muitas vezes como sinônimos, ambos implicando natureza. Isso ocorreu com certo sacrifício para a palavra natureza, a qual perdeu muito de seu domínio semântico (designava a totalidade ou o todo – *physis*, dos gregos pré-socráticos), sendo que cenário e paisagem aproximaram-se devido à imprecisão dos termos.

Nos últimos séculos, o termo natureza perdeu mais espaço. Atualmente, referir-se à natureza é aproximar-se do campo e do selvagem, este último apresenta contradições e muitas vezes evoca assombro. Sobre a natureza ter perdido as dimensões de altura e profundidade, Tuan conclui: "ganhou qualidades menos pretensiosas de charme e de beleza natural. Nesse sentido diminutivo, natureza evoca imagens semelhantes àquelas de campo, paisagem e cenário" (1980, p.152).

Na vida urbana contemporânea, o contato com o ambiente natural torna-se cada vez mais indireto e limitado a ocasiões especiais, e o envolvimento do homem tecnológico (ausente na decrescente população rural) com a natureza é mais recreacional que vocacional. Falta às pessoas, nas sociedades avançadas, o envolvimento suave, inconsciente, com o mundo físico, em um ritmo mais lento, assim como as crianças o desfrutam.

A criança, por não preocupar-se com códigos de regras definidas sobre beleza, recebe as sensações da natureza diretamente, sem censuras. Devemos ser complacentes e descuidados como uma criança se quisermos desfrutar polimorficamente da natureza e romper com regras formais de eufonia e estética, sem se importar em pisar na lama, andar com a roupa molhada, "sentir" sons e ruídos (Tuan, 1980).

A natureza está sendo reduzida a um pano de fundo, um cenário teatral do qual protagonistas se utilizam para as suas atividades de aventura. Há uma redefinição de um ambiente coincidentemente atrativo e conveniente para essas práticas. Nesse contexto, o conhecimento do meio ambiente ou a proteção ambiental podem tornar-se irrelevantes, sendo qualquer consideração sobre a natureza dominada pela orientação do consumo.

Krakauer (1999, p.89) – um escalador norte-americano, escritor de livros jornalísticos e de artigos em jornais e revistas – exemplifica com o caso dos escaladores do Monte McKinley, a montanha mais alta da América do Norte, que pagam um preço muito alto (entre US$ 2.000 e 3.500) para se sujeitar a três semanas de castigos inusitados e extremamente cruéis. Não fazem isso para comungarem com a natureza, mas porque possuem um desejo muito intenso de acrescentar o pico culminante a sua coleção de troféus.

A natureza é vista como exterioridade, ora sendo assumida como "paraíso", em uma atitude mítica, ora assumida como "agressiva". Para ilustrar, cito o encarte dos Jogos Mundiais da Natureza (Governo do Estado do Paraná), cuja primeira versão foi realizada em setembro de 1997, e a segunda em setembro de 2001, ambas em Foz do Iguaçu (PR), no qual é destacado um "confronto direto homem-natureza".

Nessa ideia de "confronto homem-natureza" está embutida a percepção da natureza apartada do homem, a qual não é estranha na nossa sociedade, visto que os comportamentos aprendidos prevalecem sobre os inatos, criando a noção de que somos constituídos apenas pela cultura. Nesta perspectiva, assemelhar-se à natureza significa assumir o "selvagem", o indomado, aquele com características animalescas, enquanto estar na cultura significa estar controlado, disciplinado, educado.

Tuan (1980, p.96), contribuindo para esse debate, chama a atenção para nossa tendência em polarizar fenômenos como vida e morte, céu e terra, claridade e escuridão, sagrado e profano. Essa estrutura dualista, em algumas sociedades, recorta vários níveis de pensamento, afetando a organização social, sua cosmologia, arte e religião, podendo permear o meio ambiente, reforçando uma tendência guiada por índices visíveis de polaridade.

O autor argumenta, ainda, que para compreender a preferência ambiental de uma pessoa ou grupo seria necessário examinar sua herança biológica, educação, trabalho, espaço físico, entre outros. Conclui não ser possível distinguir nitidamente os fatores culturais e o papel do meio ambiente físico, indicando como os conceitos "cultura" e "meio ambiente" se superpõem, do mesmo modo que os conceitos "homem" e "natureza".

O homem contemporâneo vive profundas dicotomias. Dificilmente se considera elemento da natureza, mas sim apartado dela, como observador e/ou explorador; certas vezes como "nota dissonante", um componente depredador, como foi revelado em pesquisa realizada por Reigota (1995, p.74).

As visitas à natureza, traduzidas nas formas de acampamento, caminhadas, exploração de cavernas e montanhismo tornam-se cada vez mais frequentes, desencadeando uma série de atividades na natureza como o rafting, canyoning, boiacross, cascading, tirolesa e outros, que serão melhor explorados no Capítulo 3. O desenvolvimento de tais atividades foi possibilitado por aprimoramentos tecnológicos, os quais promoveram tanto o acesso a lugares antes inacessíveis (como o Everest, no Himalaia, ou as cavernas do Parque Estadual Turístico do Alto Ribeira – Petar, SP, no Brasil), quanto a possibilidade da prática com segurança.

O ecoturismo, denominação atribuída a essas viagens, ganha destaque como uma atividade de lazer que incorpora os conflitos e as contradições geradas no próprio ambientalismo. Mesmo considerando a possibilidade de ações limitadas, como apoio à comunidade e à localidade, às resistências locais e regionais, aos movimentos sociais e o respeito pela alteridade, o ecoturismo corre o risco da apelação por uma política sectária e estreita, na qual essas ações podem se perder.

Por outro lado, as atividades nas quais a pretensão do cunho ecológico é manifestada geralmente se restringem a fatores físico-bióticos do meio ambiente, relegando para planos de menor importância os aspectos socioculturais e político-econômicos característicos das populações locais. Portanto, a redefinição dos modelos de desenvolvimento pautada nos critérios ecológicos tem acontecido, como discutem Ribeiro e Barros (1997, p.39), "muito mais no sentido de uma adequação à ideia de 'equilíbrio com o meio natural' do que em relação à de justiça social, ao reconhecimento das populações humanas como os verdadeiros sujeitos do meio ambiente".

O ecoturismo privilegia áreas naturais apelativas do ponto de vista estético, "segundo valores ocidentais", como florestas, cachoeiras, rios extensos, canyons, discriminando áreas naturais *menos nobres*, como pântanos, brejos, cerrados etc., mesmo que reconheça que esses ambientes são essenciais para o funcionamento dos ecossistemas (Diegues, 1996). Essa atividade responde a concepções de vida, inspiradas no ambientalismo, apoiados em ideologias ambientalistas e/ou místico-religiosas.

Percebe-se uma forte ênfase nas posturas empresariais e políticas de planificação e gestão quando o discurso enfoca o turismo sustentável, desprezando aspectos relativos aos comportamentos sociais tais como expectativas e valores da população. Igualmente, não responde à necessidade de preservação dos recursos naturais para garantir a continuidade e a regeneração dos costumes e estilos de vida na busca do enriquecimento da experiência turística e nos benefícios advindos da mesma.

Nesse sentido, modos de vida local foram desorganizados como consequência dos desequilíbrios provenientes da especulação imobiliária e expulsão dos moradores tradicionais, dentre outros fatores. Após 1984, marco da reabertura política, algumas resistências surgem face às tentativas de expulsão das populações locais de seus territórios. Diegues (1996, p.136) aponta como causas dessa reação:

> A reorganização da sociedade civil brasileira, por meio de um grande número de movimentos sociais, o ressurgimento de um sindicalismo rural ativo, de organizações não-governamentais e um conjunto de alianças que incluem também parte do movimento ecológico tanto nacional quanto internacional.

Na mesma obra, Diegues ilustra com os pescadores do rio Cuiabá (próximo de Santo Antônio do Leverger), que sempre pescaram com canoas a remo e linhas de mão em locais profundos do rio, jogando milho ou outros alimentos atrativos para o peixe (processo conhecido como "cevar" na linguagem local). Até que surgiram os pescadores do sul, os quais utilizavam lanchas motorizadas e não cevavam o rio, depredando os recursos naturais. Os pescadores organizaram-se e impediram a entrada dos sulistas caso não utilizassem a técnica local, a qual exigia grande habilidade dos visitantes, sem utilização de âncoras. Com uma mão manejavam o remo e com a outra soltavam a linha. Posteriormente, essa área foi reconhecida pelo Ibama como de uso exclusivo dos pescadores locais, atribuindo-lhe o caráter de conservação dos recursos naturais.

Outro exemplo, agora de projeto malsucedido, foi a criação da Estação Ecológica Jureia-Itatins (litoral sul de São Paulo), local utilizado pelo ecoturismo. Apesar dessa criação ter resultado em benefícios importantes (por exemplo, o afastamento da especulação imobiliária), a ausência de definição de uma política de apoio pela Secretaria Estadual do Meio Ambiente relacionada a atividades econômicas e alternativas da subsistência dos caiçaras provocou o êxodo de parte dessa população. A falta de manutenção da escassa infraestrutura social existente na área (estrada, escola, posto de saúde), tem motivado a migração para regiões urbanas, onde os caiçaras se tornam subempregados e favelados; a miséria crescente faz com que parte dessa população se engaje em atividades predatórias dos recursos naturais, antes desconhecidas e não praticadas.

O ecoturismo tem estimulado experiências e encontros diretos com populações locais, provocando um deslocamento encenado da vida cotidiana na qual culturas são simuladas. Situação variável, dependendo tanto dos objetivos como do poder relativo das partes envolvidas. Por exemplo, os ecoturistas que desejam observar canibais ou índios podem obter uma visão asséptica recheada de emoções proporcionadas pelo "coração das selvas" e serem recompensados por aquilo considerado tema na imaginação popular: uma vista ao lugar do "outro", retornando aos confortos do hotel e ao aconchego do grupo no final do dia.

Featherstone (1997, p.166-8) traz vários exemplos, entre os quais o acordo firmado entre a MCI Incorporated e os Masai do Quênia, envolvendo salários, custo dos bilhetes de acesso, participação nos lucros das apresentações na TV e filmagens etc., permitindo àquele povo adquirir proventos, desempenhando perpetuamente o papel de Masais.

Em outras situações é possível a participação em uma base mais completa da vida tribal, como ocorre em algumas comunidades dos Inuit, no Alasca. O ecoturista mora com a tribo e participa de uma ampla gama de atividades. Não há barcos para refúgio e são aceitos somente indivíduos ou pequenos grupos, em bases regulamentadas e sob a supervisão de agências do governo. Assim, os Inuit usam a renda proveniente do ecoturismo para adquirir gêneros essenciais e equipamentos, com o objetivo de manter uma versão parcialmente modernizada de vida, porém com certa independência em relação ao seu estilo tradicional. A atual situação e os suficientes recursos permitem controlar as fronteiras da comunidade, revertendo em vantagens e mantendo o sentido de sua identidade cultural.

Outro exemplo refere-se aos Ainu, povo caçador e coletor, habitantes da maior parte da ilha japonesa de Hokaido. Na década de 1970 foi desenvolvido um movimento cultural Ainu, abrindo escolas para o ensino de sua língua e tradições. Em algumas aldeias foram implantadas estruturas tradicionais com a finalidade de produzir artigos artesanais, tornando os turistas testemunhas do seu estilo de vida tradicional, de modo que pudessem contribuir para atender os objetivos da reconstituição de sua identidade cultural.

No Havaí ocorreu o contrário: destruição do localismo, estigmatização e desintegração da língua e dos costumes, bem como das identidades étnicas, disseminando a população – que passou de 600 mil a 40 mil habitantes durante o primeiro século de contato. Desde 1970, o movimento cultural havaiano tem desenvolvido estratégias para reagir ao processo de longo prazo, que incorporou o Havaí à economia americana, buscando uma identidade e um estilo de vida.

O discurso sobre a afirmação da natureza como um direito de todos ("a natureza é de todos"),[3] não vem para responsabilizar o turista, mas para que este se coloque em igualdade de direitos com as populações dos diversos locais.

Ocorre uma dupla destituição das comunidades tradicionais no funcionamento desse discurso ecológico, referente aos aspectos jurídico e econômico.

---

[3] Obviamente este discurso encobre o fato de que, embora a natureza seja de todos, nem todos são verdadeiramente iguais, em um sistema em que as trocas são bastante desiguais.

Quanto ao primeiro, "pela afirmação generalizada dos direitos sobre a natureza, com a qual, nos lugares determinados, turistas e comunidades tradicionais, que não têm o mesmo vínculo, passam a ter os mesmos direitos", quanto ao segundo, "na afirmação da sua pobreza, que significa que a riqueza natural desses lugares não é a riqueza para as populações, mas para o turista" (Silva, 1997, p.149).

Comumente, o ecoturista estabelece vínculos frágeis com o lugar, e nesse sentido, recorro a Augé (1994) sobre seu espaço constituir-se no arquétipo do não-lugar, ou seja, constituído como não identitário, não relacional, não histórico, tecendo uma comunicação estranha, a qual coloca o indivíduo com outra imagem de si mesmo.

A popularidade de certos lugares ocorre pelas palavras que os evocam – "não-lugares" – ou seja, lugares imaginários, utopias banais, clichês. Tomo aqui, como ilustração, alguns trechos extraídos de um encarte de uma agência de ecoturismo, o qual estava circulando na época da realização das pesquisas já citadas intitulado "Brotas – a antiga cidade fantasma abriga o espírito de aventura", sobre a cidade de Brotas (SP), que tem desenvolvido bem o ecoturismo. Da reportagem, algumas passagens podem ser destacadas: "Renasceu nos meados dos anos 80, graças ao espírito de aventura. E hoje é a capital dos esportes radicais do Estado [...]. A ex-cidade fantasma se tornou o Éden do turismo de aventura [...]. Para quem, como eu, gosta de aventura, adrenalina e um fim de semana longe de São Paulo, junto a uma galera muito legal [...]. Enfrentar corredeiras, em um rafting animal [...]". Exemplos como esse ilustram o distanciamento necessário para criar o espetáculo, em uma série de visões "instantâneas", as quais ganham mais realidade no regresso da viagem, quando voltarmos a vê-las por fotos ou filmagens.

Na tentativa de conservação, algumas áreas naturais foram isoladas, e nesse isolamento pode ser identificado uma noção mítica de natureza. Diegues (1996) desenvolve um debate sobre essa temática denominada "mito da natureza intocada", em que elementos nos reportam ao ideal do paraíso perdido, da beleza primitiva da natureza anterior à intervenção humana. Esse ideal reelaborou não somente crenças antigas, mas incorporou elementos da ciência moderna como a noção de biodiversidade, das funções dos ecossistemas e de capacidade de carga.

Esse mito, juntamente de outros presentes na contemporaneidade, vem responder a uma necessidade social, revelando crenças e desejos, bem como uma realidade contraditória, a qual não pode ser expressa em conceitos. A proteção da natureza surge como necessidade imperiosa para a salvação da própria humanidade, em uma tentativa de "salvar as sobras" do mundo selvagem, devastado, em certos casos, de forma irreversível. Veio beneficiar as populações urbanas (nas quais o mito é mais persistente pela perda do contato cotidiano com a natureza e pelo distanciamento do trabalho no meio rural), valorizando, principalmente, as motivações estéticas, religiosas e culturais dos sujeitos, não considerando a natureza com um valor em si, digna de ser protegida.

No século XIX foi desenvolvida a concepção de um conservadorismo reativo, o qual atribuía ao mundo natural todas as virtudes e à sociedade todos os vícios, em uma reação contrária ao culturalismo (como já visto), que via na natureza a enfermidade do homem, uma ameaça de volta à selvageria. A primeira concepção orientou, segundo Diegues (1996), a ideia de parques nacionais desabitados.

Esse "mito da natureza intocada" está presente na representação simbólica da existência de áreas naturais intocadas e intocáveis pelo homem, nas quais ele é apenas visitante, não morador. Nesse mito moderno, ou neomito, elementos nos reportam à:

> Ideia do paraíso perdido, da beleza primitiva da natureza anterior à intervenção humana, da exuberância do mundo natural que leva o homem urbanizado a apreciar o belo, o harmonioso, a paz interior proveniente da admiração da paisagem intocada (Diegues, 1996, p.59).

Para Campbell (1993), os mitos constituem-se em metáforas da potencialidade espiritual do ser humano, e os mesmos poderes que animam nossa vida animam a vida do mundo. A mitologia nos relaciona com nossa própria natureza e com o mundo natural, do qual somos parte. Porém, quando visualizamos a natureza como mal ou possibilidade de lucro, estamos em desacordo com ela, em uma posição de controle, ou tentativas do mesmo. A consequência disso manifesta-se na devastação das florestas, na aniquilação de povos ancestrais, separando-nos da natureza.

Nessa discussão, Eliade (1977) toma a função do mito como a de fixação de modelos exemplares dos ritos e das ações humanas significativas, revelando a importância do homem em criar para além de sua própria reprodução. A nostalgia do paraíso denuncia-se nos atos mais banais do homem moderno, o qual experimenta periodicamente a necessidade de recuperar – nem que seja em fração de segundos – a condição da humanidade perfeita.

Discorrendo sobre o aparecimento e o desaparecimento da vegetação (ciclo natural), Eliade (1977) mostra como esses elementos sempre foram sentidos, na perspectiva mágico-religiosa, como um sinal da criação periódica do cosmos, tomando como exemplo o caso da árvore: ela mesma símbolo da natureza e da infatigável renovação.

As ideias de renovação, recomeço e restauração, embora manifestem-se em planos e formas diversas, tornam-se redutíveis à noção de nascimento, e esta, por sua vez, à de criação cósmica.

A primavera, que a cada retorno reatualiza a cosmogonia, é um bom exemplo. A ressurreição da vegetação corresponde a uma manifestação plena do universo, utilizando-se de sinais (flores, ramos, animais) às vezes exibidos em casa ou na rua, como prova de que a primavera chegou; não necessariamente a primavera natural, o fenômeno cósmico, mas a ressurreição da vida.

O tempo mítico descrito por Eliade (1977) projeta o homem em um tempo mágico-religioso, sem relação com duração, constituindo um "eterno presente", o que equivale dizer que, paralelamente a outras experiências mágico-religiosas, o mito reintegra o homem em uma época atemporal, em um tempo auroral, paradisíaco, para além da história.

Cito Giddens et al. (1997) questionando a natureza como algo que permanece imperturbado ou criado independentemente da atividade humana, preceitos que denotam uma falsidade, pois a natureza é subordinada aos planos humanos. O significado de "algo imperturbado" preserva traços relacionados a épocas longínquas associadas à sua separação da intervenção humana. A natureza foi personalizada em muitas tradições como o domínio dos deuses, espíritos ou demônios. Essa personalização significou certa independência em relação aos humanos, bem como uma fonte de mudança e renovação apartada da humanidade, porém com uma profunda influência sobre as vidas humanas.

O conceito de meio ambiente traz uma ideia oposta, ou seja, a natureza transfigurada pela intervenção humana. Falamos sobre meio ambiente por causa de uma completa socialização da natureza. Socialização significa mais que uma simples marca humana no mundo natural. A invenção da agricultura implica "limpar" o ecossistema de forma natural, com a finalidade de cultivo ou plantio; muitas paisagens consideradas belezas naturais, como algumas no Sul da Grécia, foram criadas pela erosão do solo após o cultivo da terra em tempos remotos (Giddens et al., 1997, p.97).

O mito da natureza intocada, que elimina a ação humana (ou simula a eliminação), despreza as sociedades nativas, criando uma disfunção forçada entre a natureza e a cultura tradicional, na qual os homens são proibidos pelo Estado do exercício de suas atividades e de seus saberes. Rompe-se, dessa forma, a simbiose entre o homem e a natureza, tanto no campo das atividades, das técnicas e da produção, como no campo simbólico. Fato costumeiramente observado nos parques nacionais e em outras áreas protegidas.

Tal visão traz consequências perniciosas para nossas concepções de natureza e de nós mesmos, pois sugere que a natureza é autêntica quando estamos inteiramente ausentes dela, portanto com a eliminação da história humana. Garrard (2006, p.103) cita o caso da implantação do Parque Yosemite, nos Estados Unidos, no qual o mito de "terra virgem desabitada" significou a expulsão dos índios Ahwahneechee e dos mineradores brancos que ali haviam morado e trabalhado.

Essa questão embute uma contradição, pois enquanto o espaço ideal do mundo selvagem é "totalmente puro", decorrente da sua independência dos seres humanos, o discurso sobre esse mundo ideal postula um sujeito humano cuja existência mais autêntica se situa precisamente nele. Igualmente nos exime da criação de responsabilidades e engajamentos no nosso cotidiano, o qual se torna irredimível nos termos desse ideal.

A experiência do mundo natural com seu possível deslumbramento reverente corre o risco de uma identificação com atividades de lazer que vendem essa "autenticidade" e mistificam o consumismo industrializado que as possibilita, implicando na probabilidade de sua mercantilização.

A visão do mundo natural como forma recreativa atrelada à imagem do selvagem e livre evoca, com facilidade, anúncios da Harley Davidson: "com um garanhão de crina longa disparando pela campina" (Garrard, 2006, p.121).

Embora a natureza possa transmitir a ideia contrária a uma visão de mundo e a uma ordem social industrializada e materialmente progressista, fabricantes dos veículos utilitários esportivos com tração nas quatro rodas têm se apropriado da mesma nas suas propagandas como sendo o "lar natural" desses veículos. Uma vez que estes requerem um poço de petróleo para alimentar seus motores gigantescos, a ironia desse fato sugere uma função ideológica do mundo natural, facilitando a legitimação do consumo ostensivo de uma classe e de uma nação privilegiada.

Por consequência, quando organizações defendem o cerceamento da natureza selvagem, na prática podem estar representando os interesses de moradores urbanos abastados e não dos trabalhadores rurais, privilegiando mais a indústria do lazer que indústrias extrativas ou agrícolas. Essas posturas referentes ao selvagem devem ser consideradas, pois há certa tendência em acentuar o espiritual e o moral, negligenciando as disputas de poderes que envolvem o mundo natural.

Frente a essas questões, Garrard (2006, p.105) propõe uma promoção da poética da responsabilidade em lugar de uma poética da autenticidade, explicando: "o problema fundamental da responsabilidade não está no que *somos*, como seres humanos, nem em como podemos 'ser' melhores, mais naturais, primitivos ou autênticos, mas no que *fazemos*".

Diegues (1996) revela como o denominado ecoturismo e as atividades na natureza estão imbuídos por esse mito. Áreas protegidas ("intocadas"), como o caso citado da Estação Ecológica Jureia-Itatins, favorecem populações urbanas visitantes para a realização dessas aventuras, sem garantias de retorno e melhorias para a população local, geralmente iletrada em sua grande maioria, isoladas geograficamente, sem poder político, mas que, como alerta Diegues (1996, p.68), são os "responsáveis pela conservação do chamado 'mundo natural'. Isso é mais grave quando se sabe que a permanência dessa população tradicional em seus *habitats* pode levar, de forma mais adequada, à conservação da biodiversidade".

Nas pequenas localidades há um saber incorporado sobre os ciclos naturais relacionados à reprodução e à migração da fauna, bem como sobre a influência da lua nas atividades de corte de madeira e da pesca. Nos sistemas de manejo dos recursos naturais, é proibido o exercício de atividades em certas áreas ou períodos do ano, tendo em vista a conservação das espécies. Por outro lado, a população desenvolve um sistema de representações, símbolos e mitos e com base neles agem sobre o meio. Diegues (1996, p.95) exemplifica por meio da crença nas entidades mágicas, as quais castigam aqueles que destroem as florestas (caipora/curupira, Mãe da Mata, Boitatá), os que maltratam os animais da mata (Anhangá), os que matam os animais em época de reprodução (Tapiora), os que pescam mais do que o necessário (Mãe d'Água).

Atitudes em relação ao selvagem e ao campo manifestam-se por expressões sofisticadas sobre o meio ambiente, originárias na cidade, como nos alerta Tuan (1980, p.288). O autor revela como raramente percebemos a ironia inerente na ideia de preservar o selvagem, pois o "selvagem" não pode ser definido objetivamente, constituindo-se tanto como um estado de espírito, como uma descrição da natureza: no momento em que podemos falar de preservação e proteção do selvagem, ele já perdeu muito de seu significado, por exemplo, o bíblico de assombro e medo e o sentido de uma sublimidade muito maior que o mundo do homem e não atingível por ele.

O símbolo atual do selvagem refere-se a processos ordenados da natureza mas, como estado de espírito, o selvagem encontra-se nas grandes cidades tentaculares.

Portanto, ocorre uma inversão das imagens: o selvagem sendo representado como ordem (ordem ecológica) e a liberdade, enquanto a cidade central é caótica, uma selva governada por párias sociais (Tuan, 1980, p.128).

A eliminação da presença humana em um modelo conservacionista, que despreza a presença humana e a cultura como elementos fundamentais para a preservação, alimenta distorções e desequilíbrios que podem ser notados quando, por exemplo, percorremos uma trilha na mata.

Para ilustrar, trago outro relato de Bryson (1999) na Trilha dos Apalaches, nos Estados Unidos, onde se manifesta uma fobia pelo contato humano. Os grupos que executam a trilha atravessam um "corredor protegido", sem contato com aldeias ou fazendas – situação criada pelo impulso histórico de domesticar e explorar a natureza. Comparando com as trilhas que havia percorrido em Luxemburgo, na Europa, Bryson relata como estas últimas cruzavam muitos bosques mas desembocavam, com poucos intervalos, em estradinhas ensolaradas e porteiras, atravessando campos de fazenda e aldeias. Assim, era possível parar em uma padaria ou no correio, ouvir o sino da porta de lojas bem como o som de diálogos. À noite era possível dormir em uma pousada e comer em algum restaurante com outras pessoas. As trilhas possibilitavam conhecer Luxemburgo de forma integrada e não apenas suas árvores.

Comparando com os Estados Unidos, Bryson (1999) declara como neste país a beleza tornou-se um lugar "aonde se vai de carro". Em relação à natureza, duas situações opostas podem ser observadas, ou seja, de um lado sua presença como algo sagrado e remoto, quase um epifenômeno (como o ocorrido na Trilha dos Apalaches) ou, de outro, uma subjugação impiedosa como resultado de um manejo descaracterizador (comumente ocorrido com a criação de parques temáticos). Concluindo sobre a necessidade da coexistência do homem e da natureza, o autor exemplifica com uma ponte que pode tanto realçar a grandiosidade de um rio como a graciosidade de um riacho e como uma trilha pode ser mais interessante e recompensadora se integrada à cultura local, possibilitando a aproximação com marcas humanas em harmonia com o ambiente, por meio de plantações, animais, pastagens, moradias e outros.

Essas discussões nos alertam para a necessidade de reavaliarmos nossa relação com a natureza, na qual nossos valores estão presentes. Tratamentos menos degradadores com o ambiente, que almejem preservação de recursos e cenários naturais para nossos usos e fruições, tornam-se insuficientes, como discute Brandão (1994, p.79). A atitude preservacionista pode ser utilitária e a lógica de proteção ambiental pode, ainda, estar na base de medidas destinadas apenas a tornar mais duradoura uma relação perversa e esgotada de subordinação e manipulação.

Vamos tomar como exemplo duas reportagens publicadas em revistas de circulação nacional relacionadas à nossa discussão. A primeira, da revista *Veja* (1994), intitula-se "Santuários do Brasil ecológico", e a segunda, da revista *IstoÉ* (1996), "A terceira onda".

A primeira indentifica o ecoturismo como uma nova maneira de viajar e passar férias e como um lazer no qual se combinam o gosto e a contemplação da natureza. Aponta o Brasil como um dos países com vocação nessa área, em que o ecoturismo representava, na época da reportagem, 5% de todas as viagens de lazer, segundo os cálculos da Embratur.

Prosseguindo, na mesma página o leitor terá a oportunidade de ler:

> Proteger a natureza, para o ecoturismo, vale a pena porque dá dinheiro. Um estudo patrocinado pelo Banco Mundial nos parques nacionais do Quênia, na África, descobriu que uma manada de elefantes gera cerca de US$ 600 mil por ano em turismo e que um elefante sozinho pode gerar uma receita de US$ 1 milhão durante uma vida de 60 anos. Usar o território habitado pelos elefantes para agricultura, em contrapartida, renderia apenas 2% do dinheiro com turismo proporcionado por eles.

A segunda reportagem refere-se à região amazônica como "conquista branca". Após o ciclo da borracha e a implantação da Zona Franca, o Amazonas lidera os estados do Norte no desenvolvimento sem agressão ao meio ambiente e o mais recente resultado do credo ecológico do governador tinha sido a contratação de José Lutzenberger, ex-secretário de Meio Ambiente. Este, segundo o texto, reconhecia que a crua racionalidade econômica oferece a melhor explicação para essas mudanças nas ideias. Com suas próprias palavras, "podemos ter um ganho inexcedível se a floresta for preservada". Prosseguindo, na mesma reportagem se lê que "de olho nessa mina, o governo do estado pretende obter financiamento internacional para construir em parceria com empresas privadas um grande complexo turístico, com hotéis de selva e parques temáticos no estilo do Epcot Center, da Disney".

Reagindo a essas posturas podemos pensar com Sousa Santos (2003) em uma utopia ecológica e realista, assentada em um princípio de realidade relativo à contradição crescente entre o ecossistema do planeta terra, que é finito, e a acumulação de capital, tendencialmente infinita. É utópica porque pressupõe não só a transformação global dos modos de produção, mas também do conhecimento científico, dos modelos de vida, das formas de sociabilidade e dos universos simbólicos, supondo uma nova relação paradigmática com a natureza.

Igualmente, podemos pensar com Maffesoli (2001b) em uma "ecologia do espírito"; uma atitude de pensamento considerando a natureza, sob suas diversas modulações, antes como parceira com a qual existe uma interação do que como objeto de exploração.

Ninguém está dispensado de jogar o jogo da ecologia do imaginário. Isso requer uma aproximação com a lógica da ambivalência desejante, onde quer que ela esteja, seja na cultura, na vida cotidiana, no trabalho, no esporte, de modo a reapreciar a finalidade do trabalho e das atividades humanas em função de critérios diferentes daqueles do rendimento e do lucro (Guattari, 1997, p.42).

Tomando as palavras de Augé (1998b, p.46) referindo-se à praia, talvez pudéssemos estendê-las para o ambiente natural de forma geral:

> Filmada ou não filmada, a praia continua sendo o lugar de futilidades essenciais. Na praia se passa o tempo e o tempo passado somente se recupera na praia. A imagina-

ção e a memória se confundem ali no consumo inocente do tempo perdido e recuperado. As recordações são na praia tão fictícias e tão verdadeiras como os sonhos. Ali, cada um se perde e se reencontra. Cada um faz ali sua própria película.

O homem subjugou a natureza por meio de um comportamento conquistador e controlador, explorando-a de acordo com interesses específicos. Foi privilegiada uma dimensão racional, com seus desdobramentos encontrando expressão no desenvolvimento científico e tecnológico. O produtivismo do modernismo não concretizou as promessas efetuadas, uma vez que se fundamentou em um modelo de sociedade patriarcal.

Manifestação diversa ocorreria em uma sociedade matriarcal, segundo Maffesoli (2001a, p.63), a qual estaria mais atenta às forças telúricas, ao vitalismo, ou, resumindo, apresentaria maiores possibilidades de desenvolver uma relação de parceria com a natureza. Ciente do esquematismo dessa análise, porém não se importando com isso, declara ser ela importante para ressaltar a presença contemporânea de uma sensibilidade ecológica permeada por valores femininos. Sensibilidade conectada ao que a existência humana tem de enraizada, de sensível, de corporal. Na sociedade matriarcal, o realce é colocado na dimensão emocional e afetiva da estruturação social. A partir dessa declaração, o autor demonstra a existência de uma "feminização do mundo pós-moderno" como um dos elementos impulsionadores dos deslocamentos e descentramentos que dão ênfase ao aspecto instituidor do novo ou do que está (re)nascendo.

3. Primeiro atalho: relações com o feminismo

A importância do feminismo (como relevante movimento crítico) foi demonstrada na compreensão pela busca contemporânea pela natureza. Parto do pressuposto de que os valores femininos penetraram nos poros dessa busca e, de certa forma, orientaram ações e significados relacionados com a mesma, como as atividades na natureza que estou privilegiando aqui.

Neste capítulo, exploro as ligações do feminismo com o ambientalismo e no Capítulo 4 enfoco as relações dos valores pertinentes a esse movimento com as atividades desenvolvidas na natureza, bem como a grande adesão feminina pelas mesmas.

Segundo Leis (1999, p.54), as abordagens mais tradicionais do ambientalismo enquadram-no em três formas diferentes, ou seja, como grupo de pressão ou interesse, como novo movimento social ou como movimento histórico. Na primeira perspectiva, constitui-se basicamente como *lobby*, exercendo suas demandas no bojo do sistema político. Na segunda, é visualizado como crítica e alternativa à ordem capitalista vigente, expressando, em suas ações, orientações éticas e normativas. Nesse sentido, diferencia-se dos movimentos e grupos sociais tradicionais, aproximando-se dos movimentos pacifistas e feministas. Na terceira, delata a sociedade atual como insustentável a médio ou longo prazo.

Ainda nessa direção, Leis mostra como a política verde despontou nos anos de 1970, pautada por quatro princípios básicos: ecologia, responsabilidade ou justiça social, democracia direta ou participativa e não-violência. O primeiro exige um conjunto de políticas destinadas a estabelecer uma boa qualidade de vida ambiental, baseada em uma relação equilibrada entre a sociedade e a natureza. O segundo constitui-se em um acesso para as demandas de justiça social provenientes dos setores populares da sociedade. O terceiro sofreu influências da alavanca impulsionada pelos movimentos emergentes das décadas de 1960 e 1970, não apenas ambientalistas, mas também pacifistas, de direitos humanos e civis, feministas, de defesa de consumidores. O quarto acompanhou o pensamento de autores como Ghandi e Thoreau, inspirando-se no princípio da não-violência, idealizado pelos "verdes", como resistência ativa a ser aplicada nos vários campos das relações humanas.

Embora inspirado no princípio da não-violência, nem tudo ocorre sempre dessa forma. Garrard (2006, p.110) ilustra com o autor Edward Abbey (*Desert Solitaire*), cuja obra *The Monkey Wrench Gang* inspirou a formação da organização ambiental Earth First! e outros grupos de ação direta. O entusiasmo de Abbey pelas armas, sua paranóia em relação ao governo federal e à "grande empresa", bem como o seu apoio à resistência violenta contra o poder autoritário corre o risco de aproximar os ambientalistas a milícias defensoras da sobrevivência.

Hall (1995), na discussão sobre o deslocamento da concepção moderna de sujeito provocando a desestabilização da identidade, aponta o surgimento de novas identidades, fragmentando o indivíduo moderno em uma posição contrária ao sujeito unificado. Essas questões são melhor discutidas no próximo capítulo, no qual abordo elementos relacionados às novas subjetividades da busca pela natureza. Porém, para a discussão empreendida neste capítulo, torna-se importante destacar que esse deslocamento, por meio de uma série de rupturas nos discursos do conhecimento moderno, apresentou alguns avanços na teoria social, dentre os quais destaco o impacto do feminismo tanto como crítica teórica como movimento social.

O feminismo insere-se nos novos movimentos sociais, emergidos durante a década de 1960 (as revoluções estudantis, os movimentos antiguerra e da contracultura revolucionária do Terceiro Mundo, os movimentos pacifistas e o ambientalismo). Esses movimentos caracterizavam-se por vários elementos (suspeitas das formas burocráticas de organização, oposição à política liberal do Ocidente e à política stalinista do Oriente, afirmação das dimensões "subjetivas" e "objetivas" da política, dentre outros), apresentando individualmente apelos para a identidade social dos que os apoiavam. Nesse quadro, o feminismo atraía as mulheres, assim como a política sexual atraía os homossexuais, as lutas raciais, os negros, o movimento antiguerra, os pacifistas etc., ou seja, uma identidade por movimento.

O feminismo desse momento mantinha uma relação mais direta com o descentramento conceitual do sujeito, pois questionava a distinção clássica entre interior e exterior, entre público e privado. O *slogan* feminista, revela Hall (1995), era "o pessoal é político". Esse feminismo abriu espaço para contestação política em novas arenas sociais, desde questões relacionadas à família (autoridade paterna e educação dos filhos), trabalho doméstico e sua divisão, sexualidade, profissão e lazer. Ele igualmente politizou a subjetividade, a identidade e o processo de identificação (homens/mulheres; mãe/pai; filho/filha), como demonstra o autor.

No início, direcionado para a contestação social feminina, o feminismo expandiu-se, incluindo a formação de identidades sexuais e de gênero, desafiando a noção de que homens e mulheres eram parte da mesma identidade, ou seja, da "humanidade" (Hall, 1995).

Para Eagleton (2004), a cultura aproxima-se mais de uma ideia feminina ("quente") do que masculina ("frio"). Portanto, afasta-se de um conceito "frio" (racional), comumente associado a "instituição" ou a outro assustadoramente gelado, como "gerenciamento de recursos humanos". O enfoque cultural valoriza o habitual e o afetivo, o "vivido" e o sensorial (algo que não importa para o Banco Mundial), conferindo ao adjetivo "empresarial" um sentido diferente, menos frio. Portanto, no deslocamento contemporâneo a que estamos assistindo no significado de cultura, de "viver civilizado" para "modo de vida singular e diferenciado", podemos detectar um deslocamento de enfoque de gênero com acentos mais femininos que masculinos.

Porém, o que é comunitário e aconchegante para alguns pode ser insuportavelmente tribal para outros, e a cultura pode ser não apenas criativa, mas claustrofóbica.

Devemos considerar que o feminismo inclui várias vertentes, algumas ortodoxas, que acentuam a dicotomia entre homens e mulheres e produzem um sujeito universal oprimido, ou seja, a mulher. As vertentes ortodoxas negligenciam as ambiguidades, os conflitos e as contradições envolvidas nessa relação de poder, em que posições são constantemente invertidas e negociadas, ressaltando apenas a história da dominação masculina e desprezando os papéis informais, as improvisações, a resistência das mulheres.

O compromisso do feminismo ortodoxo com a emancipação da mulher, endossando o ativismo político como estratégia de libertação, produziu resultados enviesados. Como exemplo temos o trabalho de pesquisadores feministas negros que criticam os feministas brancos por estes tornarem a variável da raça invisível. Igualmente as mulheres que lutam por emancipação, quando incorporadas ao mundo masculino, passam a ser coniventes com um espaço caracterizado pela competição, agressividade e negação dos sentimentos (Rojek, 1995).

Por outro lado, o envolvimento das mulheres na educação, no planejamento do espaço urbano, na preservação da natureza e em muitas outras áreas "suavizou" não apenas os valores atribuídos ao masculino mas também ao feminino, contribuindo para criar alternativas em relação à organização das vidas pessoal e pública.

O feminismo menos ortodoxo apontou as contradições do movimento, esclarecendo que o acesso às funções masculinas não é suficiente para garantir igualdades e que a igualdade compreendida como integração unilateral no mundo dos homens não significa liberdade (Garcia e Abramovay, 1997). A incorporação das mulheres à esfera pública significa muitas vezes o abandono de uma identidade particular em nome de uma universalidade que lhes é alheia. Daí a resistência de algumas mulheres em assumirem certos cargos públicos ou políticos; uma maior adesão feminina exigiria uma mudança de perspectiva na tradicional concepção de política e, consequentemente, novas formas de fazer política e se relacionar com o poder.

Para ilustrar os valores masculinos na nossa sociedade, podemos tomar o caso do futebol, ainda apontado por muitos como "coisa para homem" apesar da adesão por um grande número de jogadoras nas duas últimas décadas.[1] Flores (1982, p.239) nos elucida sobre o que caracteriza o comportamento do "bom jogador" de futebol:

---

[1] No livro *Futebol, Carnaval e Capoeira: entre as gingas do corpo brasileiro,* desenvolvi uma sessão somente para tratar da presença feminina no futebol (Bruhns, 2000b).

Jamais deve temer o adversário fisicamente, deve exercer seu "direito" de retaliação quando agredido fisicamente; não deve fraquejar diante de uma derrota [...] A violência é legitimada pela torcida, especialmente quando há iminência de gol, quando os adversários tentam levar a equipe por quem ela torce ao ridículo.

Se o futebol é considerado um espaço ameaçador, de brigas, marginal, coloca-se no domínio masculino, pois aí se exercita o confronto com a polícia, no qual se afirma tanto a suposta almejada superioridade masculina (a qual foi historicamente cobrada pela sociedade) quanto a marginalidade.

Elementos como sensibilidade, estética, entrega, medo, fragilidade não constituem o repertório dos valores masculinos enquanto suposto "sexo forte", os quais podem ser identificados como dominação, potência, frieza, racionalidade e outros.

Evidentemente essas atribuições estanques a respeito de comportamentos masculinos e femininos (agressividade x solidariedade) devem ser cautelosas, pois podem reificar ainda mais algo que se pretendia dissolver. As supostas diferenças dependem muito do contexto em que ocorrem, conforme Costa (1994).

Por outro lado, não podemos ignorar que a identidade sexual está baseada em uma interpretação binária, que opõe boa e má sexualidade. Essa visão binária do mundo e das relações de gênero traz uma identificação do masculino e do feminino como termos opostos, ainda que complementares. Dessa forma, atributos considerados femininos são positivos se encontrados em mulheres, mas desqualificam os homens que os possuem, o mesmo ocorre com a masculinidade em relação às mulheres (Torrão Filho, 2005).

A necessidade de incorporar parâmetros não-racionais à nossa leitura do mundo nos aproxima de valores considerados mais femininos do que masculinos pela sociedade ocidental, como a sensibilidade, a fraqueza, a tolerância, a solidariedade, entre outros, embora devamos considerar que estes valores merecem receber tratamento contextualizado, uma vez que suas construções históricas requerem tal tratamento.

Para ilustrar o tema, é interessante trazer um relato de Botton (2003, p.146) sobre a obra *Poema em dois volumes*, de William Wordsworth, cuja mensagem propunha a natureza como cura para os danos psicológicos infligidos pela vida na cidade. Esta mensagem fora, inicialmente, acolhida com resistência violenta, a qual pode ser ilustrada pela crítica de Lord Byron, em 1807, perplexo com o fato de um homem adulto realizar afirmações como as de Wordsworth em nome de flores e animais.

Sousa Santos (2002, p.88) mostra que os estudos feministas, nos últimos vinte anos, vêm denunciando o fato de, nas concepções dominantes das diferentes ciências, a natureza ser um mundo de homens,[2] organizado de acordo com princípios ocidentais e masculinos socialmente construídos, como os da guerra, do individualismo, da concorrência, da agressividade, da descontinuidade com o meio ambiente. Surge daí a incapacidade, ou a resistência, desse mundo em admitir concepções alternativas. Exemplificando, Sousa Santos mostra como a explicação "natural" do cientista androcêntrico na interpretação da ausência de comportamento competitivo no reino animal é considerá-la fuga à competição e raramente um comportamento cooperativo.

Ainda neste sentido, o autor argumenta que além de ocidental e capitalista, a ciência moderna é sexista, uma vez que o binômio cultura/natureza incorpora uma série de dualismos como abstrato/concreto, espírito/corpo, sujeito/objeto, ideal/real. Nesses dualismos, o primeiro pólo é considerado dominante e associado com o masculino. Embora não seja uma associação contemporânea, mas ocorrida ao longo da história, a ciência moderna tornou esses dualismos mais eficazes, pois o falso (e hegemônico) universalismo de sua racionalidade cognitivo-instrumental tem como característica particular transformar experiências dominantes (de classe, sexo e raça, dentre outros) em experiências universais (objetivas). Nesse enfoque, o masculino torna-se uma abstração universal, fora da natureza, enquanto o feminino refere-se a olhares carregados de particularismos e de vinculações naturalistas.

Essa ênfase na dimensão natural do feminino criou uma série de discriminações e exclusões, não apenas com relação ao gênero, como também a raça, sexualidade e outras etnias. Porém, como alerta Sorj (1992, p.150), atribuir ao natural uma dimensão virtuosa e pura é partilhar de uma ingenuidade desconhecendo a natureza, a qual tanto pode ser fonte de vida como de morte, de criação como de destruição, de prazer como de sofrimento.

---

[2] Como coloca o autor: "o reino animal está cheio de machos avidamente promíscuos em perseguição de fêmeas que se mantém passivas, lânguidas e expectantes até escolherem um parceiro, o mais forte ou o mais bonito" (Sousa Santos, 2002, p.88).

Essa dimensão virtuosa foi ironizada por Haraway na sua entrevista para Kunzru (2000, p.25) ao denominá-la "feminismo da deusa", ou seja, aquele que prega o encontro da liberdade feminina relacionada ao desprendimento das inovações contemporâneas e a descoberta da suposta conexão espiritual com a Mãe Terra. Isso resulta no interesse por parte de algumas mulheres de se afirmarem como "mãe natureza", em um retorno a um passado mítico e pré-tecnológico. Nesse aspecto, conclui Haraway, "prefiro ser uma ciborgue a ser uma deusa" (Kunzru, 2000, p.25).

A crítica feminista, na busca por respaldo teórico em trabalhos não marxistas, aproximou-se das obras de Foucault, Derrida e Freud, entre outros, explicitando que a opressão tem muitas faces e não se prende mecanicamente à questão da classe. Como expõe Rago (1995/1996), ao lado de outros movimentos sociais dos anos de 1960, como o movimento dos negros e dos homossexuais, essa crítica adquire uma enorme importância ao questionar a organização sexual, social, política, econômica e cultural de um mundo bastante hierárquico, autoritário, branco e excludente.

Os estudos feministas promoveram uma severa crítica sociocultural, questionando os tradicionais valores da razão, do sujeito e do conhecimento, apontando a necessidade da incorporação dos valores considerados femininos no tratamento dessas questões, trazendo uma alternativa para reverter situações de exploração, dominação social e agressões – incluindo aquelas relacionadas à devastação do planeta. Ao denunciarem as desigualdades de gênero, como expõe Manini (1995/1996), criticam as categorias universais de sujeito masculino e do conhecimento objetivo. Criticar totalidades e estereótipos universais é uma opção teórica dos estudos feministas.

Essa crítica levou para a arena política temas considerados da esfera privada, como sexualidade, maternidade, violência doméstica, entre outros. Causou um impacto no sistema sociopolítico na medida em que questiona a divisão binária entre público e privado refazendo concepções sobre os mesmos, incorporando a experiência concreta de vivência da condição feminina, e mostrando que no emaranhado de interações que envolvem as complexas relações sociais não há limites estanques para o que é próprio da natureza ou da cultura. A consciência da politização do privado, das relações de gênero, da multiplicidade de sujeitos, bem como de processos históricos de construções das subjetividades, foi somada à crítica de valores considerados estanques como natureza e cultura, público e privado, sujeito e objeto, razão e emoção. Dualidades estas que requerem uma superação.

Reforçando valores como sensibilidade, solidariedade e a "gratuidade", a crítica feminista promove um impacto sociocultural revolucionário, criativo, em todas as áreas da existência, nas relações pessoais, nas profissionais e nas decisões políticas relacionadas a decisões sobre a paz e a sobrevivência das espécies.

Dessa forma, no Fórum Global Rio-92, no Planeta Fêmea (ONG do movimento de mulheres), além de inclusão e apelo por necessidades de participação, a defesa foi em prol de um "olhar feminino" sobre o mundo (Garcia e Abramovay, 1997, p.55). Esse olhar alertaria para a necessidade do combate à pobreza; para a importância da localidade sobre os recursos naturais; para as relações assimétricas entre o Norte e o Sul do planeta; sobre o caráter predatório dos estilos de consumo provenientes de alguns países.

Chamando a atenção para o caráter esgotável dos recursos da Terra, bem como para a fragilidade do seu equilíbrio, os ecologistas afirmam a necessidade de redefinição da relação entre homens, mulheres e natureza, pois talvez seja pela mediação do feminino emergente que a retomada do diálogo possa se efetuar. Empenhar-se em vencer polaridades, tanto das relações de gênero como de categorias de pensamento, implica lidar com problemas teóricos de mudança, ruptura e descontinuidades históricas, bem como redefinição dos processos de subjetivação (Dias, 1994, p.381).

4. Segundo atalho: ecofeminismo

Vale ressaltar a corrente do ecofeminismo que procura incorporar a visão das mulheres às discussões acerca da problemática ambiental e tem orientado movimentos ambientalistas e feministas em várias partes do mundo. Dando importância para o que não é "economicamente relevante", como a cultura local, qualidade e concepções de vida, o movimento promove o questionamento sobre visões de crescimento baseadas unicamente em critérios como renda, produtividade, produção e consumo.

O ecofeminismo surgiu de diversos movimentos e destacou-se a partir de 1980, desembocando na primeira conferência feminista "As mulheres e a vida na Terra: uma conferência sobre o ecofeminismo na década de 80", em março de 1980, em Amherst. Tal como escreveu uma das organizadoras da Conferência, Ynestra King (apud Mies e Shiva, 1993, p.25):

> Somos um movimento com uma identidade feminina e acreditamos que temos uma tarefa especial a desempenhar nestes tempos ameaçados. Vemos, como uma preocupação feminista, a devastação da Terra e dos seus habitantes pelos guerreiros empresariais e a ameaça do extermínio nuclear pelos guerreiros militares. É a mesma mentalidade machista, que nos negava o direito aos nossos próprios corpos e à nossa sexualidade, que depende de múltiplos sistemas de domínio e do poder de estado para obter o que pretende.

Essa fala, como as de muitas outras ecofeministas, deve ser considerada com ressalvas, pois traduz uma incapacidade de reação da mulher ao longo da história, bem como um tratamento da mulher como objeto manipulado. Trata de mulheres, natureza, povos e países como "colônias do homem branco", o qual promove "onipotência tarada".

Para uma análise mais realista e que considere as barganhas que sempre existiram entre espaços masculinos e femininos, deveríamos incorporar a dissolução da definição entre homens e mulheres baseada na dicotomia dominação-submissão, buscando uma combinação complexa que envolva áreas de influência ou autonomia com graus diversos de imposição e aceitação de autoridade real ou formal, como já dito. Igualmente, deveria ser considerada a relação de poder envolvida no próprio movimento feminista, bem como entre as próprias mulheres por meio de subjugações e discriminações que envolvem *status* e posições socioeconômicas.

O ecofeminismo aglutina várias vertentes, como elucida Siliprandi (2000, p.64), desde as mais anarquistas, socialistas até as mais liberais e as que apoiam ações políticas institucionalizadas. Vertentes espiritualistas e mesmo esotéricas também podem ser encontradas, o que indica a necessidade do resgate de práticas "mágicas" de conhecimento da realidade, exercidas por mulheres do passado, como forma de reconstrução de uma identidade feminina perdida ao longo da história. Essas vertentes de cunho esotérico e essencialista contribuíram para a desvalorização do movimento, embora devam ser compreendidas no contexto mais amplo das consequências causadas pelas desigualdades e tratos diferenciados sofridos pelas mulheres.

Vale lembrar que as mulheres buscam o reflexo de sua identidade no outro, isto é, na dimensão social do masculino e na cultura, pois assim é que se constituem como sujeitos diferenciados. Como alerta Di Commo (2003), a identidade feminina não se constrói apenas na similaridade, mas, como qualquer outra, no antagonismo e na diferenciação.[1]

Algumas críticas feministas analisaram obras literárias sobre o sublime, nas quais este é associado a sombra, escuridão, medo, temor, cavernas, abismos, borda de precipícios e fissuras de terra. Portanto, enquanto o belo evoca o

---

[1] No próximo capítulo, o assunto da construção da identidade é retomado, em uma abordagem mais minuciosa das novas subjetividades atreladas à busca contemporânea pela natureza.

sentimento de prazer, o sublime associa-se ao assombroso, ao espaço onde os movimentos ficam suspensos, com certo grau de pavor. O belo é amado pela sua pequenez, maciez e delicadeza e o sublime é admirado por sua vastidão e sua força esmagadora. Essas críticas demonstraram, segundo Garrard[2] (2006, p.95), que as qualidades associadas ao sublime e ao belo sofreram marcas de gênero, concluindo, "talvez com menos justiça", que "o momento sublime é peculiarmente masculino". Como o feminino e o belo são denegridos quando comparados com o sublime masculino, essas críticas afirmam que também as mulheres foram excluídas do contato com o mundo natural, no qual estão quase inteiramente ausentes.

Ainda assim não é possível presumir, segundo o autor, que a ideia de mundo natural exclua intrinsecamente as mulheres, da mesma maneira que o sublime não ficou reservado aos poetas românticos do sexo masculino. Toma como exemplo a obra de Mary Austin, em que esta desenvolve a concepção de um mundo selvagem para se habitar e não para passar temporada, por exemplo, no *Walden,* de Thoreau (2001): "o jeito do interior cria os costumes da vida de lá, e a terra só pode ser habitada à maneira dela".

Garrard (2006, p.111) reporta-se à crítica ecofeminista Vera Norwood, que destaca no trabalho de Austin processos interativos entre a natureza e a cultura, pois a cultura humana é afetada pela paisagem, introduzindo mudanças. Para Norwood, as mulheres escrevem de forma diferente sobre o mundo natural, vivenciando mais uma imersão que um confronto, mais um reconhecimento que um desafio.

A preocupação comum relacionada ao sentimento de responsabilidade na preservação das bases da vida e sua destruição uniu mulheres de todo o mundo pertencentes a diversas etnias, credos, classes sociais. Nesse processo também surgiram análises, conceitos e visões semelhantes, que colocaram em pauta o conceito, bem como o questionamento, de emancipação relacionada ao progresso da ciência e da tecnologia, o qual provocou a degradação ecológica e representou um afastamento da natureza. A busca da emancipação feminina por meio da mesma lógica era contraditória. Assim, o ecofeminismo compreende que a emancipação feminina não pode ser alcançada

---

[2] O autor está tomando como referência a obra de Edmund Burke (1729-1797), *Investigação filosófica sobre a origem de nossas idéias do sublime e do belo.*

isoladamente, mas tão-somente enquanto parte de uma luta mais vasta pela preservação da vida no planeta.

Quando a busca de igualdades baseia-se unicamente em condições econômicas, o modelo vigente das relações entre humanidade e natureza não é questionado, o caráter destrutivo permanece enquanto permanecer tal modelo. A transformação exige novos valores e concepções de mundo, requisitando acessos mais igualitários, com o reconhecimento das diferenças. A perspectiva ecofeminista propõe mudanças do padrão de arrogância para um padrão mais amoroso com o mundo e seus habitantes, mantendo diferenças; portanto, um padrão não baseado em uma ética de "unidade na igualdade", a qual afirma a semelhança (uniformização) e a abstração ("as mulheres", "os homens" etc.).

O ecofeminismo traz um conceito de gênero no qual a mulher não é apenas diferente do homem, mas é distinta, com uma prática concreta de vivência da condição feminina. Imbricações entre o biológico e o sociocultural não podem ser desprezadas nessa vivência definidora da experiência, em que não há limites estanques entre o que é próprio da natureza ou da cultura.

O novo modelo propõe o alastramento de características antes consideradas femininas, para todos, desenvolvendo uma maneira mais sensível de olhar o meio ambiente, desprezado em nome de certa racionalidade. Essa sensibilidade resgatada – embora igualmente presente nos homens, mas não tão exercitada e valorizada quanto nas mulheres –, poderia colaborar para um ser humano, independentemente do sexo, consciente de ser parte da natureza (Di Commo, 2003).

O ecofeminismo representa um movimento político que supera o anterior "princípio feminino", calcado no culto da mulher frágil e sentimental associado à "natureza", em oposição ao homem racional associado à "cultura", provocando sujeitos idealizados. Reagindo contra a exclusão da cultura, as mulheres colocaram-se ao lado da natureza, criticando as formas destrutivas e dualísticas da cultura.

Concomitantemente, as categorias tradicionais que estruturam o poder e o significado do patriarcado na relação natureza e cultura foram superados, situando a produção e a cultura em um contexto de regeneração, em que a produção deve ser pensada junto da reprodução, evitando a destruição.

Algumas ecofeministas defendem o exercício da política no cotidiano, transformando relações fundamentais, mesmo que essa ação atinja somente uma localidade específica. Elas consideram essa política mais efetiva quando comparada ao enfrentamento dos jogos macros de poder dos homens, pois não concordam com suas regras.

Esse movimento enfatizou igualmente uma dimensão espiritual, e essa ênfase na espiritualidade reside na redescoberta do aspecto sagrado da vida, estando a preservação relacionada com tal redescoberta. De acordo com Mies e Shiva (1993, p.29), essa qualidade "não está localizada em uma divindade do outro mundo, em uma transcendência, mas na vida cotidiana, no nosso trabalho, nas coisas que nos rodeiam, na nossa imanência".

Nessa perspectiva, a Terra é a condição para a regeneração da vida da natureza e da sociedade tanto quanto a renovação da sociedade envolve a preservação da integridade da Terra, implicando uma relação sagrada com a mesma.

Para as comunidades cujo sustento provém da terra, o planeta não é uma mera propriedade física situada no espaço, mas a fonte de todos os sentidos, corporizando o lar ecológico e espiritual.

Um exemplo emblemático sempre lembrado quando essas questões são trazidas refere-se ao movimento Chipko Andolan, no Himalaia, fundado em 1973, que se fez conhecido mundialmente quando as mulheres de lá abraçaram as árvores dos bosques próximos às suas aldeias para impedir o desmatamento. Os Chipko sentiram que espiritualidade e preservação deviam e podiam caminhar juntos, assim como ocorre com grande parte do ambientalismo na Índia.

Em uma entrevista de Shiva (Mies e Shiva, 1993, p.325), quando uma habitante local pertencente ao movimento Chipko foi questionada sobre algo que queria preservar, ela respondeu que eram a liberdade, as florestas e os alimentos, pois, na sua ausência, ficariam pobres, não seriam nada. A produção de alimentos significa prosperidade, além de garantir seu próprio modo de vida, sendo as florestas essenciais como fonte de fertilizantes e forragens. A fonte de poder (*shatki*) vem das florestas e dos prados. Do crescimento das florestas com seu *shatki* interior, retiram a força, como também o fazem bebendo as águas puras das correntes sempre renovadas. Essa natureza não somente fornece o alimento para o corpo, mas igualmente uma força moral; eles são seus próprios mestres, controlando e produzindo a própria riqueza.

No movimento Chipko igualmente manifesta-se um conflito entre uma perspectiva de subsistência e sobrevivência e outra mercadológica e monetária. Enquanto as mulheres abraçavam as árvores e queriam preservar a base da sua subsistência, alguns homens defendiam a modernização e o trabalho assalariado.

Muitos adeptos do ecoturismo, das peregrinações, travessias e caminhadas provavelmente já abraçaram árvores ou viram alguém abraçando, no sentido de "sentir vibrações da natureza", "receber a força" da mesma ou em uma tentativa de "comungar-se" com seus elementos.

Esse aspecto religioso pode ser notado em vários depoimentos relacionados a momentos de êxtase ou recolhimento frente a alguma paisagem específica, por exemplo, o relato de Breashers (2001, p.21), alpinista conceituado, no livro sobre sua filmagem no Everest, no qual coloca suas impressões sobre a montanha:

> Tinha 12 anos quando vi a famosa foto de Tenzing Norgay de pé no cume do monte Everest. Daquele momento em diante, passei a associar a escalada do Everest com a capacidade humana de sentir esperança. De fato, não existe nada mais estimulante, mais purificador, do que se ver parado em um cume a mais de 8.800 m acima do nível do mar, descortinando todo o planeta. Antes de maio de 1996, eu já escalara o Everest duas vezes e nas duas ocasiões experimentei aquela sensação singular de renascimento que a montanha proporciona [...] mas o Everest também oferece a irrevogabilidade da morte.

A liberdade do errante não é a do sujeito administrador de si e do mundo, mas daquele que busca, de um modo místico, "a experiência de ser". Essa experiência é antes de tudo comunitária, no sentido de necessitar do outro, que pode ser o pequeno grupo ao qual se aderiu, o grande Outro da natureza ou uma divindade (Maffesoli, 2001b).

Apresento a seguir um depoimento de S., espeleólogo e organizador de grupos, no qual ele relata um caso ocorrido durante uma viagem ao Petar:

> [...] Estávamos na caverna e, de repente, vi uma moça passando argila no corpo. Tirou o macacão – estava de biquíni – e começou a encher o corpo de argila. Então falou: "eu nunca podia imaginar que eu fazia parte da terra – achei emocionante". Encheu o corpo de argila e foi andando, entrando na água, deixando a argila sair normalmente do corpo. Disse que, para ela, a sensação de estar nas profundezas era muito gratificante, mas a oportunidade de tirar argila dessa profundeza para colocar no corpo era muito mais.

Como dito anteriormente, o ecoturismo às vezes relaciona-se a concepções místico-religiosas e aqui faço um paralelo com essa espiritualidade do ecofeminismo e do ambientalismo, valendo-me das considerações de Leis (1998).

Embora alguns ambientalistas tenham reconhecido a importância da dimensão espiritual na crise ecológica, somente a partir de 1990 houve maior empreendimento para compreender suas implicações espirituais.

Analisando o Fórum Global Rio-92, realizado no Brasil, Leis (1998) verificou que 15% dos encontros do evento tiveram conteúdo espiritual ou religioso, igualando-se ao número do movimento de mulheres e das atividades científicas. Nunca tantos grupos religiosos haviam participado de um evento internacional.

Quatro exemplos são ilustrativos dessa participação no Fórum. O primeiro foi o discurso final do então Secretário Geral das Nações Unidas, Boutros-Ghali, detendo-se na relação espiritual das culturas antigas com a Terra e a importância desse resgate para a preservação do planeta. O segundo foi a declaração da Carta da Terra, assinada pelos membros do Fórum Internacional de Organizações Não-Governamentais, na qual se lê:

> Nós somos a Terra, os povos, as plantas e animais, gotas e oceanos, a respiração da floresta e o fluxo do mar. [...] Nós aderimos a uma responsabilidade compartilhada de proteger e restaurar a Terra para permitir o uso sábio e equitativo dos recursos naturais, assim como realizar o equilíbrio ecológico e novos valores sociais, econômicos e espirituais. Em nossa inteira diversidade somos unidade. (Leis, 1998, p.44)

O terceiro exemplo diz respeito ao relatório apresentado pelo Fórum de ONGs e Movimentos Sociais Brasileiros na afirmação de sua parte introdutória: "Qualquer solução para a crise do meio ambiente deve, portanto, estar alicerçada em uma abordagem que promova o equilíbrio espiritual da sociedade e a harmonia interna do indivíduo, dos indivíduos entre si, e destes com o meio ambiente".

O quarto exemplo, bastante significativo, foi a ocorrência do evento inter-religioso de caráter ecumênico, a vigília "Um novo dia para a Terra" organizado pela ONG Instituto de Estudos da Religião (Iser), do Rio de Janeiro. A vigília ocupou os espaços cobertos do Fórum Global durante uma noite e certamente foi o maior (pelo número de participantes) e o mais importante (pelo impacto na sensibilidade do público) de todas as atividades paralelas à reunião oficial governamental. Reuniram-se líderes e discípulos de numerosas e variadas igrejas e tradições espirituais do planeta para testemunhar uma humanidade unida espiritualmente na tentativa de buscar soluções para os problemas ambientais colocados na agenda do Fórum.

Porém, essa comunhão ética e espiritual ficou esquecida ou transformou-se em excesso de retórica no momento de redigir os documentos oficiais. A linguagem científica e diplomática assumiu implicitamente uma posição técnica e supostamente neutra para expressar os problemas, desprezando a linguagem poética – legado do período histórico da modernidade, que praticamente eliminou a ética e a espiritualidade dos assuntos relacionados com o sistema econômico e político.

Evitando confundir espiritualidade com cristianismo (matriz e presença dominante indiscutível no Ocidente), Leis (1998) busca no filósofo William James a compreensão de vida religiosa ou espiritualidade. Segundo o filósofo, esta ocorreria, em primeiro lugar, nos casos em que a união ou a relação harmônica com um universo mais espiritual e superior fosse o verdadeiro objetivo. Em segundo lugar, quando a comunhão íntima com o espírito transcendental (seja Deus, o Sagrado ou a Lei) constitui um processo que produz resultados mentais ou materiais positivos.

Assim, o autor propõe evitarmos a espiritualidade como paixão, inspirada e marcada por fundamentalismos religiosos e científicos dos medievais e dos modernos, pois a espiritualidade de indivíduos maduros é mais complexa. Inspira-se tanto na beleza como na verdade, na liberdade como na responsabilidade, na coerência como na arbitrariedade.

Mesmo considerando ingênua a crença dos que pretendem voltar ao paraíso à custa da natureza, deveríamos embarcar na aventura e aproveitar os paradoxos do presente, que possibilita integrações sincréticas entre perspectivas materialistas e espiritualistas, sensíveis e intuitivas, reconhecendo a incompletude e imperfeição da espécie humana e aproveitando o mistério da cooperação entre seres desiguais e diferentes. Em suma, como afirma Leis (1998, p.57), "ainda temos que aprender a amar de modo complexo".

Antes do domínio do cristianismo, acreditava-se que a natureza era protegida por diversos espíritos. Porém, a crença em um homem feito à imagem de um único Deus (voluntária ou involuntariamente, a humanidade seria uma espécie "escolhida") retirou da natureza qualquer força espiritual, permitindo sua exploração quase sem restrições. Essa crença monoteísta, que concentrava o sagrado na espécie humana, transformou a natureza em profana.

O caráter mais contemplativo e biocêntrico de outras tradições espirituais em relação à natureza derivam da ausência (ou de uma maior relatividade) de um deus criador único. Retomando aqui o caso do movimento Chipko, suas raízes históricas encontram-se no grupo espiritual Bishnois do Rajastán, surgido na Índia do século XV. O grupo considerava um dever religioso a proteção de animais selvagens e árvores. A rigor, como expõe Leis (1998), esse movimento seria um contraexemplo em relação aos equivalentes ocidentais, o que permite deduzir que o fato facilitador de uma convergência prematura na cultura indiana entre ambientalismo e espiritualidade foi sua forte tradição espiritual politeísta.

Uma experiência mais integrativa incorporaria uma espiritualidade menos antropocêntrica e que almeje uma convergência das vertentes monoteístas e politeístas, assim como o reconhecimento de seus diferentes papéis histórico-civilizatórios.

Pesquisadores dos temas da natureza e/ou dos vínculos entre sociedade e natureza, além de vários grupos ambientalistas, estão assumindo essa religiosidade. O falecido astrofísico Carl Sagan, com outros 22 conceituados pesquisadores (dentre os quais estavam o biólogo Stephen Jay Gould, o físico Hans Bethe e Jerome Weisner – ex-presidente do MIT), participou de uma conferência sobre meio ambiente e desenvolvimento realizada em 1989, em Moscou, para exortar as lideranças presentes a unir esforços da ciência e da religião para resolverem os problemas ambientais (Leis, 1998). O tema da sacralidade da natureza sugere uma espiritualidade renovada, tendendo a dissolver as fronteiras entre as diversas vertentes religiosas e entre estas e a ciência.

O ambientalismo requer um grau complexo de espiritualidade que promova uma reaproximação do encantamento para com a espécie humana e suas formas sociais, em conexão com a natureza. O ambientalismo não deve basear-se apenas em uma pedagogia racional (que acreditava que a solução viria da mesma matriz danosa que se tenta evitar), tampouco em uma pedagogia bucólica que tenta resgatar os vínculos com o passado como proposta de mudança. Deve basear-se em um olhar sobre a natureza (assim como sobre nossa natureza humana), em como ela é (e sempre foi) na sua beleza e harmonia, e também na sua crueldade e conflitos.

A partir das primeiras civilizações urbanas, a espiritualidade desenvolveu-se por meio de duas formas opostas e até contraditórias,[3] sendo a primeira fortemente vinculada à vida natural e, a segunda, à vida social. Para a primeira vertente, a felicidade humana não depende da transformação e da exploração da natureza, mas da adaptação aos desígnios da mesma. A cultura ocidental foi construída em oposição a essa vertente. Não temos dificuldade em condenar um sujeito por cometer atos bárbaros contra seus semelhantes (por exemplo, no holocausto). O mesmo não ocorre tão facilmente quando esses atos afetam outras espécies, como os animais.

Porém, como expõe Haraway (2000), na cultura norte-americana do final do século XX a fronteira entre o humano e o animal foi rompida e as últimas fronteiras em defesa do privilégio da singularidade humana estão desmoronando. Nesse sentido, nem a linguagem, nem o uso de instrumentos, muito menos o comportamento social ou os eventos mentais estabelecem, de forma convincente, a separação entre o humano e o animal. Algumas correntes feministas afirmam que o prazer da conexão entre humano e outras criaturas vivas e os movimentos em favor dos animais não mais constituem negações irracionais da singularidade humana, mas sim um lúcido reconhecimento das conexões que contribuem para diminuir a distância entre a natureza e a cultura.

Duas mulheres tornaram-se ícones da relação com animais: Diane Fossey e Jane Goodall, por seus trabalhos e publicações com gorilas e chimpanzés, respectivamente.

Em recente trabalho, que foge de seu enfoque habitual, o qual nunca foi com animais, Durham (2004, p.411) trata da questão das emoções presentes em chimpanzés e aponta a necessidade de levarmos em conta as particularidades biológicas nos humanos, as quais foram abandonadas pela antropologia e raramente consideradas pela psicanálise, ou seja:

> O fato de que, apesar da óbvia singularidade do comportamento humano, envolto como está em uma espessa nuvem de símbolos e valores dentro da qual se move a consciência, o homem ainda é um animal, produto da evolução biológica, e compartilha com os demais estruturas e processos básicos sobre os quais e com os quais a cultura é construída.

---

[3] De acordo com Leis (1998), baseado nas considerações de Eliade e Danielou.

Assim, a comparação entre os humanos e os animais – principalmente aqueles mais próximos em termos de evolução – torna-se importante para estabelecer o contexto no qual podemos situar mais adequadamente as especificidades do comportamento humano.

Na mesma direção de Haraway, Durham esclarece ser possível uma tentativa de separação entre homens e animais em função da consciência, do raciocínio, da linguagem e do instrumental simbólico culturalmente construído, porém as emoções constituem claramente algo que compartilhamos com eles. É quase impossível não reconhecer que os animais sentem raiva, medo, alegria, satisfação, ciúmes e desapontamento, como nós, desenvolvendo relações afetivas com outros animais, inclusive com humanos. Isso pode ser constatado pelos donos de cães ou gatos de estimação, constituindo um canal privilegiado de comunicação.

Ainda nesse assunto, Garrard (2006) aponta como a fronteira entre o humano e o animal é tanto arbitrária como irrelevante, já que compartilhamos com os animais uma capacidade de sofrer que só a "mão da tirania" poderia ignorar.

Os animais são sempre os observados e o fato de poderem nos observar perdeu toda a importância, pois se tornaram objetos do nosso conhecimento, cada vez mais amplo, expressando nosso poder, bem como delimitando um território. Quanto maior o conhecimento, maior a distância, sem nos esquecermos de que a cultura molda nossa interpretação dos animais, tanto quanto os animais moldam nossa interpretação da cultura.

No assunto libertação dos animais e ambientalismo, alguns conflitos irão se manifestar com consequências práticas. Enquanto os libertários se opõem à caça, alguns ambientalistas reconhecem a necessidade de controle quando populações excessivas de certas espécies ameaçam um ambiente. Esses conflitos tornam-se mais presentes quando predadores não nativos ou herbívoros destrutivos ameaçam ecossistemas frágeis.

Incluindo no debate documentários e filmes sobre a vida selvagem, vale citar Garrard (2006), que ressalta a relação entre o espectador e a vida selvagem no cinema, que pode reduzir nossa experiência de natureza de um engajamento sensorial, intelectual e político para uma relação puramente visual, aumentando a distorção pela ênfase exagerada, nesses filmes, na violência e no sexo.

O local favorito dos documentários sobre a vida selvagem é a savana africana, com sua "megafauna carismática", composta de elefantes e girafas, onde a câmera às vezes parece ocupar o papel colonizador do caçador branco. Apesar dos africanos terem coexistido com essas espécies ao longo dos anos, são praticamente excluídos do cenário ou mostrados como destruidores ou salvadores. Não raramente, os caçadores negros são apresentados como tiranos ilegais, enquanto são valorizados os conservacionistas brancos, ignorando os complexos fatores econômicos e políticos implicados na caça ilegal e no manejo da caça.

Dessa forma, na década de 1980, enquanto alguns documentários tentaram reverter essa situação exibindo reportagens mais responsáveis e precisas, Hollywood produzia filmes que exploravam o pavor dos animais (teriofobia). Como exemplo, podemos citar a série "Tubarão", que representava uma reação violenta às ideias conservacionistas apresentando uma natureza maléfica e ameaçadora sendo dominada pelo heroísmo masculino, pela tecnologia e pelo sacrifício do animal. No quarto filme, "Tubarão: a vingança" (1987) as preocupações ambientalistas do biólogo marinho são ridicularizadas.

Na busca pela vida selvagem por meio do ecoturismo igualmente está envolvida uma série de conflitos. Assim, na reportagem "Ecoturismo e animais nem sempre se dão muito bem", do jornal *Folha de S. Paulo* (Arthur, 2004), podemos notar como os animais são molestados na justificativa do desenvolvimento desse tipo de turismo. Segundo o jornalista, uma leoa estava prestes a saltar sobre sua presa no meio da savana africana, lançou o ataque e abateu um antílope, que caiu morto. Em seguida, ouve-se um som inesperado: *walkie-talkies* transmitindo e recebendo mensagens urgentes, vários jipes sendo ligados, enquanto um grupo de ecoturistas era levado ao local do abate para assistir, de olhos arregalados, à vida como ela é. Enquanto isso, a leoa, espantada com o clicar das câmeras e com os jipes, deveria lidar com tudo isso enquanto estava se alimentando. A reportagem baseia-se em um artigo publicado na revista *New Scientist*, o qual alertava para o fato do ecoturismo estar prejudicando as espécies a que, supostamente, deveria ajudar.

Os animais silvestres podem contaminar-se com doenças humanas. Lama e sujeira vindas de roupas e veículos, além do material de esgoto gerado pelo ecoturismo, podem transmitir patógenos capazes de contaminar espécies nativas.

Na África Oriental, após a chegada desse tipo de viagem, gorilas passaram a ser contagiados por parasitas intestinais. Em Botsuana (sul da África), mangustos contraíram tuberculose humana; a doença matou um grupo inteiro de suricates no deserto do Kalahari.

Na Antártida, local inabitado, o risco de doenças humanas serem transmitidas a uma fauna nativa que, em essência, vive isolada dos germes do resto do mundo é grande, e isto já pode estar ocorrendo: milhares de animais vêm morrendo, entre eles filhotes de pinguins Adelie, leões-marinhos e focas, embora nenhuma causa possível tenha sido isolada até o momento.

Mesmo não transmitindo doenças, a presença dos ecoturistas pode molestar os animais. A reportagem cita Rochelle Constantine, da Universidade de Auckland (Nova Zelândia), que desde 1996 lidera uma equipe que monitora as ações de uma espécie de golfinho. Ela relata como os golfinhos ficam mais frenéticos quando há embarcações de ecoturistas. Quando há três ou mais embarcações nas redondezas, os animais às vezes descansam por somente 0,5% de seu tempo, contra os 68% de quando há um só barco de pesquisadores.

Na Austrália, quase 350 mil pessoas visitam a ilha Fraiser, ao longo da costa de Queensland, todos os anos, na esperança de ver os dingos, animais nativos semelhantes a cães. Em abril de 2001, dois dingos atacaram e mataram um menino de 9 anos. As autoridades sacrificaram 31 animais para reduzir as chances de ocorrerem outros ataques.

Por outro lado, o ecoturismo significa que as pessoas estão viajando para ver os animais em vez de caçá-los ou estimular seu tráfico. Os melhores guias eram ex-caçadores ilegais. Agora, monitoram ecoturistas na observação da fauna, além de passar informações sobre comportamentos e peculiaridades dos animais.

Parte II

ERRÂNCIAS

Pretendo, nesta parte, explorar alguns elementos presentes nessas buscas contemporâneas pela natureza, bem como explorar a construção de identidades ou o processo de subjetivação envolvido nessas buscas. Para tanto, abro caminhos e sigo duas pistas: da aventura e das pegadas deixadas na trilha.

Há uma tendência geral, na contemporaneidade, por uma volta cíclica dos valores esquecidos e presentes nas estruturas antropológicas do imaginário, os quais não mais se fundamentam sobre promessas orgulhosas de um ativismo triunfante, atrelando-se a uma contemplação daquilo que é. Assim, a errância seria a expressão de uma nova relação com o outro e com o mundo, apresentando características menos ofensivas, mais carinhosas, um tanto lúdicas e seguramente trágicas, as quais repousam sobre a instituição da impermanência das coisas, dos seres e dos relacionamentos. Como diz Maffesoli (2001a, p.29), esse é um "sentimento trágico da vida que, desde então, se aplicará a gozar, no presente, o que é dado ver, e o que é dado viver no cotidiano, e que achará seu sentido em uma sucessão de instantes, preciosos por sua fugacidade".

5. Abrindo caminhos

A partir dos anos de 1960/70, expressivos do movimento ambientalista, muitos fatores contribuíram para o desenvolvimento das propostas de trilhas na natureza, relacionados desde a facilidade de acesso, mídia, acesso a informações, entre outros. A associação com a tecnologia promoveu o surgimento de atividades variadas como *rafting, canyoning,* arborismo, entre outras.[1]

A internet tem se mostrado fundamental nesse processo para a divulgação da proposta, facilidades para formação de grupos, informações sobre lugares etc. Assim, concordo com Maffesoli (2001a) quanto ao fato da tecnologia ter contribuído na promoção dos errantes contemporâneos,[2] permitindo transporte para todos os cantos do mundo (virtual ou não) ou, ao contrário, encontrar qualquer canto do mundo próximo ao local de moradia, seja em uma loja de artigos para montanhismo no shopping, em um restaurante chinês, em um cinema latino, em um templo budista. Nesse processo, as grandes aventuras na mata abriram suas portas para os simples mortais poderem se embrenhar na mesma, realizando grandes ou pequenas travessias – panorama ocorrido devido à contribuição das novas

---

[1] Embora seja um público proveniente da classe média em sua maioria, podem ser encontrados adeptos de outras camadas da população, pois o uso de instalações e equipamentos (barracas, hotéis de luxo) não apresenta uma relação direta com a situação de classe do praticante.

[2] Também abordei este tema em outro artigo. Para melhor esclarecimento, ver Bruhns (2000a).

tecnologias, que abriram acessos por meio de estradas, transportes, meios de comunicação e equipamentos.

Nesse aspecto, ainda segundo Maffesoli, observamos uma "astúcia do imaginário", ou seja, um paradoxo que se serve do desenvolvimento tecnológico para transpor fronteiras, transgredir a moral estabelecida e percorrer o mundo no sentido de experimentar múltiplas potencialidades.

Breashers (2001), em livro sobre sua filmagem no Everest em 1996, recorda o ano de 1983, quando o cenário do Everest começou a sofrer mudanças drásticas, passando de um local muito pouco visitado para quase uma aldeia (embora temporária), incrustada entre pedras e gelo. O acampamento-base transformou-se em destino cobiçado para viagens exóticas, e o turista – anteriormente uma raridade – tornou-se uma visão comum. Nada melhor para ilustrar esse fato do que a transcrição do depoimento de um dos envolvidos nessas propostas há mais de quinze anos, como é o caso do espeleólogo S., professor universitário, organizador de ecoturismo:

> Em 1979 havia os aventureiros. Acho que houve uma influência muito forte da mídia no sentido de estimular a demanda e proporcionar conhecimento. Naquela época, as pessoas que buscavam eram diferentes. Eram aquelas que tinham nascido com perfil de ambientalista, que gostavam da natureza, porque naquela época, todos que iam tinham a ver com a caverna. Fazia parte da vida deles. Se fosse a época em que comecei, as pessoas não iriam porque não tinham quem levar. O acesso ficou mais fácil, os meios de comunicação divulgam o que existe.
> Eu fui sem saber preticamente nada. Não tinha onde buscar, como internet, informação nenhuma. Só fiquei sabendo que no Vale do Ribeira tinha caverna, mata atlântica, cachoeira, por um amigo. Fui para lá, nem muito com o espírito de entrar em uma caverna; fui mais pela natureza. Hoje essa oportunidade aumentou por causa da mídia e das agências de ecoturismo que fazem divulgação.

Essas atividades tornam-se possíveis para qualquer participante, esclarece Betrán (1995, p.6), devido ao desenvolvimento e ao aprimoramento da tecnologia, que possibilita a qualquer ser humano deslizar no ar, na água e na superfície terrestre, desenvolvendo sonhos de aventura.

No entanto, devo fazer uma observação neste ponto, pois cada vez mais se constata como as promessas de inclusão em uma sociedade moderna, via desenvolvimento tecnológico, esfumaram-se, uma vez que encontram uma barreira na insustentabilidade do crescimento econômico, deflagrada por meio da crise ambiental e, embora suscite novas demandas, o sistema mostra-se excludente pela incapacidade de incorporar todos os sujeitos na aceleração tecnológica e econômica. As promessas mantêm-se, como esclarece Garcia dos Santos (2000, p.6), "graças ao assédio permanente que as mídias e a publicidade fazem à mente dos espectadores".

A tecnologia vem reforçar o *slogan* "você deve, porque pode", uma vez que elimina os riscos e ameniza o dispêndio corporal durante a realização, em um forte apelo amparado por um discurso, uma propaganda, que cria imagens atraentes. Dessa forma, instaura-se uma confusão entre dever e prazer, este último assumindo aspectos de dever moral, uma forma insistente de obrigação. Paradoxalmente, supõe-se um ambiente não-disciplinar e não-coercivo. Nesse contexto, o bem-estar psicológico é entendido como consequência do "vencer o desafio", tornando-se uma decisão pessoal. Não há mais necessidade de "sofrer se distraindo", como expresso nos rostos suados dos praticantes da ginástica, corrida, musculação, entre outros. Em contrapartida, o prazer torna-se um dever: produzir adrenalina, diversão, vertigem, ou seja, emoções à flor da pele – a qual ocupa a posição de "sensível", fundamental.

As novas tecnologias convidam-nos para um mundo no qual é possível "estar em comunicação" com ele mesmo, argumenta Sant'Anna (1993, p.261). No mesmo sentido, a autora esclarece: "tem-se uma ampliação da percepção e da frequência em que cada indivíduo se coloca em relação com o próprio corpo e com os demais corpos, mesmo pela via virtual".

Partindo do princípio de que a tecnologia tenha promovido essas atividades na natureza, essa mesma tecnologia encontra limites no aspecto formal de sua própria racionalidade. Assim, contraditoriamente, ocorrem reações contra a tendência desses esportes, no sentido de destruição ou devastação, como foi dito anteriormente.

Não podemos acusar a tecnologia associada a essas atividades como único fator responsável pela promoção da degradação ambiental, mas sim também incluir aí a organização social e os valores culturais.

A percepção do risco e da incerteza, provenientes de uma ativação fisiológica, não corresponde necessariamente a uma situação de risco, já que, como argumentam Munné e Codina (1997, p.12), "salvo negligências do sujeito, nestes lazeres, chamados também 'fórmula adrenalina' ou de busca de sensações, não há insegurança". Os autores declaram que a percepção do autodomínio e a autodireção acontecem em um meio onde, segundo afirmações de empresários das atividades de aventura, há um risco controlado, ou um "descontrole controlado". Portanto, ainda exaltando o risco, o corpo, a velocidade, a excitação, a intensidade do presente, trata-se de uma aventura imaginária, uma experiência tecnificada e prevista, como explicam, "com riscos provocados, artificiais e, de certo modo, imaginários", sendo a perda de controle pessoal uma simulação.

Tentando transformar toda experiência banal e cotidiana em uma "sensação pura", sem mediação, essas atividades abusam de uniões outrora incompatíveis, como tecnologia de ponta e emoções, vertigem e disciplina (Sant'Anna, 1993, p.260). Eu acrescentaria, ainda, mais uma união outrora incompatível: natureza e desenvolvimento tecnológico.

O domínio de tecnologias avançadas, associadas à flexibilidade e rapidez de adaptação, à leveza e mobilidade, aos pequenos grupos, ao senso de iniciativa e à capacidade para assumir riscos calculados, possibilita um gosto pronunciado pela aventura. Completando com Pociello (1995, p.118), "na busca da estetização dos gestos, pode-se também usufruir do espetáculo de sua própria destreza no domínio das novas tecnologias".

Krakauer (1999, p.53), embora a respeito do alpinismo, explicita como as quedas (indesejáveis) nem sempre representam a morte – diferentemente de algum tempo atrás, quando o resultado seria provavelmente esse –, devido ao uso de equipamentos desenvolvidos pela tecnologia. O autor esclarece, ainda, que a atividade é tão inequivocamente perigosa que tende a "afastar por intimidação as pessoas que não sabem o que estão fazendo antes que possam afastar-se do chão o suficiente para correr risco de vida", referindo-se a Valdez, Alasca, onde "no decorrer de nove anos de prática intensa nas cascatas de gelo, registramos apenas oito ou nove contusões, a mais grave tendo resultado em um par de pernas quebradas".

Pautada na ideia de "desvincular esses esportes do risco de morte e mostrar que qualquer um pode praticá-los",[3] foi realizada na cidade de São Paulo, em outubro de 1999, a 1ª Feira de Esportes de Aventura do Brasil.

---

[3] Reportagem "Feira de aventura quer promover exploração do potencial brasileiro". *O Estado de S. Paulo*, 18 ago. 1999.

Também a esse respeito, apresento a fala de C.Z., organizador e promotor do *canyoning*, o qual argumenta sobre a atividade ser segura, uma vez respeitados os critérios. É fácil e simples, ele diz, "desde que se faça com a pessoa e os equipamentos certos".

A questão do risco não pode se ater somente à atividade e aos equipamentos, pois outros elementos devem ser considerados, como o relacionamento intrapessoal e com a sociedade na qual está inserido. Embora se refira à escalada – técnica avançada, o que nos afasta do perfil dos nossos ecoturistas –, o caso de Al Rouse e Roger Marshall é um exemplo que ilustra a impossibilidade, em certos casos, de separar riscos e acidentes do contexto de vida. Krakauer (1999, p.160) apresenta os escaladores, ambos mortos na tentativa de solar a face norte do Everest em 1985, como exemplos perfeitos do que pode acontecer quando se escala com motivações erradas ou cedendo a pressões externas. Al Rouse amava uma mulher que o abandonou e estava envolvido com outra, à qual não amava, mas que estava esperando um filho seu. Para ele, "voltar sem chegar ao cume era algo que simplesmente não conseguia encarar". Roger Marshall se encontrava sob enormes pressões financeiras e por isso foi conduzido ao Everest: queria chegar ao cume "para poder escrever um livro de sucesso e pagar uns empréstimos que pesavam sobre seus ombros e o mantinham atado à família e à esposa, de quem queria se ver livre".

Muitos depoimentos revelam a ausência de riscos (ou no mínimo a grande amenização devido ao uso de equipamento e acompanhamento de pessoal treinado) dessas atividades, cujos praticantes não são atletas. Trata-se, em sua maioria, de um público não experiente que se utiliza dos finais de semana, feriados e férias para essas pequenas aventuras.

Vale ressaltar a fala de C.Z., instrutor e operador de *canyoning* justificando a não exigência de condicionamento físico:

> Na maior parte do tempo, o equipamento trabalha para você [...] Os problemas que ocorrem não são de equipamento, mas do medo e abuso das pessoas; pode haver excesso de confiança e imprudência inconsciente. Os problemas físicos são secundários; a não ser pessoas com problemas graves, como obesidade extrema. Pode ser muito jovem ou com idade avançada, que dá para fazer essas coisas.

C.Z. ainda alertou para a necessidade do uso de equipamento apropriado, bem como para a necessidade do acompanhamento obrigatório por uma pessoa tecnicamente superior ao praticante, mais experiente:

Já passaram pela minha mão umas 500 pessoas que coloquei corda abaixo. Isso é uma coisa de fé, porque elas não vêm com o conhecimento técnico, é pela tecnologia que estão ali. Não sabem que aquele material levou muito tempo para chegar aonde chegou, a não ser que eu fale.

Nesse enfoque, Marinho (1999, p.36), explicitando sobre a satisfação trazida pelas atividades esportivas na natureza por meio da (pseudo) aventura ao "alcance de todos", ressalta a produção da definição social da natureza como ambiente de experiência orientada.

Mesmo em se tratando de competições, como a corrida de aventura Eco-Challenge, promovida pelo Discovery Channel em 1997, aspectos semelhantes em relação ao fator risco são encontrados. Embora ele esteja presente, os sujeitos têm grande chance de evitá-lo ou controlá-lo devido às regras e aos equipamentos de segurança. Não há menção a mortes ou acidentes graves e, embora os perigos sejam reais, relacionados inclusive à presença de animais selvagens no ambiente onde a prova ocorre, esse receio não permeia o discurso dos participantes (Spink, 2006). Fala-se em perigo, obstáculos, jogo, aventura, "barato" da adrenalina, bem como em diversão.

De modo geral, a mídia – além de toda tecnologia que propicia a participação nesses esportes, principalmente em decorrência do desenvolvimento dos equipamentos – tem estimulado sobremaneira a participação dos mais velhos e o mercado está ganhando um segmento significativo.

Podemos utilizar como ilustração – dentre outras tantas publicadas em jornais e revistas, bem como especiais de TV – uma reportagem do jornal *Folha de S.Paulo* intitulada "Idosos aposentam o tipo 'vovô caseiro'", na qual se explora a conquista da "fonte da juventude" contrapondo o estereótipo do vovô caseiro: "o segredo é ser sociável, manter uma rotina dinâmica, ter planos e sonhos". Na mesma página, pode ser visualizada uma foto de Yolanda Viegas, 82 anos, praticando jet-ski. Segundo seu depoimento, ela saltou de *paraglider* há três anos, além de nadar e caminhar diariamente.

Refletindo sobre a possibilidade de estar ocorrendo uma "'adolescentização' do curso da vida", Featherstone (1994, p.63) detecta um crescente apelo durante a velhice, sobretudo entre a classe média norte-americana, no sentido de buscar autoexpressão e exploração de identidade, comportamentos outrora atribuídos à juventude. Tenta-se desconstruir uma particularidade da velhice, referente à doença e ao declínio mental – antes considerados normais nesse estágio da vida–, para uma redefinição dos mesmos. Dessa maneira, a velhice é encarada como aposentadoria ativa, permitindo uma eliminação progressiva do declínio associado a ela, representando um afastamento do estigma atribuído aos idosos como incapacitados e, portanto, socialmente desvalorizados.

A exacerbação desse processo ocorre nas sociedades ocidentais contemporâneas, as quais valorizam a aparência física, como um dos elementos impulsionadores da cultura de consumo. Nenhuma outra sociedade na história parece ter produzido e disseminado um volume tão grande de imagens do corpo humano ativo em jornais, revistas, anúncios na TV e nos filmes.

A característica diferenciada das atividades na natureza provém, além de seus aspectos práticos ou materiais, também de sua dimensão imaginária ou simbólica (Feixa, 1995, p.36). A aventura aparece como uma cenografia, onde as ações se subordinam às percepções e riscos (reais e imaginários). As atividades são colocadas em um mesmo cenário físico e em um mesmo universo simbólico: o cenário da natureza recuperada, o cenário das emoções exacerbadas. Há um amplo leque de valores simbólicos associados a práticas muito diversas, porém unidas por esse imaginário fortemente condicionado pela explosão das emoções e do risco. Emoções, de certa forma induzidas, e riscos provocados, artificiais e, de certa forma, imaginários.

É possível introduzir aqui a discussão sobre o real e o artificial que envolvem as atividades na natureza. Não somente as atividades esportivas, mas a própria natureza é deslocada e/ou retirada do seu contexto original, sendo reconstruída em um ambiente "estranho". O homem contemporâneo é familiarizado com rochas artificiais para escalada, pistas *indoor* de esqui, piscinas que simulam ondas, destinadas (mas não somente) a surfistas.

É possível camuflar, por meio de justificativas ecológicas, um suposto retorno à natureza, advindo da prática em ambientes artificiais, bem como as redefinições sociais da natureza, que podem se mover de uma abordagem ecológica para um conceito econômico.

Cada vez mais nos habituamos com banhos em piscinas instaladas em praias e a olhar, a partir delas, o mar ao longo de golfos contaminados.

Augé (1998b) refere-se a um folheto sobre o Center Parc, na floresta de Sherwood, que trazia informações sobre uma ilha tropical, no interior do parque, rodeada por areia branca, banhada por uma água azul e mansa e coberta de coqueiros. A ideia expressa pelo folheto, como ele mesmo dizia, era a de um "paraíso tropical". Porém, quando o autor chegou ao local, o Center Parc, este revelou-se como ideal e não como ideia (o real modelado pela inteligência e imaginação). O parque era composto por piscinas, ondas artificiais, shoppings e palmeiras plantadas em lugares secos e não continha as adversidades naturais pouco consideradas no imaginário popular sobre um "paraíso tropical", como corais cortantes encravados nas rochas, ondas enormes e violentas, coqueiros em meio às ervas daninhas, formigas, muriçocas, pernilongs e borrachudos, tampouco as tormentas de verão que parecem intermináveis.

Segundo Urry (1996), o Center Parc é quase um "pseudo-acontecimento" que desconsidera o mundo real. Trata-se de uma aldeia, na qual foram investidos £ 34 milhões para a construção de uma "orla marítima" artificial, com um domo gigantesco de plástico de camada dupla mantendo uma temperatura constante de 28ºC. As grandes atrações nesse complexo turístico estão relacionadas ao divertimento e ao prazer proporcionados pelo calor tropical, como natação, canoagem, barcos à vela, pequenas lagoas com água quente, palmeiras e cafés à beira da água. Tais centros não precisam ser localizados próximos ao mar, pois a tecnologia permite a construção da orla marítima em qualquer lugar.

A construção do mundo ideal significa remover os defeitos do mundo real. Eliminamos os "defeitos" (borrachudos, pernilongos e outros) do mundo real quando construímos um mundo ideal. Nessa construção, os "paraísos" parecem ter semelhanças sem violências, ataques ou privações, onde as plantas abundam e os animais são amigos do homem.

O modelo ideal é concebido em uma redefinição das funções humanas, as quais podem transformar-se em resíduos, criando situações em que a inteligência natural torna-se resíduo da inteligência artificial (Baudrillard, 1994, p.27).

O artificial evita os riscos,[4] os perigos, a poluição, em uma tentativa de garantir a reciclagem das substâncias e a conservação das espécies, distancia-se da vida, ou seja, do inesperado, das durezas, das emoções, dos conflitos e das contradições. Isso significa, em parte, a eliminação da aventura, das coisas que estão por vir (buscando o termo do latim *adventura*), bem como a ausência da experiência sensível, do desfrutamento polimórfico.

---

[4] Este assunto é melhor desenvolvido em Bruhns (2007).

6. Nas pistas da aventura

A busca por aventura na contemporaneidade é uma espécie de protesto contra um ritmo de vida orientado unicamente para a produção. O caminhante que vagueia é o arquétipo de uma forma de resistência, destacando a força do ócio, com tudo aquilo que a moral econômica chama de "vícios" atrelados a essa questão, pois contraria a ideologia laboriosa, na qual "a fixação do trabalho caminha lado a lado com a estabilidade dos costumes. E o passeador que vagueia chama, ao contrário, um outro tipo de exigência: a de uma vida mais aberta, pouco domesticada, a nostalgia da aventura" (Maffesoli, 2001a, p.34). Embora tudo isso possa parecer muito vulgar, Maffesoli (2001a) mostra como isso contém uma importante dose de aventura. Aventura desejada, assumida ou sofrida, podendo ser compreendida como a modulação contemporânea do desejo por outro lugar.

As ambições buscadas na modernidade por uma ordem eterna, científica e imutável contrastam com o efêmero, o fugidio e o contingente, os quais carregam em si elementos do transitório (Baudelaire, 1997).

Considerando o aspecto imaterial dessas experiências, concordo com Maffesoli (2001a, p.23) sobre a existência de um paradoxo contemporâneo. Frente ao denominado processo de globalização, a uma sociedade que se afirma perfeita e plena, à presença de um desenvolvimento tecnológico e de uma ideologia econômica que tenta direcionar a vida, testemunhamos a necessidade do "vazio", da perda do que não pode ser contabilizado. Enfim, pela necessidade do imaterial. Ao atentarmos para o preço das coisas "sem preço", saberemos dar sentido aos fenômenos que não querem ter sentido.

Essas pequenas, porém essenciais, aventuras errantes, sem muito propósito definido, reconciliam desejos e sua materialização, por meio de uma experimentação grupal, na qual os sentidos e os sentimentos tornam-se a base a partir da qual surgem comportamentos e ideias, criando laços ou conflitos, concordâncias ou discordâncias.

Mais do que fuga do centro urbano, reposição de energias gastas no trabalho e outras razões para justificar os deslocamentos para a natureza, prefiro me pautar no raciocínio de Maffesoli (2001a, p.22): "Será que o drama contemporâneo não vem do fato de que o desejo de errância tende a ressurgir como substituição, ou contra o compromisso de residência que prevaleceu durante toda a modernidade?".

Seguindo o pensamento do autor, pertencemos a um lugar e desenvolvemos relações e ligações tomando-o como referência. Mas esse lugar e essas relações possuirão um significado a partir de sua negação real ou imaginária, revelando uma marca do sentimento trágico da existência, por meio de uma tensão, uma incompletude permanente, não resolvidas em uma superação sintética. Estamos em um lugar, mas desejamos outro.

Portanto, um comportamento de repulsa parece igualmente identificar essa busca pela natureza nas mais diversas formas; repulsa pelo excesso de controle e segurança, o qual gerou a necessidade da aventura e do elemento lúdico na vida. A partir disso pode ser evocado o "sentimento de pertencer", utilizado por Maffesoli (2001a) para caracterizar o agrupamento urbano circunscrito em um espaço estruturalmente limitado; o sentimento de pertencer faz sentido a partir de um pólo de repulsa, na rejeição por alguma coisa ou alguém.

A duplicidade, categoria estrutural do homem, está presente no cotidiano, incorporando uma ambiguidade, não suportando o fechamento, fugindo ao estabelecido, bem como às formas de imposição geradas por este último. Ela representa uma forma de liberdade, introduzindo a agitação no estável, ou a inquietude nas certezas. Essa duplicidade gera um "enraizamento dinâmico" (Maffesoli, 2001b), ou seja, a necessidade de um lugar matricial associado com a necessidade potente de seu além, provocando uma sinergia constante entre a prisão do corpo e a aventura do espírito, dialética permanente da necessidade de segurança e do desejo de desligamento.

Portanto, a errância, o trânsito, os deslocamentos, as viagens etc. podem ser expressão concreta dessa dialética, encerrando uma espécie de protesto contra um ritmo de vida orientado unicamente para a produção, manifestando uma insatisfação contra a estabilidade positivista do mundo estabelecido relacionada a uma tentativa (e bem sucedida) de domesticação das massas, do assentamento no trabalho e no destino à residência.

Nesse sentido, Rojek (1995) completa argumentando que enquanto em um período histórico anterior elementos como identidade, local, trabalho e hierarquia fixavam o sujeito, a característica contemporânea carrega uma ausência de lar, sendo a primeira forma de sociedade na qual poucos vivem, trabalham e morrem com as pessoas ou nos locais onde nasceram. Essa ausência de lar, conhecida como mobilidade, torna-se parte do destino da vida contemporânea e não necessariamente razão de desespero ou angústia. Por meio de viagens, jogos, lazer e mesmo trabalho (por exemplo, os lavradores que passam metade do ano no México e outra metade nos Estados Unidos), os sujeitos ampliam seus espaços narrativos e tem-se uma pluralização inevitável dos mundos da vida.

As pequenas aventuras vividas nas caminhadas e trilhas representam uma totalidade de vida no sentido de um modelo reduzido, contraindo experiências e potencialidades. Sendo a aventura o terreno do possível, as facetas dos sujeitos podem se exprimir em um mundo plural e policentrado. A aventura garante uma mobilidade naquilo que está petrificado, pois ela incorpora um aspecto de removedor, permitindo o olhar para o exterior (Maffesoli, p.2001a).

Essas questões sobre a aventura nos aproximam de Simmel (1988). Referindo-se ao aventureiro, Simmel argumenta que este constitui o exemplo mais forte do homem aistórico, da criatura do presente; se, por um lado, não se acha determinado por nenhum passado, por outro, o futuro não existe para ele. Pela aventura nos apropriamos violentamente do mundo, e isso faz a diferença em relação ao trabalho, pois este estabelece uma relação orgânica com a sociedade, desenvolvendo de maneira contínua suas substâncias e energias para a transformação dos objetivos humanos, enquanto na aventura mantemos uma relação inorgânica com o mundo.

Sendo a aventura uma parte de nossa existência que se vincula com as demais, mas ao mesmo tempo discorre à margem da continuidade própria da vida, ela se constitui em uma forma de experimentar. Então, os fatos tornam-se aventura quando há certa tensão do instinto vital por meio dos quais esses fatos se realizam.

A questão da aventura não está em ganhar ou perder, portanto não consiste nos conteúdos ganhados ou perdidos, gozados ou sofridos, pois esses elementos estão presentes em outros campos da vida. Trata-se somente de um fragmento da existência, ao lado de outros, o qual possui a força misteriosa de fazer-nos sentir, por um momento, a vida inteira, como se não tivesse outro objeto senão sua realização.

Quanto mais "aventureira" for uma aventura, ou seja, quanto mais responder a seu conceito, mais sonhada resulta para nossa recordação. Em alguns momentos, a aventura se separa tanto dos pontos centrais do eu e das trajetórias da totalidade da vida controladas por ele que, com facilidade, pensamos na aventura como se outro a tivesse vivido.

A mescla entre ação e sofrimento, a qual permeia a vida, estende à aventura seus elementos para uma simultaneidade de conquista, em uma entrega aos poderes e às oportunidades do mundo que nos favorecem, mas que simultaneamente podem nos abalar.

Retorno a Krakauer (1999, p.34) referindo-se a John Gill, um escalador de blocos, cujas proezas não se avaliam pelas alturas alcançadas, mas pelas dificuldades envolvidas. Nas palavras do escalador:

> Explorando um bloco ou desenvolvendo uma pesquisa matemática, é preciso que a pessoa tenha uma forte motivação completamente interior para situar-se nos limites, nas fronteiras, para descobrir coisas. A recompensa, em ambas as atividades, é um fluxo quase contínuo de descobertas, o que é uma sensação extraordinária.

Nessa "brincadeira" de aventura na mata, em que a vida torna-se, momentaneamente, livre atuação de formas, despojada de propósitos ulteriores, o ato heróico surge como simulacro, uma vez que se presencia, nessas atividades, certa dose de "coragem", um "provar algo a si mesmo" ao almejar metas extraordinárias.

Na figura do herói enquanto representação está presente a possibilidade de uma transgressão ou rejeição da ordem, que gira em torno do mundano, do ordinário.

Nesse simulacro, ausentam-se imagens da dedicação a alguma causa impessoal, de uma autorrepresentação racionalizante e justificadora (que exalta as virtudes do sacrifício, da distinção, da disciplina, da abnegação), surgindo um heroísmo não-estóico, em que uma série de aventuras ou a qualidade de uma aventura são compartilhadas. O aventureiro tem o gesto do "conquistador", construindo um sistema "a partir da ausência de sistema em sua vida".

A cultura contemporânea do consumo, que enaltece a estetização da vida cotidiana, que conta com a presença da propaganda, do imaginário e da publicidade, os quais saturam os ambientes, favoreceu a investida anti-heróica em uma heroização do mundano, do prosaico, do ordinário. Se os heróis foram "ídolos da produção", hoje são "ídolos do consumo". Featherstone (1997, p.97) apoiado em Bologh, advoga uma ética da sociabilidade contrapondo-se à ética do herói, menos elevada, "mais aberta a uma exploração igualitária da ludicidade e do prazer com o outro, à imersão e à perda do eu, mais do que a uma preservação e elevação do eu".

Essas atividades podem representar, nesse sentido, mais um fator de distinção, em um contexto da investida contra a estóica vida do herói, principalmente se levarmos em conta sua participação diversa, constituída por mulheres, crianças, adolescentes e idosos (os anti-heróis devido ao signo de fragilidade), em uma forma lúdica de associação, na qual se brinca de ser herói, em uma simulação do perigo e do risco.

Um fato ficou evidente até o momento dessa explanação, ou seja, para a prática dessas atividades na natureza, é necessário o deslocamento, o que vai atrelá-las ao turismo. A viagem é uma experiência da contemporaneidade, comemorada com uma ação de autodescoberta.

Nessa relação com o turismo, trago o depoimento de S., jornalista que, a partir de sua experiência profissional e de seus contatos reportando atividades na natureza desde 1996, apontou uma íntima relação entre ambos. A ênfase da viagem relacionada às atividades provocou um interesse em um público mais vasto e diversificado:

> Sempre coloco na área de turismo. Se eu for falar do esporte em si não tem espaço. Se você pegar o caderno de esportes vai ter futebol, tênis, basquete, vôlei e os esportes de ação ficam restritos a um quadradinho. No caderno de turismo dá mais leitura; as pessoas se interessam, elas imaginam: "um dia, eu vou lá! Fica a tantos quilômetros" [...].

A união das atividades na natureza com a viagem vem potencializar o aspecto da aventura, uma vez que a viagem é encarada como algo que ajuda a descentralizar as categorias habituais, sendo uma forma de jogar com a desordem cultural, com a mobilidade na vida contemporânea. Featherstone (1997) expõe como a viagem pode ser considerada rotineira e mundana ou algo a ser suportado como um estorvo até o regresso ao lar. Apenas recentemente foi comemorada como ação de autodescoberta e percebida como introdução do novo na vida, abrindo para a contingência e criando o "exotismo" (uma questão fora do lugar).

A intensidade dos deslocamentos e fluxos de pessoas, mercadorias, imagens, informações, muitas vezes ultrapassando fronteiras, produz um contato diferenciado e intensificado, dissolvendo barreiras. Temos pessoas com vidas mais flexíveis, que se sentem à vontade com identidades mais fluídas, e essa mobilidade é considerada uma das chaves metodológicas para a compreensão da atualidade, reunindo alguns elementos como incerteza, desterritorialização, dentre outros.

Bauman (1999, p.8) situa o movimento como um valor bastante cobiçado em nossa contemporaneidade, sendo, porém, a liberdade de movimento uma mercadoria escassa e distribuída de forma desigual, tornando-se um elemento estratificador (ser situado em um mundo globalizado é sinal de privação e degradação social). O movimento revela-se mesmo quando estamos fisicamente imóveis, sendo irrealista a opção da imobilidade em um mundo em permanente mudança ("não se pode ficar parado em areia movediça"). A ideia de "estado de repouso" não faz muito sentido em um mundo com pontos de referência sobre rodas, os quais costumam sumir de vista antes da possibilidade de leitura das instruções sobre o trajeto.

A distância parece não importar muito, às vezes existe para ser anulada, deixando que o espaço não mais seja um obstáculo, pois bastam frações de segundos para conquistá-lo.

Nesse sentido, podemos pensar a busca da natureza e de seus lugares longínquos como uma possibilidade atual. Também como um movimento global, pois não se vinculam a um ou outro país, desvendando a desterritorialização do espaço. E se o entendimento de um mundo desterritorializado requer um ponto de vista também desterritorializado, trazendo Ortiz (s.d., p.16), podemos pensar essas práticas na natureza inseridas na ordem interna da sociedade global, expondo sua face mundializada.[1] Falar de uma cultura mundializada significa nos situarmos no âmago desse processo abrangente, situando-a no nosso cotidiano, nos nossos hábitos. Para o autor, "a mundialização da cultura não é falsa consciência, uma ideologia imposta de forma exógena", mas corresponde a um processo real, transformador do sentido das sociedades contemporâneas. As manifestações dessa mundialidade encerram verdades, as quais se expressam na cotidianidade.

Botton (2003), para quem as viagens são parteiras do pensamento, cita a exaltação de Baudelaire em relação aos devaneios das mesmas como uma marca das nobres criaturas denominadas por ele de "poetas", as quais não conseguiam satisfação com os limites do lar, estendendo sua visão para o limite de outras terras, para um mundo alternativo, menos acomodado. Baudelaire tinha atração por portos, cais, estações ferroviárias, trens, navios e quartos de hotel, sentindo-se mais à vontade nos locais transitórios das viagens do que na própria residência; quando se sentia oprimido, partia.

Livrar-nos do que momentaneamente nos aflige pode trazer alívio, mas um alívio transitório, uma vez que a nova situação rapidamente revela seus aspectos desagradáveis, antes invisíveis e imprevistos, trazendo novas preocupações.

Para o viajante, a viagem não é uma continuação da sua vida, mas um momento distinto, marcado pelo antes e pelo depois. Representa um estágio "especial" de sua existência, no qual se permite sair da condição doméstica para entrar na condição estranha. Saindo do seu cotidiano, de sua cultura, de seus referenciais, entra em um outro tipo de existência. E o tempo nesse espaço não é o tempo do seu cotidiano, mas o "tempo da viagem", oscilando entre o mundo vivido e o mundo representado. Enquanto viajante, pode incorporar como parte de sua existência o almejado, o permitido e o possível (Leite, 1996). Nesse "estado de viagem" o tempo da narrativa se desloca e se define.

Pensando nos ritos de passagem, esse estado seria a fase liminar ou de "transição", ou seja, um período intermediário no qual os sujeitos são a margem, a indefinição, a "linearidade", período este em que há uma tentativa de

---

[1] Ortiz s.d. (p.20) reserva o termo "mundialização" ao domínio específico da cultura e "globalização" a economia e tecnologia, embora considere a mundialização como expressão do processo de globalização das sociedades, enraizando-se em um tipo determinado de organização social, além de ser uma "concepção de mundo", um "universo simbólico".

vencer o desconhecido. Leite (1996, p.86), citando Gennep, mostra como as viagens são marcadas por ritos de separação, margem e agregação. Tais ritos se repetem a cada saída e chegada do viajante a ambientes novos, em lugares desconhecidos. Esta sequência, e não o relógio, marca o tempo. No retorno, marca final do rito de passagem, o sujeito está transformado pela experiência vivida. Alguns saem como aventureiros e retornam como "heróis" dessas pequenas façanhas na natureza, enquanto outros partem como curiosos e retornam como "viajados" ou "experientes".

Bill Bryson (1999), referindo-se à Trilha dos Apalaches, auxilia nessa reflexão acerca do tempo. Ele descreve como a vida reveste-se de uma simplicidade límpida nessa experiência, na qual o tempo deixa de ter qualquer sentido. Quando está escuro, você vai para a cama e, quando fica claro de novo, você levanta. Não há obrigatoriedade de encontros, reuniões, obrigações, deveres e nenhuma ambição especial, apenas necessidades menores e bem menos complicadas; você se encontra em meio a um tédio tranquilo, sereno, alheio a toda exasperação, afastado dos centros de discórdia; a única exigência é a disposição para caminhar, apesar das dificuldades. O apressar-se não faz sentido, porque você não está indo a parte nenhuma. Por mais que caminhe está no mesmo lugar: na mata, local onde estava ontem e onde estará amanhã.

As noções de distância, igualmente, alteram-se em uma caminhada. Dois quilômetros são uma distância longa, três quilômetros tornam-se literalmente notáveis, quinze, colossais, e oitenta, quase inconcebíveis. Caminhando, você se dá conta de que o mundo é enorme, de um modo que só você e seus companheiros andarilhos sabem. A escala planetária torna-se um pequeno segredo seu.

Nessas aventuras, a espacialidade privilegiada é o local e a temporalidade privilegiada, o imediato. A experiência implica em um certo desconforto, pois envolve situações inusitadas investindo no transitório, no efêmero.

Os ícones do "estilo ecológico" (aventura, natureza, liberdade, ar puro, juventude, coragem), além de outros elementos já discutidos, conduzem a opções pelo ecoturismo, no qual algumas atividades (*trekking, canyoning, rafting,* alpinismo) como vimos, estão presentes de forma singular, atraindo grupos diversos, das mais diferentes faixas etárias. Sem descartar a relação entre a mobilidade e os poderes regeneradores da viagem, como também um sentido de busca por um mundo de fantasia, da "viagem" ilusória, que nos destaca do cotidiano e nos conduz à imaginação acentuada. Dessa forma, a natureza pode se tornar matéria da ficção.

Ocorre, portanto, um deslocamento encenado da vida cotidiana, bem como uma aventura que utiliza a natureza como palco dessa encenação.

A natureza representa um espaço "especializado" onde se concentram exibição e trocas de papéis, bem como situações nas quais as pessoas "se produzem", sendo ambos simbolicamente excitantes. Os espaços de ação (montanhas, corredeiras, cavernas etc.) propiciam oportunidades para a criação de fantasias e experiência excêntrica, envolvendo a participação simbólica e relaxada com os outros e a abertura a riscos e incertezas aceitáveis, o que permite o engajamento em comportamentos não usuais.

Essas experiências "mágicas" são essencialmente temporárias, pois não suportariam um distanciamento alargado do cotidiano, considerando o fenômeno do já discutido "enraizamento dinâmico" (tensão constante entre aventura e segurança).

Busco aqui uma aproximação entre aventura imaginada e um ritual de purificação, assemelhando essa aventura a uma experiência estética, a um acontecimento distante da vida cotidiana, configurando-se em um outro tipo de temporalidade e em outra espacialidade, à qual se tinha acesso por meio das personagens míticas, heróis de quadrinhos ou contos de fadas.

Na antiguidade, os viajantes vagavam por mundos desconhecidos, errando por mares, desertos e montanhas na tentativa de realizar os desígnios dos deuses; o caminho era vivido como uma prova e a aventura como sofrimento: Ulisses "deveria" partir, padecer frente aos perigos (exigência fatídica para se colocar em andamento a história mística). Hoje, as viagens, de modo geral, tornaram-se excitação e prazer, porém aquelas cujo objetivo é dirigido a algumas práticas na natureza parecem ter substituído o sentimento de provação por um sentimento de purificação.

A aventura, que possuía um caráter de ficção (com acesso somente aos deuses e heróis), torna-se real e a própria realidade se converte em encenação, lembrando Gabler (1999, p.11), que nos alerta sobre estarmos vivendo em um mundo em que a fantasia é mais real que a realidade, lançando a questão: "Quais as chances da ficção poder continuar competindo com as histórias da vida real?". Para o autor, particularmente, estamos vivendo um momento em que os indivíduos aprenderam a valorizar habilidades sociais, o que lhes permite, como atores, assumir o papel exigido pela ocasião e "interpretar" sua vida em vez de simplesmente vivê-la.

Augé (1998a, p.94) levanta a possibilidade da ficção, no momento atual, ter mudado de natureza ou de estatuto "a partir do momento em que não mais parece constituir um gênero particular, mas sim desposar a realidade a ponto de confundir-se com ela". Portanto, não é mais a ficção que imita o real, mas o real reproduz a ficção.

Por outro lado, observamos o "fim da natureza" – uma maneira de nos referirmos à sua completa socialização –, processo no qual a natureza foi desfigurada pela intervenção humana. Falamos sobre meio ambiente na medida em que a natureza foi dissolvida, porém nenhuma tentativa para reanimar a natureza vai trazê-la como ela era anteriormente. Estamos vivendo algo novo, não um redespertar da natureza, mas talvez sua adoção como sendo em si uma decisão de estilo de vida, sem esquecer que a abertura da vida social à tomada de decisão é também um meio de poder e estratificação (Giddens et al., 1997, p.97).

A aventura pode tomar rumos diferentes e muitas vezes indesejados. É possível perder sua aura de desafio ou experimentação do novo, em que está embutido um sentido de comunhão com a natureza, e adquirir o peso da cobrança ou da obrigação, gerando ansiedades, distanciando-se do elemento lúdico, o qual geralmente está presente nessas pequenas aventuras atreladas ao ecoturismo – que possuem um interesse estético relacionado a um divertido jogo de ideias.

Torna-se compreensível o alívio demonstrado por Bryson (1999), na travessia da Trilha dos Apalaches, quando ele e seu companheiro perceberam estar acima de suas forças percorrê-la totalmente e, reconhecendo essa limitação, eliminaram a obrigação e quanto mais pensavam nessa ideia, mais a trilha se tornava atrativa. Como explica, era como se tivessem se livrado de um dever, afastando todo o trabalho penoso, a necessidade tediosa, excêntrica e sem sentido de percorrer cada centímetro do terreno pedregoso. Podiam, enfim, se divertir.

O contato com o sol, a água, as plantas, o vento e os animais colabora para o desenvolvimento de uma capacidade poética e lúdica, bem como pode contribuir para uma revisão de vida. Porém, esse contato pode estar contaminado pela ideologia do lazer contemporâneo, uma vez que buscar o descanso apenas para repor energias que serão gastas novamente no trabalho é bem diferente de um ócio em que as ideias podem ser exercitadas.

O lazer moderno, enquanto repouso imposto pela racionalização do tempo, afasta-se da possibilidade de pensarmos em uma vida relaxada ou mais tranquila, uma vez que o relaxamento e a tranquilidade são colocados em um compartimento "especializado" denominado "tempo livre", o qual se confunde habitualmente com o lazer. Na confusão entre as ideias de "lazer" com a de "tempo livre", ou na tentativa de igualá-las (o que corresponde à equalização de um conceito qualitativo a um conceito quantitativo), tendemos sempre a considerar o lazer como sendo oposto ao trabalho e, assim, como algo não produtivo, que emperra ou debilita a produção. Nessa perspectiva, Baudrillard (1992, p.179) aponta que o lazer desempenha com o trabalho "uma segunda cadeia de tempo", diferentemente do olhar que estou propondo aqui, o qual considera o todo como um processo construído na ambivalência e contaminação de diversos elementos (sério e frívolo, razão e emoção, vivido e refletido) experimentados na sua reversibilidade constante, sem fixação de hierarquias.

Não me atreverei a formular um conceito sobre lazer, mas a desenvolver uma ideia sobre esse fenômeno. Segundo Maffesoli (2001b, p.77), com o qual concordo, em certas ocasiões o conceito provoca um obscurecimento em relação ao conhecimento pelo seu caráter inatingível e a todo o rigor que o permeia. Portanto, aproximo-me da sua proposta em trabalhar com o conhecimento por meio da noção, da alusão, da notação ou, utilizando suas palavras, "pelo símbolo, que ultrapassa o enclausuramento da palavra e faz entrar em relação, que favorece a tomada de consciência do relacionamento".

À medida que nossa vida é regida pela concepção de tempo como produtividade, rentabilidade e lucro ("tempo é dinheiro"), raramente percebemos o quanto desprezamos a dimensão afetiva e emocional nas relações humanas, fato demonstrado na justificativa de não termos tempo a "perder" com um amigo quando este nos requisita para um desabafo; quando não temos tempo para ajudar os necessitados; para esquecer da vida nos braços de quem amamos; para brincar com nossos filhos; para assistir a um pôr-do-sol – comportamentos estes classificados como "perda de tempo" em um mundo voltado para o trabalho, no qual a lógica do "fazer" e do "nunca se render" domina o panorama. Nesse enfoque sempre nos sentiremos mal ou culpados quando não estivermos atarefados ou produzindo, e o simples pensar em ficar sem fazer nada (por exemplo, em uma tarde de domingo, ou após a aposentadoria) gera inquietudes e medos: medo de não saber o que fazer, medo de existir sem meta, medo de rever a própria vida.

É possível aproximar o lazer a um estado de tranquilidade e serenidade, o qual permearia a vida como um todo, não sendo possível sua realização em determinado tempo. Muitas vezes isso significa renúncia a poder, *status* e dinheiro.

Por meio de uma compilação das ideias de De Grazia (Bruhns, 2002), mostrei sua concepção de lazer como um estado no qual vivenciamos a ausência da necessidade de estarmos ocupados; portanto, um estado de desobrigação, no qual seria possível exercitar as ideias e a imaginação, tanto em um sentido positivo de construção como negativo de destruição.[2] No aspecto positivo, constitui-se como uma oportunidade reflexiva na qual estaria presente um ideal de liberdade relacionado a um compromisso político (no sentido de propor alternativas de vida) e a uma conexão profunda com o mundo, no qual o sujeito se situaria em uma revisão constante de valores e concepções. Perdemos a capacidade de exercitar nossas reflexões (o que exige certa tranquilidade e paz), quando estamos submetidos à pressão do tempo.

A contemplação pode se aproximar do lazer na medida em que pressupõe um olhar tranquilo sobre o homem e o mundo sem a imposição de um plano ou projeto. Nessa situação o sujeito sente-se unido a toda natureza e não possui a separação agressiva ou a solidão impassível que nasce de investigar homens e objetos com vontade de explorá-los; em outro sentido, está verdadeiramente separado, porque não observa nem homens, nem coisas, nem natureza, com intenção de manipulá-los, trocá-los ou controlá-los (De Grazia, 1966, p.8).

Podemos explorar o cunho erótico do lazer[3] no sentido de um envolvimento e uma conexão profunda com a realidade na qual está presente o exercício de ideias comentado e isso não implica em um tempo determinado.

A relação erótica com o ambiente aproxima-se do "espírito curioso do homem do mundo" de Baudelaire (1997, p.20), aquele observador apaixonado e imparcial, que possui percepção aguda e mágica, porém não ingênua:

> A multidão é seu universo, como o ar é o dos pássaros, como a água, o dos peixes. Sua profissão é desposar a multidão. Para o perfeito *flâneur*, para o observador apaixonado, é um imenso júbilo fixar residência no numeroso, no ondulante, no movimento, no fugidio e no infinito [...] entra na multidão como se

---

[2] O sentido positivo do ócio foi descartado pelo produtivismo, o qual enfatizou sempre sua possibilidade de ideias destrutivas, além de desqualificá-lo como vagabundagem.

[3] Ideia facilitada pela lembrança do ideal clássico de ócio, embora qualquer tentativa de transposição histórica seja incabível.

isso lhe aparecesse como um reservatório de eletricidade. Pode-se igualmente compará-lo [...] a um caleidoscópio dotado de consciência, que, a cada um de seus movimentos, representa a vida múltipla e o encanto cambiante de todos os elementos da vida. É um eu insaciável do não-eu, que a cada instante o revela e o exprime em imagens mais vivas do que a própria vida, sempre instável e fugidia.

Da mesma forma, esse sentido erótico aproxima-se da ideia do "soberano", desenvolvida por Pelbart (2003), que independe de qualquer utilidade, necessidade ou finalidade. Soberano é o que não serve para nada, não sendo finalizável por meio de uma ordem produtiva. Seu presente não está subordinado ao futuro e o instante brilha de forma autônoma. Pertence à ordem do jogo e não a do trabalho. O desejo de soberania está dentro de nós e se expressa em situações simples, por exemplo, sentados com amigos bebendo cerveja e participando, pelo menos em um instante, desse elemento gratuito, milagroso, desse dispêndio inútil e por isso glorioso. O erotismo é inútil, pois implica em uma pulsão gratuita, o mesmo ocorre com o riso, a festa, as lágrimas, enfim, tudo o que contém um excedente.

Na compreensão dessas aventuras na natureza deveríamos exercitar aquilo denominado por Maffesoli (2001b, p.121) de "teoria erótica", aquela que entra em comunhão com o mundo e consegue, a partir do interior, descrever-lhe as vibrações. Ela nos ajuda na compreensão do mundo, das múltiplas formas de sociabilidade, das numerosas atrações sociais, das pequenas criações cotidianas, fenômenos que possuem uma importância específica irredutível à simples razão.

Situo o tema tratado aqui como fértil para pensarmos nossa relação no mundo contemporâneo em que vivemos. Ao mesmo tempo, é bastante instigante, trazendo a possibilidade de uma compreensão sobre essas atividades surgidas a partir da elaboração de novos significados construídos sobre a relação homem/natureza.

Sem desconsiderar as relações de poder, o espaço do lúdico e do gratuito, presente na noção de cultura, deve ser garantido na leitura da realidade. Espaço este surgido na elaboração, pelos homens, de um sistema simbólico constituidor e constituído da e pela ação social, com o qual se brinca construindo "estruturas infinitamente complicadas e, por isso, aparentemente, esteticamente satisfatórias" (Durham, 1984, p.76).

O enfoque cultural torna-se revelador, desvendando facetas não somente contraditórias em uma realidade cheia de conflitos, discriminações, preconceitos, mas também lúdicas, onde as possibilidades estão sempre presentes.

Somos seres ambíguos, cheios de incertezas e fragilidades. Talvez a nossa força esteja em admitir isso, em perceber como a compreensão dos fatos que nos rodeiam e dos quais fazemos parte escapam do nosso alcance. Assim aprenderíamos mais sobre nós mesmos e talvez jogássemos um jogo no qual vencer pode significar ironizar o próprio desafio.

O tema tratado aqui pode parecer insignificante, mas somente para aqueles que não percebem sua própria significância no mundo em que vivem. Nesse enfoque o fútil faz sentido, bem como os "locais de futilidades essenciais", sejam montanhas, praias, cavernas, campos, onde as ideias podem ser treinadas e as possibilidades de vidas geradas em uma perspectiva mais aberta, com menos rigidez.

Os aspectos humanos (emoções, desejos, sensibilidades) são buscados no objetivo de exercitar as ideias no resgate do doce balanço do não fazer nada, em que a técnica da preguiça possa, enfim, estar a serviço do lazer. Exercício aparentemente simples, mas quase impossível em um mundo encolhido, comprimido, em que sequer temos tempo para estar em agonia, em que somos atropelados por excesso de informações, como denunciado por Harvey (1993). Excesso de informações como uma das melhores formas de induzir ao esquecimento. O doce balanço exige uma concepção de tempo menos compulsiva, em uma relação mais relaxante com a vida, na qual se permita passar ("perder") o tempo e o tempo passado ("perdido") somente possa ser recuperado em locais de futilidades essenciais, seja um bar, uma praia, uma montanha etc.

7. Nas pistas das pegadas

As viagens e o contato com a natureza associados ao sentimento de pertencimento implicam em resistência a uma vida abstrata ou essencialmente intelectual. Nem sempre os praticantes dessas atividades viajam acompanhados, pois apostam que uma integração ocorra em um período curto, calcada na identidade grupal – grupo este que geralmente convive por pouco tempo, mas que nem por isso é menos sólido –, ultrapassando a ideia de indivíduos isolados. Embora seja um grupo circunstancial (o que dificulta a compreensão de sua importância na estruturação social), uma intensidade de sentimentos e emoções está presente, os quais serão compartilhados pelas atividades.

A noção de pertencimento envolve movimentos de aproximação e distanciamento, nos quais o reconhecimento é estabelecido e o conflito pode instalar-se como consequência da própria intimidade, como veremos adiante.

Esses grupos demonstram um escapismo lúdico concretizado em um espaço menos opressivo quando comparado ao cotidiano, identificado por uma flexibilidade de pensamentos, de atitudes e costumes, em que o controle social é diluído e o controle do tempo, mais afrouxado. Surge a possibilidade de um potencial libertário que permite o encontro do outro, ocorrendo uma construção intersubjetiva da realidade (a qual pode comportar boa dose de irrealidade). O aspecto imaterial da viagem associada a essas práticas envolve potencialidades afetivas, tecendo laços, estabelecendo contatos, fazendo circular a cultura entre os sujeitos, enfim, estruturando a vida social.

Se em um momento histórico precedente a amizade estava condicionada a vínculos institucionais (família, escola, igreja, clubes), atualmente percebe-se um agrupamento por interesses e identificações atreladas a valores e concepções de vida. Tanto é frágil o laço que nos liga às instituições racionais e longínquas como é forte o sentimento da necessidade de pertencer e participar de um grupo no qual haja reconhecimento e construção de uma imagem. De acordo com Maffesoli (2001a, p.140), a palavra de ordem parece ser "guardar distância", "distância ao que domina do alto e aliança em relação ao que está próximo".

A territorialidade individual (identidade) ou social (instituição), que tentava estabelecer residência, havia privado o homem da aventura, porém, agora, cede lugar ao traçado de novos caminhos. Caminhos contrários aos das certezas identitárias ou das seguranças institucionais alimentavam iniciativas aventureiras por uma busca ainda com contornos indeterminados. Identidades em movimento, frágeis, múltiplas e contraditórias constituídas no fundamento sólido da existência individual e social.

Após os movimentos sociais de liberação da década de 1960, manifestações da subjetividade atreladas à expressão do desejo revelaram-se como direito de todos, algo buscado não apenas no lazer e nas relações amorosas, mas também no trabalho e em todas as relações sociais. Uma participação social ganha vulto, orientada para pequenos objetivos, pragmáticos e/ou personalizados, centrada em um localismo cotidiano (esportes, feminismo, macrobiótica, sexualismo, dentre outros).

Essa década revelou forte valorização da sociabilidade denotada nos movimentos sociais que eclodiram e no valor imputado às relações igualitárias entendidas como oposição a englobamentos ou hierarquizações, constrangendo a manifestação dos sujeitos. O ideário da época insistiu na ausência de normas que pudessem legitimamente impor-se ao jogo do desejo, exacerbando as diferenças individuais. Prevaleceu uma postura assumida pelo sujeito em relação ao pessoal, à subjetividade, no culto das satisfações privadas e pela exploração de um "eu" ignorado no contexto ideológico de uma integração naquilo que esta possa negar ou comprometer a individualidade. Assim, houve uma afirmação da busca por relações igualitárias dentro dos grupos de pertencimento e, ao mesmo tempo, uma valorização extrema de suas desigualdades "internas" (Salem, 1991).

Nesse cenário identifica-se um campo privilegiado para o estudo da constituição do homem enquanto sujeito de si, da produção da subjetividade como processo ao mesmo tempo cultural e político, transformando-se no curso do tempo e variando de acordo com as sociedades, como mostra Sant'Anna (1993, p.243).

A manutenção de um mesmo perfil subjetivo deixa de ser sinônimo de eficiência e de autenticidade, surgindo "identidades inconstantes" atreladas a uma "cultura da diferença". Enquanto o social, até meados do século XX, repousava na associação racional de indivíduos com uma identidade precisa e existência autônoma, mas recentemente surgiu uma "socialidade" (Maffesoli, 1998, p.135) fundamentada na ambiguidade "fundante" da estruturação simbólica.

Nesse contexto emerge uma ética da estética orientada por parâmetros não-racionais, incorporando o sonho, o lúdico, o imaginário e o prazer dos sentidos. Essa ética da estética é traduzida pelo desejo de experimentar emoções em comum, sentimentos que se esgotam por meio de um presente intenso, e repousam no jogo dos sentidos.

O projeto cultural da modernidade estava assentado no pilar da regulação (princípios do Estado, do mercado e da comunidade), bem como no pilar da emancipação, sendo que este último era constituído por três lógicas de racionalidade: a racionalidade estético-expressiva da arte e da literatura; a moral-prática da ética e do direito; e a cognitivo-instrumental da ciência e da técnica.

Sousa Santos (2003) vem mostrar como a racionalidade estético-expressiva articula-se com o princípio da comunidade, pois é nela que estão condensadas as ideias de identidade e de comunhão sem as quais se torna inviável a contemplação estética. Assim, podemos fazer um estreitamento de ideias entre esse autor e Maffesoli.

Da mesma forma, podemos nos reportar às considerações empreendidas por Bauman (2003) em relação à comunidade estética, na qual a identidade partilha seu *status* existencial com a beleza, não tendo outro fundamento senão o acordo amplamente compartilhado, explícito ou tácito, expresso em uma aprovação consensual do juízo ou em uma conduta uniforme. Essa comunidade é consumida no seio da experiência e sua "objetividade" é tecida com os fios transitórios dos juízos subjetivos.

Porém, Bauman (2003, p.67), ao contrário de Maffesoli, não relaciona a ética à estética e apoia a busca de uma comunidade ética, a qual teria

> compromissos de longo prazo, de direitos inalienáveis e obrigações inabaláveis, que, graças à sua durabilidade prevista (melhor ainda, institucionalmente garantida), pudesse ser tratada como variável dada ao planejamento e nos projetos de futuro.

Dessa forma, o autor se situa dentro dos parâmetros da modernidade relacionados à fé no futuro, em estratégias em vez de táticas e na crença em instituições fechadas na sua inflexibilidade e avessas às mudanças e ao novo. Quanto às estratégias de longo prazo, Bauman contraria alguns autores, como Sousa Santos (2003) e Guattari (1998, 1997), no alerta sobre a urgência de atos concretos para alterar o estado das coisas relacionados à sobrevivência do planeta, expressando uma visão de sociedade planetária e buscando alternativas para melhorar a qualidade de vida.

Em obra recente, Bauman (2005) altera sua posição frente a essa questão, situando as "comunidades" (referências das identidades que se definem por meio delas) em dois tipos: comunidades de vida e de destino, nas quais os membros vivem juntos em uma ligação absoluta; e comunidades de ideias e princípios, fundidas unicamente por ideias ou por uma variedade de princípios. Estas últimas, nas quais ideias e princípios transitam, são constituídas por "indivíduos que acreditam", os quais devem comparar, fazer escolhas, reconsiderar as escolhas, tentar reconciliar demandas contraditórias e, frequentemente, incompatíveis.

As comunidades de ideias e princípios não têm a "solidez de uma rocha", prosseguindo com esse autor; não possuem uma garantia eterna, são negociáveis e revogáveis, e os caminhos tomados pelos sujeitos, suas determinações e decisões serão fatores determinantes tanto para o pertencimento quanto para a identidade. Passamos pela experiência da passagem em comunidades de ideias e princípios mais de uma vez, algumas vezes por várias, simultaneamente. Tais comunidades podem ser genuínas, supostas, bem integradas, efêmeras ou com muitos problemas a resolver. O pertencimento, junto com sua função integradora-disciplinadora, é alimentado e revigorado constantemente pela ameaça e prática da exclusão, mantendo um poder de sedução.

Em uma sociedade dominada por signos, a ética é integrante da estética e os julgamentos sociais do comportamento ético não provêm de horas despendidas em debates ou leituras, mas derivam da aparência das coisas, das imagens que circulam em espaços públicos e privados da sociedade metropolitana. O julgamento do que é correto e bom está intimamente ligado a conceitos de beleza, uma vez que sofre forte influência da dimensão estética.

Essa coexistência social, denominada "socialidade" por Maffesoli (1996), encontra expressão em uma "forma lúdica de socialização", sem aparências práticas, a qual estiliza a existência, ressaltando suas características essenciais, em uma forma estética, reveladora de como se vive e como se expressa a sensação coletiva. Espécie de comunhão sensível ou afetiva que substitui a sociedade enfaticamente utilitária.

O fato de experimentar emoções em grupo constitui, de forma significativa, a vida social desses frequentadores da natureza, a maioria de origem urbana e hábitos cosmopolitas, criando costumes expressos na linguagem e nas formas de se vestir e se comportar, enfim, adotando signos de reconhecimento, buscando parceiros e aliados, em uma elaboração de códigos que unem e separam simultaneamente. Mais do que a busca por uma unidade essencial, a busca incide na coalizão, na afinidade em vez de uma matriz identitária.

Esse conjunto simbólico encontra eco em outro, o caráter quase iniciático de uma provação, transformando-a em criadora de amizade (ética da simpatia) e formadora de grupo (tribalismo). Há um sentimento reforçado de inserção e de compartilhamento emocional, assentados na necessidade de solidariedade e proteção, acentuando que o lugar produz o vínculo e baseando-se organicamente na posse comum de valores arraigados: língua, costumes, culinária, posturas corporais, as quais são elementos concretos inseridos no cotidiano.

As novas formas de solidariedade coletiva encontram-se principalmente nas metrópoles. São coletividades afetivas transitórias, dando lugar ao que Featherstone (1997, p.72) chama "multiplicidade pululante de valores heterogêneos e politeístas". Isso indica a persistência de laços afetivos intensos, por meio dos quais os sujeitos se unem em constelações com limites fluídos, com o objetivo de vivenciar as múltiplas atrações, sensações, sensibilidades e vitalidade de grupos, a sensação de estar junto e o sentimento comum gerado por meio de uma adesão emocional grupal a um signo reconhecível pelos membros. Os exemplos são inúmeros, desde festivais de rock e concertos beneficentes do tipo "Alimente o mundo", da década de 1980, até a participação em mutirões para retirada de lixo em praias e montanhas, como grupos formados para a realização da Trilha Inca, no Peru, dentre outros.

O sujeito, de modo contrário à busca por uma distinção apolínea, mergulha no coletivo dionisíaco. A concepção de "ética da estética" (compartilhar valores em comum; ao mesmo tempo em que é bom estarem juntos, também é uma coisa bonita) não comporta obrigação ou sanção, mas a meta incide em união e pertencimento a um corpo coletivo, a uma identificação coletiva e não em considerações sobre personalidade, caráter, individualização e identidade, muito menos em conceitos como dever, obrigação, ascetismo, unidade e teleologia.

Há um movimento que gera a passagem do individualismo para o coletivismo, da racionalidade para a emocionalidade, e o tribalismo provoca um vigoroso senso de localismo e de identificação emocional por meio do sentido tátil de estar junto com relacionamentos e identificações transitórios (porém intensos), movimentando-se necessariamente no e por meio do fluxo incessante da sociabilidade, a fim de concretizar novas ligações e relações.[1]

Para melhor aprofundar esse tema, cito os estudos de Laermans (1992), o qual se baseia na teoria da modernidade reflexiva desenvolvida por Giddens et al. (1997). O sistema de coordenadas nas quais vida e pensamento estavam embebidos (família atrelada às representações de gênero, classe trabalhista, a crença na ciência e no progresso), antes da segunda metade do século XX, sofreu colapsos e foi substituído por novas e ambivalentes situações de risco e oportunidades.

Até meados do século XX, as representações de classe e gênero pré-programavam consciências individuais (como as mulheres podiam e deveriam se comportar durante o lazer e o que os trabalhadores tinham que consumir). Essas representações sociais eram largamente institucionalizadas ("ser um pequeno burguês", "ser um trabalhador", "ser um homem", "ser uma mulher") e sua firme âncora no cotidiano criou novas tradições (equivalentes modernos dos grupos de status tradicionais), a partir da segunda metade do século XIX.

A realidade social e material era interpretada de acordo com as divisões das noções de classe e de gênero, as quais igualmente determinavam a postura

---

[1] Como esclarece Maffesoli (2005, p.22), "temos o deslizamento de uma lógica da identidade para uma lógica da identificação, sendo que a primeira tem conotações mais individualistas e a segunda, mais coletivas".

do sujeito frente a essas realidades. A identidade pessoal estava embebida em uma forte identidade social e a consciência individual estava intimamente ligada a uma forma específica de consciência coletiva moderna, especialmente as de classe e de gênero.

Havia uma situação pré-moderna determinante da identidade por meio do nascimento e, assim, proporcionando pouco espaço para a questão "quem sou eu". Quando a modernidade substituiu essa situação pelas classes, pelo gênero etc., as identidades tornaram-se tarefas a serem efetuadas por meio de biografias. Como esclarece Bauman (2005), para ser burguês não bastava ter nascido na burguesia, mas era preciso viver a vida como burguês. Era preciso provar o pertencimento de classe, não apenas exibindo uma certidão de nascimento. Essa prova deveria ser de uma clareza cristalina. Fazer da "identidade" tarefa e finalidade de uma vida em comparação com as determinações preestabelecidas a estados anteriores foi um ato de libertação em relação à inércia dos costumes tradicionais, das autoridades imutáveis, das rotinas já existentes e das verdades inquestionáveis. Essa liberdade estava atrelada a uma confiança nova, sem precedentes, em si mesmo, nos outros, assim como em algo denominado "sociedade" na sua sabedoria coletiva, na confiabilidade de suas instruções, na durabilidade de suas instituições. Essa tripla confiança era exigida para ousar e assumir riscos, bem como para ter coragem no ato de fazer escolhas. Era conveniente acreditar no amparo, na segurança e no conforto oferecidos pela denominada sociedade; por outro lado, os processos de categorização e autocategorização (o processo de formação de identidade) controlavam, restringiam e inibiam.

Atualmente, a sociedade perdeu sua credibilidade, não só como árbitra das tentativas e erros dos sujeitos, mas também como árbitra justa e com princípios. Seu poder não se baseia mais na coerção direta e ela não se importa muito se suas regras e ordens estão sendo obedecidas ou não; o que importa é que todos tenham condições de permanecer no jogo.

No momento atual da cultura urbana das grandes metrópoles, principalmente para os jovens, a realidade é percebida e vivida como um campo de incontáveis possibilidades e oportunidades. A expressão da individualização vem à tona, sendo declarada de forma negativa por alguns, delatando o enfraquecimento das duas principais formas de consciência coletiva (classe e gênero), as quais perdem significado cultural como recursos identitários. Por outro lado, é declarada positivamente pelas pessoas da nova geração, pois surge um cenário com mais opções de práticas de consumo, relacionamentos sociais, atividades de lazer e outras, enquanto antes eram limitadas e praticadas somente por homens ou mulheres ou restritas às classes trabalhadoras.

As decisões concernentes à educação, trabalho, casamento, número de filhos, devem ser feitas pelo próprio indivíduo, cada um aprendendo a se olhar como centro de ação, o que não significa o desaparecimento das imagens tradicionais do eu.

Individualização, neste caso, significa o aparecimento de diferentes relacionamentos entre indivíduos e seus meios socioculturais; o que antes estava formalmente evidenciado torna-se matéria de reflexão e decisões deliberadas. Esse conceito sugere que biografia e identidade pessoais tornem-se mais reflexivamente organizadas. Indivíduos "individualizados" podem, conscientemente, optar por ou contra o egoísmo, a solidariedade ou outros valores de vida.

Da mesma forma, o termo não significa atomização, isolamento, solidão ou desconexão, mas sim a desintegração das certezas geradas pela modernidade, assim como a iniciativa para encontrar e inventar novas certezas para si e para os outros que não as possuem. Individualização não se baseia na livre decisão dos sujeitos, mas significa que a biografia padronizada torna-se aquela escolhida, uma biografia do tipo "faça você mesmo", "reflexiva" (Beck, 1997). O "eu" libertou-se dos laços comunitários, sendo capaz de construir suas próprias narrativas bibliográficas, e, atualmente, vivemos uma situação de "incerteza fabricada" (Giddens et al., 1997).

Essa individualização manifesta-se em uma fase mais avançada da modernidade, denominada reflexiva, a qual libertou os indivíduos de estruturas coletivas e abstratas, como classe, nação, família nuclear e crença institucional na validade da ciência, criando uma insegurança ontológica e um problema relacionado a como enfrentar não tanto as ameaças ambientais mas sim as psíquicas e sociais e, paralelamente, manter níveis razoáveis de ordem e estabilidade em nossas personalidades e na sociedade, muitas vezes alcançados com a mediação dos sistemas especialistas.

Atualmente os riscos são compreendidos como perigos assumidos pelos sujeitos (presumindo que a sociedade atual aumenta a individualização). Por exemplo, se desejo inovar no trabalho, devo assumir não somente as responsabilidades que isso acarreta, mas também os riscos; se desejo concretizar meus desejos de aventura saindo com um grupo para alguma atividade na natureza, idem.

Muitas das nossas atividades cotidianas tornaram-se abertas à escolha ou, como diz Giddens et al. (1997), a escolha tornou-se obrigatória. Porém, embora não frequentemente, as decisões são tomadas com base em conhecimentos especializados. Quem toma, e como toma, as decisões tornam-se fundamentalmente uma questão de poder e estratificação.

Nesse processo, as opções não ocorrem ao acaso, pois sofrem influências de fatores materiais como renda, raça, educação ou gênero. Existem importantes diferenças empíricas nos graus de individualização entre altos e baixos estratos socioeconômicos: as primeiras são mais individualizadas quando comparadas às últimas. Porém, como argumenta Laermans (1992), alguém pode atuar como "um típico trabalhador de fábrica" e não se sentir ou se identificar como tal.

Além de representar a possibilidade de fazer muitas coisas ou de simplesmente não fazer nada, o lazer, nessa perspectiva, adquire significados simbólicos e emocionais, constituindo-se na possibilidade da construção de uma identidade pelas escolhas sobre o que fazer, em que os fatores subjetivos (interesses culturais e aspirações) têm prevalecido sobre os objetivos (escola, universidade, família).

Assim, pode-se formular a seguinte questão: em que pessoa eu me torno optando por determinada prática ou pertencendo a determinado grupo? Aumentam medos individuais, ansiedades e incertezas por eu não saber o que realmente quero ou quem eu realmente sou – processo contemporâneo intensificado por meio do crescimento renovado da produção de bens e imagens.

Laermans (1992) indaga como o discurso sobre um tempo suposto de liberdade individual pode sustentar-se em um quadro social no qual a necessidade psicológica de construção ou reconstrução de uma auto-imagem requer a necessidade de uma confirmação social dessa mesma identidade, podendo envolver um sentido de obrigatoriedade e cobrança. Você não somente pode, mas deve, manifestar certos comportamentos, ideias e pensamentos para ser aceito em grupos de interesses específicos ou até mesmo em situações de intimidade.

Os sujeitos que compõem os grupos de atividades na natureza não estão isentos dessa cobrança e obrigatoriedade em relação a determinadas posturas. Para serem aceitos e reconhecidos devem demonstrar (às vezes forçosamente) comportamentos indiretamente exigidos de tolerância frente a desorganizações, desconfortos, imprevistos advindos de um mau planejamento, incompatibilidades, bem como exibir quase sempre atitudes fraternas ("ecologicamente amigável") de aceitação em relação aos outros membros do grupo.

O preço a se pagar pelo pertencimento a uma comunidade ("autonomia", "direito a auto-afirmação", dentre outros) é pequeno e invisível somente enquanto a comunidade for um sonho. O "círculo aconchegante" (Bauman, 2003) oferece lealdades, as quais são sempre esperadas, não baseadas em alicerces racionalistas de custo-benefício.

As pessoas afetadas pelo "mundo frio" buscam um lugar onde não precisem provar nada e, independentemente do que tenham feito, possam esperar simpatia e ajuda. Porém, a promoção da segurança requer o sacrifício da liberdade e esta somente pode ser ampliada à custa da segurança. Daí advém o paradoxo, pois segurança sem liberdade equivale a escravidão e liberdade sem segurança, a um estado de perda e abandono. A partir disso, assim como em relação ao enraizamento dinâmico, discutido anteriormente (o desejo da aventura e o retorno à segurança), temos uma tensão talvez insolúvel entre a segurança e a liberdade, portanto, entre individualidade e comunidade.

Essas "comunidades ecológicas", ambientalistas, no sentido amplo em que estou utilizando, também são reflexivas, pois a pessoa não nasce ou é "arremessada" nelas, mas "se arremessa", tomando as considerações de Lasch (1997). Elas podem estar espalhadas pelo espaço "abstrato", bem como, talvez, ao longo do tempo. Em terceiro, conscientemente colocam para si mesmas indagações sobre a criação do grupo e a constante reinvenção, mais que as comunidades tradicionais. E por último, seus "instrumentos" e produtos tendem a não ser materiais, mas abstratos e culturais.

No quadro da modernidade reflexiva, da perda da âncora institucional, do sujeito desgarrado, o valor atribuído à amizade tende a aumentar. O tema está recebendo um tratamento acadêmico, em uma revalorização do olhar sobre o mesmo. Como coloca Ortega (2000), a amizade seria a experimentação de novas formas de sociabilidade, frente a uma sociedade que pretende limitar e prescrever as formas de relacionamento, constituindo-se em um "exercício do político", como denomina o autor, ou seja, um processo de transformação e invenção dos indivíduos implicados.

Talvez pudéssemos incluir esses tribalismos e as novas formas de amizade em uma perspectiva da política de identidade, na qual simbolismo e informalidade assumiriam um perfil mais significativo na organização da existência cotidiana. Os sujeitos preocupam-se mais com a aparência pessoal e em estabelecer relações com os outros que com vestir-se, falar, pensar e agir de acordo com antigas categorias sociais coletivas.

Desde o final dos anos de 1960, organizações como família, classe, partido e igreja vêm sendo desafiadas pelas denominadas políticas de identidade devido a sua abstração, descontextualização e ineficácia. A política de identidade se concentra em questões particulares, reconhece a inevitabilidade da diferença e da heterogeneidade e desconfia dos discursos políticos que giram em torno de imagens do universal e da massa, visualizando virtudes na flexibilidade, na mobilidade e em novas formas de fazer política.

Entre as décadas de 1970 e 1990, os movimentos e as lutas políticas mais importantes, tanto nos países centrais como nos periféricos e semiperiféricos, foram protagonizados por grupos sociais compostos por identidades não diretamente classistas, como estudantes, mulheres, grupos étnicos e religiosos, pacifistas e ecológicos (Sousa Santos, 2003).

Em período anterior à modernidade, três pilares eram considerados expressivos e reguladores da sociedade: o trabalho, como auto-realização; a política institucionalizada, como expressão da vida social; e a fé no futuro, como motor do projeto individual e social. A modernidade tentou controlar a sociedade e a natureza. Os pré-requisitos para o sucesso envolviam a priorização do interesse individual sobre o interesse coletivo, promovendo o espírito de competição e a autodisciplina. Muitos delataram que a ordem sustentada pelas instituições da modernidade ("direitos iguais para todos", "liberdade do individual") limitava algumas capacidades humanas, pois reduziam os sujeitos ao mínimo denominador comum, ignorando as características convulsivas e vibrantes que identificam os processos de mudança na sociedade. Outros justificavam essas limitações em troca da segurança adquirida e os mecanismos de regulação eram apontados como criadores de condições para a liberdade e o crescimento econômico, garantindo a estabilidade e a previsibilidade. A segunda justificativa prevaleceu.

De acordo com Rojek (1995), a modernidade na sua fase primeira pode ser encarada como uma grade imposta à vida. Tanto o tempo como o espaço foram instruídos segundo disciplina e ordem rígidas, com tempos especiais para trabalho e para se divertir; espaços reservados para atividades "sérias" e para aspectos considerados menos "sérios" da vida, geralmente relacionados ao tempo do lazer. Isso foi atingido por meio de um contrato "voluntário".

A modernidade também ofereceu, para poucos, um pacote de liberdade disciplinada (a liberdade não oferece riscos enquanto não há desvios em relação aos objetivos desejados). Esse pacote só estava disponível para um seleto grupo de fregueses, e esses poucos expandiram a ideia de emancipação por meio dos anos que seguiriam (Bauman, 2003).

Esse panorama desembocou em uma subjetividade individual (impulsionada pelo princípio de mercado e da propriedade individual, exigindo a regulação do Estado) e abstrata (teórica, descontextualizada e atemporal). As duas tensões – subjetividade individual/subjetividade coletiva e subjetividade contextual/subjetividade universal – alicerçam as duas grandes tradições da teoria social e política da modernidade.

Como alternativa à polarização indivíduo-Estado, assente no princípio da obrigação político liberal da modernidade sob a égide do capitalismo, duas contestações surgiram criando vínculos diferenciados. Uma delas foi a contestação romântica e a outra a contestação marxista (Sousa Santos, 2003, p.141). Porém, a hegemonia da obrigação política liberal se apropriou do potencial alternativo desses vínculos, os quais, descaracterizados, favoreceram a lealdade terminal do Estado.

A contestação romântica[2] discorda da racionalidade descontextualizada e abstrata crescentemente colonizada pelo instrumento científico e pelo cálculo econômico. Propõe uma busca radical de identidade, implicando uma nova relação com a natureza e a revalorização do não-racional, do mítico e do popular, bem como o reencontro com o "outro" da modernidade, ou seja, o homem natural, primitivo, espontâneo, dotado com formas próprias de organização social. Distante de ser reacionária, como alguns comumente colocam, essa contestação (herdeira do reformismo iluminista, que critica dentro da estreiteza realista em que fechou suas reformas) é hoje reconhecida por

---

[2] Sobre a contestação romântica como crítica ao capitalismo, ver a obra *Romantismo e política*, de Lowy e Sayre (1993).

seu potencial de abrir espaços para a utopia social na qual projetos socialistas ocupam um lugar central com formas religiosas.³

A contestação romântica propõe a "recontextualização" da identidade por meio de três níveis: o étnico, o religioso e o vínculo com a natureza. Para efeitos, vamos considerar somente os resultados em relação aos vínculos com a natureza.

Houve uma degradação desse vínculo à medida que esta era considerada matéria a ser explorada, invadida ou desrespeitada, descontextualizando a subjetividade de muitos povos, dentre os quais podemos citar os ameríndios. Daí em diante a natureza somente tinha acesso à cidade por duas vias, ambas ditadas pela própria cidade, conforme nos mostra Sousa Santos (2003, p.142): como jardim botânico, jardim zoológico e museu etnográfico ou como matéria-prima. Nessa situação, o Estado exerceu um papel significativo (embora indireto), criando um regime de propriedade e legitimando simultaneamente dois processos históricos simbióticos: a exploração da natureza pelo homem e a exploração do homem pelo homem.

A contestação marxista recontextualizou a subjetividade individual e destronou o Estado, porém, desconsiderando mediações entre as classes (fixou a burguesia ao lado da regulação e o operariado ao lado da emancipação), tendeu a reproduzir, sob outra forma, a polarização entre um sujeito e um supersujeito (que antes era o Estado e agora passa a ser a classe). A classe, enquanto supersujeito, veio a ser potencializada na junção posterior com o Estado, descontextualizando e devorando antropofagicamente a subjetividade individual. A contestação marxista propõe a recontextualização pelo vínculo de classe.

Apesar da apropriação (ou da tentativa de) do potencial alternativo desses vínculos, o indivíduo concreto insistiu na solidariedade concreta, nos laços de ajuda mútua que os conectam uns aos outros e sem os quais a vida individual, e não apenas a coletiva, não seria possível. Do ponto de vista da emancipação, podemos perceber o surgimento de identidades contextuais e é possível pensar em novas formas de cidadania (coletivas e não individuais; menos baseadas em direitos e deveres e mais em formas e critérios de parti-

---

³ Nesse aspecto, as obras de Thoreau (2001) são emblemáticas, sem deixar de desconsiderar seus excessos de ingenuidade, sendo ele considerado um dos inspiradores do movimento ambientalista crítico da década de 1960, bem como inspirador do movimento da resistência passiva de Ghandi.

cipação), não liberais e não estatizantes, nas quais seja possível uma relação mais equilibrada com a subjetividade. Definindo as alternativas emancipatórias dos anos de 1990, a crise significou a revolta da subjetividade contra a cidadania atomizante e estatizante (Sousa Santos, 2003, p.335). A verdade absoluta, que deveria ser a esperada, fragmenta-se em verdades parciais, que convêm ser vividas.

Carvalho (1997) faz algumas considerações a respeito da via alternativa proposta pelo movimento ecológico, o qual clama uma recusa aos valores materialistas da sociedade de consumo e um possível resgate da relação homem/natureza. Esse "movimento de celebração da natureza" inclui, igualmente, uma valorização da subjetividade, aproximando-se do que a autora denomina de "política em primeira pessoa", o que posiciona a dimensão pessoal/subjetiva ao lado da dimensão coletivo/social na transformação da realidade. Esse elogio da subjetividade implica em um distanciamento do sistema social estabelecido, normatizado e disciplinar e está em sintonia com a celebração do natural e do instintivo como reservas de liberdade e autenticidade.

Essa subjetividade, resultante de um cruzamento de sentidos, permite tanto possibilidades emancipatórias provindas da experiência subjetiva (implicando em uma perspectiva utópica de luta antidisciplinar) como uma vivência narcísica e atomizada de uma privacidade constituída na ilusão de estar fora da esfera pública e política (há uma redução da subjetividade à esfera da individualidade e/ou interioridade psicológica). Como argumenta Carvalho (1997, p.276), "ambas concorrem simultaneamente, como significados disponíveis para o agenciamento das ações políticas e dos desejos pessoais". Talvez uma alternativa fosse investir nas buscas de mediações simbólicas que melhor traduzissem as subjetividades como experiência social.

Na aclamada crise contemporânea do sujeito[4] (referente a um "eu" universal, estável, unificado, totalizado e totalizante, interiorizado e individualizado) surge a errância restabelecendo um sentido de aventura, o qual é eliminado quando supostas certezas são engendradas em um quadro social composto por um falso sentido de segurança. O sentido de aventura vem se concretizar na condição do homem sem nobreza, no errante não domesticável, como também em um eu

---

[4] Bauman (2005) elucida que a extensão dessa abrangência em torno da identidade não estava nem perto do debate até algumas décadas atrás, permanecendo apenas como objeto de meditação filosófica.

descentralizado, evidenciando que não existe mais uma essência humana coerente subjacente aos vários papéis sociais. Ele é, portanto, tanto nômade (sem casa ou refúgio) quanto rizomático (sem raízes ou ancoragens).

A concepção do homem como centro do universo, possuidor de uma pretensa "humanidade" como dom natural, uma propriedade essencial e uma qualidade intrínseca parece estar definhando.

As transformações ocorridas nas sociedades no final do século XX estão alterando nossas identidades pessoais e abalando a ideia que temos sobre nós mesmos como sujeitos integrados. Esta perda de um "sentido de si" estável, muitas vezes denominada de descentramento do sujeito, efetua-se por meio de um duplo deslocamento – descentramento do sujeito tanto de seu lugar no mundo social e cultural quanto de si mesmo, constituindo uma "crise de identidade" para o sujeito (Hall, 2003).

Ao contrário de ser algo unificado e consistente, o eu deveria ser concebido como um conjunto de "quase-eus" conflitantes, um ajuntamento aleatório e incerto de experiências. Com a descartabilidade do antigo eu como algo impossível de ser encontrado, o desejo por novas experiências e a auto-ampliação constante podem converter-se em uma justificativa ética da vida ou de uma vida estética estruturada em torno da busca e da valorização das coisas, das pessoas e das experiências belas (Featherstone, 1997).

Atualmente o eu é apresentado como uma entidade que se apresenta de formas diferentes em cenários diversos. Enquanto em um momento anterior o desenvolvimento do eu era visto em termos de curso da vida, ou seja, infância, juventude, pré-maturidade, meia-idade e velhice, agora é apresentado como uma mistura de tendências contínuas e descontínuas. Assim, as preocupações da adolescência não são consideradas findas quando se alcança a meia-idade, do mesmo modo que na terceira idade o indivíduo pode cultivar características juvenis.

Ao abordar um modo de vida específico, a cultura, ou mesmo a noção de cultura, igualmente sofreu adaptações, pois antes era concebida em um sentido mais amplo, por exemplo cultura mexicana ou polinésia. Soava estranho referir-se à cultura dos praticantes de caminhada nos vales de Yorkshire ou na cultura dos fisioterapeutas portugueses (Eagleton, 2004).

Atualmente, como exposto por Eagleton (2004), a cultura sofreu alterações de enfoque, do macro para o micro, ou de sociedades inteiras (por exemplo, a Grécia Helênica) para uma série de interesses específicos no interior das sociedades (por exemplo, os interesses dos *Hell's Angels*, clube de motocicletas dos EUA). Na preocupação com simbolismos e solidariedades locais, a cultura oferece uma alternativa ao abstrato e ao universal, pois se relaciona mais a modos de comportamento, de fazer e hábitos do que a procedimentos conceituais ou métodos racionais. Diferentemente da álgebra, não é algo que se aprende por meio do estudo, mas pela participação.

A cultura dos praticantes de caminhadas nos vales de Yorkshire não gira em torno especificamente da caminhada; portanto não se refere tanto ao que esse grupo faz, mas ao modo como o faz (utilizando determinada roupa, apetrechos específicos, valendo-se de determinadas posturas). Portanto, é uma questão de estilo e forma, em um momento em que estilo e forma viraram elementos socialmente valorizados.

As identidades culturais não são rígidas nem imutáveis, mas sim resultados transitórios e fugazes de processos de identificação. Mesmo as aparentemente mais sólidas, como mulher, homem, país africano ou latino-americano, escondem negociações de sentido, jogos polissêmicos, choques de temporalidade em constante processo de transformação, responsáveis pela sucessão de configurações da linguagem que se transformam historicamente, dando concretude a essas identidades. Estas são, portanto, identificações em processo e, além de plurais, são dominadas pela obsessão da diferença e pela hierarquia das distinções. Dessa forma, devemos ter como preocupação quem pergunta pela identidade, em que condições, contra quem, com que intenções e com que resultados (Sousa Santos, 2003). Não há sujeito ou subjetividade fora da história e da linguagem, da cultura ou das relações de poder. As identidades, ou a questão da identificação,[5] para nos aproximarmos do processo de subjetivação, são produzidas por meio da diferença e essa marcação da diferença ocorre tanto por meio de sistemas simbólicos de representação quanto por meio de formas de exclusão social.

Ainda que o gênero seja importante para a construção de nossas subjetividades, ele não existe no nada. A experiência de gênero está relacionada com outras experiências, em menor ou maior grau, como racismo (mulher branca,

---

[5] A identificação não se refere a uma atividade imitativa pela qual um sujeito modela-se de acordo com outro, mas sim uma "paixão assimiladora pela qual um ego inicialmente emerge" (Butler, 2001).

homem negro), dentre outros, desestabilizando qualquer noção de identidade como coerente, unitária e fixa.⁶

Embora possamos nos enxergar como sendo a "mesma pessoa" em diversas situações da vida, não é difícil perceber que somos diferentemente posicionados, em diversos momentos e lugares, de acordo com os variados papéis sociais que exercemos. Por outro lado, nunca poderemos "completar" as identidades requeridas pela sociedade, como as de "bom cidadão", "indivíduo livre e racional", "sujeito ecologicamente correto", "homem ou mulher ideal". Não podemos porque resistimos a ela. Resistimos ao perfeito ajuste entre as normas sociais e aquilo que queremos ou sentimos. Essa resistência ultrapassa os "eus" que nossas culturas, escolas, governos, famílias, normas sociais e expectativas estão nos oferecendo ou exigindo que sejamos. Ela vence as banalidades da normalização e torna possível a ação (Ellsworth, 2001).

A identidade é algo a ser inventado, e não descoberto. Necessita de um empenho, um objetivo (descobrir quão atraente são os objetivos que podem ser atingidos com os meios que se possui), algo a ser construído ou escolhido entre alternativas; deve-se lutar por ela e protegê-la por meio de uma luta adicional, mesmo suprimindo ou ocultando sua condição precária e eternamente inconclusa. No momento atual, torna-se mais difícil esconder essa verdade do que no início da era moderna.

Buscar novas âncoras ou pertencimentos gera um movimento relacionado a um deslocamento total ou parcial, podendo constituir-se em uma experiência desconfortável e perturbadora (Bauman, 2005). A identidade é uma ideia ambígua, que se manifesta como um grito de guerra em uma luta defensiva, pois em um momento é o sujeito que luta contra o ataque de um grupo e no outro, um grupo menor e mais fraco (e por isso ameaçado) luta contra uma totalidade maior e dotada de mais recursos (e por isso ameaçadora).

Entre os anos de 1960 e 1980, a luta política era descrita e teorizada em termos de ideologias em conflito. No momento atual, diferentemente de uma

---

[6] Ellsworth (2001), discutindo sobre o endereçamento de filmes para determinado público, mostra que este pode diferir do originalmente proposto pelo produtor. Muitas vezes é criado um filme para garotos de 12 anos, estadunidenses, brancos, ricos. Porém, essas posições não são acabadas e únicas. Talvez a preferência pelo filme seja de um público composto por garotos homossexuais, ou mestiços, deficientes etc. e que o filme acabe agradando mais garotas que garotos.

luta política vinculada à classe ou partido, percebe-se essa vinculação a uma competição e conflito entre diferentes identidades relacionadas a estilo e qualidade de vida, reforçando a existência de uma crise de identidade no mundo contemporâneo. Assim, a etnia, o gênero, a raça, a idade, a incapacidade física e as preocupações ecológicas produzem novas formas de subjetivação e o surgimento de uma política de identidade (Woodward, 2004).

O termo "subjetividade" sugere a compreensão que temos do nosso eu. Ele envolve os pensamentos e as emoções conscientes e inconscientes presentes em nossas concepções sobre "quem somos". Entretanto, vivemos nossa subjetividade em um contexto social, no qual a linguagem e a cultura oferecem significado à experiência que temos de nós mesmos e no qual adotamos uma identidade. As posições que assumimos, com as quais nos identificamos, constituem nossas identidades. O conceito de subjetividade permite uma exploração dos sentimentos e valores envolvidos nesse processo bem como do investimento pessoal que fazemos em posições específicas de identidade, permitindo-nos compreender as razões pelas quais nos apegamos a identidades particulares.

Ocupar uma posição de sujeito – por exemplo, de ecoturista, ambientalista, ambientalmente correto ou outra – não se reduz simplesmente a uma escolha pessoal, pois somos recrutados para aquela posição ao reconhecê-la por uma representação, e o investimento que nela fazemos é igualmente crucial nesse processo. Os fatores materiais são incapazes de explicar no seu todo o investimento realizado em posições de identidade. Há um contínuo processo de identificação no qual buscamos construir alguma compreensão sobre nós mesmos por meio de sistemas simbólicos e nos identificar com as formas pelas quais somos vistos pelos outros.

Toda identidade necessita daquilo que lhe falta (mesmo que esse outro tenha sido silenciado e inarticulado) e se afirma pela repressão daquilo que a ameaça (Hall, 2004).

Podemos compreender melhor a busca da identidade "aventureira" a partir de um desapego em relação à mesma, a qual se constitui em um dos tipos a ser experimentada. Ela é emblemática, no sentido de desconstruir as identidades fixas, tendo como respaldo a domesticação do sujeito e sempre adiando o sentido lúdico da vida, além de departamentalizá-lo no denominado lazer ou no mítico tempo "livre".

Apesar dos esforços anteriores para delimitá-la, ela é impalpável, intangível e não quantificável, constituindo-se em um campo de experiência, de afeto, de marcas, de sonho, de abertura por meio de conexões e fugas, de criação e sentido, de agenciamento coletivo, de produção de si (Garcia, 2002).

Guattari (1997) é um autor representativo na formulação dos nexos entre política e subjetividade, propondo uma postura ético-política denominada "ecosofia", a qual articula os campos natureza, política e subjetividade. Aposta na saída das crises contemporâneas pela articulação da subjetividade em estado nascente (esforço potencial de subjetivação manifestado fora das normas), do *socius* em estado mutante e do meio ambiente no ponto que pode ser reinventado.

Alerta para a necessidade de uma nova subjetividade que evoque o "eu emergente" e convoque para um novo olhar, depurado, disponível, o qual deve incorporar o nascimento, a morte, o desejo, o amor, as relações com o corpo e com o tempo, as formas animadas e inanimadas. Essa subjetividade reengendrada constantemente deve recuperar o olhar da criança e da poesia, ao invés do olhar cego e seco para o sentido da vida, próprio dos especialistas e tecnocratas. Isso não significa opor uma utopia celestial face às urgências de nossa época, mas reorientar as finalidades tecnológicas, científicas, econômicas, as relações internacionais (em particular entre o Norte e o Sul), bem como a mídia. Portanto, Guattari (1998, p.24) conclui, referindo-se à necessidade desse novo paradigma estético: "estamos diante de uma escolha ética crucial: ou se objetiva, se reifica, se 'cienticiza' a subjetividade ou, ao contrário, tenta-se apreendê-la em sua dimensão de criatividade processual".

Essas buscas pela natureza tornam-se interessantes enquanto movimentos que conspiram para complicar e subverter a identidade. A ideia de movimento, de deslocamento, por si só já é conspiradora, como vimos, e se utiliza de diversas metáforas como diáspora, nomadismo, cruzamento de fronteiras. Nesse aspecto, a figura baudelaireana do *flâneur* é constantemente trazida nesse enfoque como um exemplo de identidade móvel. Outras metáforas referem-se às hibridações (as atividades na natureza encerram um hibridismo, como é visto no próximo capítulo) sincretismos, travestismos, os quais igualmente conduzem a alguma espécie de mobilidade entre os diferentes territórios da identidade. Essas metáforas buscam destacar os processos que complicam e subvertem a identidade, contrastando com os processos que tentam estabilizá-las (Silva, 2004). Incluo aqui a metáfora da fronteira, revelando-se fértil no sentido de possibilitar o movimento entre os territórios simbólicos de diferentes identidades ou desrespeitar os sinais artificiais que demarcam territórios. Ela evidencia a instabilidade da identidade, bem como a visibilidade da sua precariedade, pois estar na fronteira ou permanecer na mesma torna-se o acontecimento crítico.

A viagem por si só, embora menos traumática que a diáspora ou a migração forçada, proporciona a experiência do "não sentir-se em casa", o que, na perspectiva da teoria cultural contemporânea, caracteriza toda identidade cultural, pois nela experimentamos, ainda que de forma limitada, os sabores e as inseguranças da instabilidade e a precariedade da identidade (Silva, 2004).

O deslocamento produz o desenraizamento, solta, liberta e no curso da viagem sempre há uma transfiguração. Não somente um encontro, mas um reencontro, no qual o sujeito se descobre o mesmo e diferente, idêntico e transfigurado, de tal modo que na chegada nunca se é da mesma forma que éramos na partida. Assim, a viagem pode ser uma longa faina a desenvolver o "eu" (Ianni, 2000).

Explorando especificidades ou traços característicos nos aventureiros que buscam os espaços naturais para suas experimentações e explorações, fica evidenciada uma preferência por locais não densamente ocupados, diferentemente daqueles onde se encontra um grande número de pessoas circulando, como a praia de Pitangueiras, no Guarujá (SP), nos finais de semana ou as cavernas do Petar (Vale do Ribeira, SP), nos feriados.

Seria possível imaginar um congestionamento do trânsito de pessoas em uma trilha, onde é necessário caminhar em fila indiana, a ponto de um grupo precisar ficar aguardando por quase 15 minutos sua vez de passar enquanto o grupo que já estava na trilha termina o percurso? Essa foi a situação vivida em uma das trilhas percorridas na cidade de Carrancas (MG) com um grupo de ecoturismo em 2003. Lá também ocorreram outras situações parecidas, como a de chegar em uma cachoeira e não encontrar lugar para sentar ou acomodar a mochila e as roupas, devido a quantidade enorme de pessoas que ocupavam o espaço. Ao chegar a um local denominado cachoeira da Zilda, reparou-se que o espaço estava apinhado, o que desestimulou o grupo a permanecer e o forçou a optar pela busca de outro espaço. Essa questão tornou-se estressante, conduzindo o coordenador a racionalizar os horários de saída para as trilhas, de modo a evitar a presença de muitas pessoas.

Alguns grupos desenvolvem estratégias para evitar situações de apinhamento, como demonstrado na fala de Z., coordenador de ONG e educador ambiental:

> Evitamos viajar nos feriados. Muitos acham que somos agências de turismo e, por conta disso, acabamos estudando um pouco de ecoturismo, o qual supostamente tem pressupostos como promover atividades de baixo impacto e conhecer as comunidades tradicionais, e nos feriados há muito fluxo de pessoas. Então, preferimos evitar feriados para fazer um trabalho calmo e tranquilo.

Outra estratégia está envidenciada na fala de R. M., bióloga e socióloga, que desenvolve um programa diferenciado de trilhas:

> Essas caminhadas têm muita procura e acabei [por] limitar em trinta pessoas, mas é muito. Levo sempre dois ou três monitores mais o guia local. Para a trilha, trinta pessoas é muito, mas foi o jeito que consegui. Depois eu pensei em uma maneira de dividir o grupo.

A opinião dos ecoturistas vai nessa mesma direção, ou seja, privilegiando os espaços menos ocupados: "Os lugares em Carrancas são muito visados, muitas pessoas vão; há pouco espaço para dividir com muita gente, procuro achar um canto menos cheio" (R., 32 anos, pós-graduanda em Educação); "O grupo era muito grande; quanto menor o grupo, mais integração ocorre" (M., doutoranda em computação, 30 anos); "Pena que estava muito cheio. Se a cidade não tomar cuidado, vai deteriorar; vimos latas de cerveja jogadas" (H., 30 anos, engenheiro civil).

Podemos refletir sobre a questão do apinhamento nos valendo das considerações tecidas por Tuan (1983), para quem a noção de espaciosidade está intimamente associada com a sensação de estar livre. Liberdade implica espaço para poder atuar.

O espaço é uma necessidade biológica para todos os seres vivos, mas para o ser humano é também uma necessidade psicológica, um requisito social, e mesmo um atributo espiritual.

Embora a solidão seja uma condição para adquirirmos sensação de imensidão, muitas vezes o medo do espaço associa-se ao medo da solidão, explica Tuan (1983). De outra forma, a companhia de outros sujeitos, mesmo de uma única pessoa, pode produzir uma diminuição do espaço e ameaçar a liberdade. A ocupação do espaço conduz a um ponto de saturação no qual a sensação de espaciosidade transforma-se no seu oposto, ou seja, apinhamento. Basicamente nos sentimos apinhados pelas pessoas, pois elas, mais que os objetos, podem restringir nossa liberdade e nos privar de espaço, pois apinhamento implica em sentir-se observado.

Uma multidão pode ser divertida, mas o desejo de estar nela, o lugar onde ocorre, bem como a ocasião, sofrerá divergências sociais. Como exemplo, a multidão da praia, longe de ser incômoda, pode ser uma atração para muitas pessoas.

Somos seres sociais e gostamos de companhia e proximidade física dos outros. Mas a forma como toleramos ou apreciamos essa proximidade, por quanto tempo e em que condições variam de acordo com a cultura e com elementos subjetivos. Tuan (1983) cita o caso dos bosquímanos Kung, no deserto de Calaari, que vivem em apinhamento e têm o espaço organizado para garantir o máximo contato; as cabanas são construídas muito próximas e as pessoas não precisam se levantar para trocar coisas entre si. Isso ocorre não porque falte espaço no deserto, mas porque gostam de viver em proximidade, não demonstrando sintomas de estresse biológico.

Quando nossos desejos são conciliados, o mundo nos parece espaçoso e amistoso, sendo que o contrário ocorre quando eles se frustram.

No caso dos indivíduos apresentados neste texto, embora não haja um desejo por isolamento no espaço da cachoeira, pois estão em grupo, nota-se que eles evitam estar em um espaço saturado, o que comprometeria o reconhecimento do grupo no qual se sentem amparados. O pertencimento de grupo nessas pequenas aventuras torna-se importante na medida em que estimula a ação, exerce proteção e traz segurança, como no momento de entrar na cachoeira, de saltar de um penhasco para cair na água ou enfrentar a escuridão de uma caverna. Provavelmente essas ações não ocorreriam sem o amparo do grupo. O apinhamento pode representar uma ameaça à coesão grupal ou quebra no sentimento desse amparo causado pela grande presença de pessoas alheias ao grupo.

Há uma fusão comunitária nesses grupos, expressa por liberdades errantes e intersticiais, sem afirmação ideológica, porém empiricamente vividas, traduzindo a necessidade de aventura, o prazer dos encontros efêmeros, o desejo do outro lugar. Um ideal manifestado nos sinais de reconhecimento: mochilas, tênis, bonés, cantis e linguajar que dificultam uma interpretação em termos de finalidade, de sentido da história ou outras categorias político-econômicas costumeiramente utilizadas na interpretação dos vínculos sociais.

Esse fato nos alerta para a necessidade de uma compreensão da sociedade, não simplesmente como um sistema mecânico de relações econômicas, políticas ou sociais, mas conforme Maffesoli (1996, p.73), como "um conjunto de relações interativas, feito de afetos, emoções, sensações que constituem, *strictu sensu*, o corpo social. Um conjunto encarnado de certo modo, repousando sobre um movimento irreprimível de atrações e repulsões".

A discussão estaria incompleta se não fosse introduzido o fato de que atualmente compramos maneiras de ver, sentir, pensar, perceber, morar, vestir, ou seja, mais do que bens, consumimos formas de vida em que o desejo é capturado por promessas de uma vida feliz, invejável. Por meio de fluxos de imagem, de informação de conhecimento e serviços acessíveis, consumimos subjetividades, absorvemos maneiras de ver, sentidos de vida (Pelbart, 2003).

Cito um trecho de uma reportagem da revista *Caminhos da Terra*, "Radicais por Natureza", a partir do qual podemos refletir sobre as atividades em que a natureza é utilizada como denominador comum:

> Enfrentar as corredeiras de um rio a bordo de um bote ou de apenas uma bóia. Perder-se em uma trilha dentro de uma floresta [...]. Em busca de emoções fortes, muitas pessoas abdicaram de alguns lazeres urbanos pelo desafio de jornadas pela natureza. Os chamados esportes de aventura [...] estouraram no Brasil na década de 80 [...] *trekking, canyoning, acquaraid* [...] Os nomes usuais são estrangeiros, difíceis até. Mas o objetivo é sempre o mesmo, simples: liberdade total – na água, na terra ou no ar.

Aqui essas atividades respondem a opções atreladas a vários fatores, como a aquisição de imagens por meio da compra de um sistema de signos (estilo de vida que envolve aventura, desafio, risco, natureza).

Evidencia-se nelas uma série de componentes atrelados, direta ou indiretamente, às rápidas mudanças ocorridas na sociedade de consumo nos últimos trinta anos. Essas mudanças não implicam somente o consumo como "mero reflexo da produção", mas como fundamental para a reprodução social, bem como para a cultura do consumo, a qual não assinala somente a produção e a relevância cada vez maiores dos bens culturais enquanto mercadorias, mas também o modo pelo qual a maioria das atividades culturais e das práticas significativas passa a ser mediada por meio do consumo (Featherstone, 1997, p.108).

Relacionado diretamente com a cultura do consumo, o consumo de signos e imagens (no qual os bens tornam-se comunicadores, delimitando fronteiras entre os grupos, criando e demarcando diferenças ou aspectos comuns entre pessoas) irá manifestar-se na busca da distinção, criação de nichos de consumo, hábitos de lazer.

Segundo Harvey (1993, p.85), preocupações com identidade e raízes pessoais e coletivas presenciam-se mais fortemente nas sociedades capitalistas, a partir do início dos anos de 1970, devido à disseminada insegurança em mercados de trabalho, em mixes tecnológicos, sistemas de crédito etc.

Na arena do consumo, avistamos duas tendências: a passagem do consumo de bens para o consumo de serviços (pessoais, comerciais, educacionais, de saúde, diversões, eventos, espetáculos), bem como a mobilização da moda em mercados de massa (opondo-se a mercados de elite). Quanto a este último, nota-se uma aceleração do consumo, não somente em termos de roupas, ornamentos e decoração, mas também "em uma ampla gama de estilos de vida e atividades de recreação (hábitos de lazer e de esporte, estilos de música pop, videocassetes e jogos infantis etc.)" (Harvey, 1993, p.258).

Influência política e um poder de mercado diferenciado constituirão espaços em que "culturas do gosto" e grupos determinados expressarão seus desejos. Dessa maneira, nichos de consumo são criados nessa mobilização da moda, encobrindo quase sempre a base real das distinções econômicas, por meio de gostos e preferências estéticas diferenciados.

A experiência da construção de comunidades estéticas temporárias revela-se também na disposição da nova classe média, segundo Featherstone (1997, p.136), "sobretudo aqueles que tiveram acesso a uma educação superior, que trabalham nas indústrias ou profissões culturais [...]". Estéticas estas, celebradoras da diferença, da efemeridade, do espetáculo, da moda e da mercadização de formas culturais.

Os bens são duplamente simbólicos, uma vez sendo o simbolismo empregado na elaboração e no imaginário referentes aos processos de produção e de marketing, como também elaborado pelos consumidores na utilização desses bens para consumir modelos diferenciados de estilo de vida.

Nesse contexto, a produção de imagens, bem como o mercado atrelado a esse propósito, apresenta-se como um dos elementos impulsionadores da sociedade de consumo. Uma imagem adquirida pela compra de um sistema de signos como roupas de grife e carros da moda passa a constituir, como discute Harvey (1993, p.260), um elemento singularmente importante na autoapresentação nos mercados de trabalho e, por extensão, passa a "ser parte integrante da busca de identidade individual, autorrealização e significado na vida".[7]

Em uma reportagem da revista *Veja*, intitulada "O estilo ecológico", pode-se perceber como a imagem gera um mercado consumidor baseado na atração das pessoas por esportes que carregam mensagens referentes a um estilo de vida "ecológico", nas quais estão presentes elementos como natureza, ar puro e aventura. A reportagem mostra uma pesquisa realizada com consumidores de produtos como reidratantes, veículos (*motocross* e *mountain bike*), equipamentos (relógios de mergulho), vestimentas estilo *surfwear* (camisetas com motivos de surfe – palmeiras, praias, pranchas; bermudas coloridas) e revistas especializadas em esportes (surfe, ciclismo, *mountain bike*) revelou que a grande maioria não pratica esporte regularmente, nem como principiante, o que leva a concluir que o estilo de vida espelhado nesses produtos é o responsável pelo grande número de vendas e não o real hábito dos consumidores, os quais muitas vezes, não sabem nadar, odeiam se embrenhar no mato, residem longe do litoral, porém, "praticam esportes mentalmente, antes de praticá-lo de verdade. Compram todos os apetrechos, lêem livros, se informam, mas na hora de praticar o esporte geralmente desistem" (Veja, 1994).

Garcia dos Santos (2000, p.6) revela como o capitalismo vive da carência, representada pela falta constitutiva do seu sistema de produção e consumo. Porém, não se trata aqui da "carência por necessidade, que escraviza os pobres, e sim a carência no âmbito do desejo, que move o impulso do consumidor ocidental". Assim, temos uma miséria material dos pobres correspondendo a uma miséria libidinal dos ricos, sendo esta última habilmente manipulada pelas forças do mercado. Porém, como visto, o desejo de consumo encontrará barreiras na insustentabilidade do crescimento econômico deflagrada pela crise ambiental.

Nesse processo é desenvolvido um consumo, não por necessidade, mas por ansiedade, sendo quase impossível não vincular a estratégia do consumo

---

[7] Harvey (1993, p.161) expõe como consultorias de imagem pessoal tornaram-se um grande negócio na cidade de Nova York, exemplificando com cursos frequentados por mais de 1 milhão de pessoas intitulados "Image Assemblers" (montadores de imagem), " Image Builders" (construtores de imagem)," Image Crafters" (artesãos de imagem) e "Image Creators" (criadores de imagem).

à estratégia da sobrevivência, uma vez que a identidade social do indivíduo se afirma na esfera do consumo. Enquanto isso, paira no ar a incerteza quanto ao futuro e a ameaça da exclusão.

Devemos refletir a respeito do consumo exacerbado dos países ricos, o qual erodiu os recursos renováveis como combustíveis fósseis, florestas e áreas de pesca, poluindo o ambiente local e global. Esse consumo está vinculado:

> à promoção da necessidade de exibir conspicuamente o que se tem, em lugar de atender às necessidades legítimas da vida ou mesmo à qualidade de vida. Enquanto parte dessas imensas gerações de consumidores precisam consumir menos, para mais de 1 bilhão de pessoas, consumir mais é uma questão de vida ou morte e um direito básico – o de libertar-se da carência. (Garcia dos Santos, 2000, p.6)

Nessa cultura contemporânea do consumo observamos uma "mcdonalização da sociedade", utilizando a expressão de Featherstone (1997, p.23), presente nos supermercados, locadoras de vídeo, cinemas, parques temáticos e outros, constituindo-se em uma "burocratização maciça da vida cotidiana, conduzindo a uma padronização progressiva [...]".

Experimentar uma relação com a natureza ou "mergulhar na natureza", como apregoam muitos folhetos de propaganda relacionados ao ecoturismo, significa pretensa ou momentaneamente encontrar-se fora dos ditames do capitalismo industrial, descentralizando categorias habituais, uma forma de "jogar com a desordem cultural". Fato mais evidente no turismo ecológico de pequena escala, na perspectiva de Ribeiro e Barros (1997, p.36), que se diferencia do turismo massivo, aquele imediatamente colado às formas de reprodução do grande capital na sociedade de massa.

A massificação pelo discurso capitalista encontra-se na possibilidade de especificar o sujeito como consumidor, singularizando-o e situando o produto como único, personalizado. Na questão do ecoturismo como produto, este se apresenta como uma opção diferenciada ao turismo tradicional, que distinguiria o sujeito (Silva, 1997).

Nesse debate deve ser incluída a perspectiva do consumo relacionada ao processo de globalização, o qual envolve uma interação entre fatores econômicos e culturais, resultando em mudanças nos padrões de produção e consumo, geradores de identidades novas e globalizadas. O desenvolvimento global do capitalismo não é algo novo, porém sua fase mais atual é caracterizada pela convergência de culturas e estilos de vida nas sociedades que são expostas a esse movimento.

No estágio atual da mundialização cultural, observamos um processo em curso sugerido, mas não concluído, no qual formas culturais nacionais ou locais comunicam-se, desterritorializam-se, geram mediações e criam "terceiras culturas". As "terceiras culturas", na definição de Featherstone (1997), compreendem conjuntos de práticas, conhecimentos, convenções e estilos de vida, as quais se tornam cada vez mais independentes dos Estados-nação. Podemos exemplificar por meio do disque-pizza, do *delivery* chinês ou do *Big Mac* (lanche da rede McDonald's), os quais não podem ser vistos a partir de seus antigos vínculos orgânicos com as culturas de origem ou Estados-nação. Passam a fazer parte de uma cultura culinária de *fast-food*, à qual se pode recorrer com naturalidade na China, no Uruguai ou nos Estados Unidos. Uma culinária desterritorializada, que transita por um novo (e sobreposto) "território".

O entendimento da cultura global envolve manifestações étnicas, regionalistas ou oriundas de sociedades menos incluídas, do cinema iraniano à literatura africana.

Para alguns, a globalização da cultura implica em uma estratégia de domesticação em escala planetária, resultando na configuração de um mundo integrado e organizado nos moldes de um gigantesco Estado-nação, como consequência da extensão de uma determinada cultura predominante aos limites do globo, subjugando a heterogeneidade e impondo-se como totalidade uniformizada. Sob perspectiva diversa, outros, apesar de admitirem uma cultura global que intensifica contatos entre povos e civilizações, bem como vinculadas à expansão econômica e técnica, não negam a existência de culturas nacionais afirmando e/ou negando elementos presentes nessa mesma cultura global.

O local não deve ser confundido com velhas identidades, as quais buscam enraizamentos em localidades bem delimitadas. Ao contrário, ele atua no interior da lógica da globalização, revelando a improbabilidade da destruição das identidades nacionais ou locais e tornando mais provável a produção simultânea de novas identificações globais e locais. Hall (2003, p.86) apresenta como exemplo as novas identidades que emergiram nos anos de 1970, agrupadas em torno do significante *black*, o qual, no contexto britânico, fornece um novo foco de identificação tanto para as comunidades afro-caribenhas quanto para as asiáticas. As identidades de ecoturista, exploradores ambientais, novos aventureiros, surgidos após os anos de 1960, igualmente são bons exemplos para ilustrar essas questões.

Da mesma forma, esse movimento global pode estimular objetivos unificadores, tais como a luta contra a fome no mundo, a destruição ambiental, a insatisfação contra os horrores das guerras, a luta pela paz etc.

Enfoques sobre a invasão do consumo na nossa vida cotidiana tornaram-se assunto comum na sociedade urbana e industrial há algum tempo, conduzindo os sujeitos a acreditarem na manipulação absoluta de nossos costumes, opções e até mesmo comportamentos. Nessa perspectiva, o consumo representa a trapaça do mercado invadindo todos os aspectos da vida.

No entanto, a interpretação do consumo como mero fenômeno econômico despreza os fenômenos expressivos que entram em tensão com a racionalização, ou com as pretensões de racionalizar a vida social.

Embora concordando com os tentáculos do poder econômico e com a potência do mercado em ditar normas e induzir comportamentos, não posso ver o homem simplesmente como um ser consumidor, pois estaria realizando uma análise simplista, ingênua e reducionista da questão, ao mesmo tempo em que empobreceria a humanidade nas suas possibilidades de expressão e manifestação.

Ao enfocar o assunto, devemos estar atentos à complexidade do mesmo, mantendo a cautela quanto a certas abord
agens, as quais relacionam mecanicamente consumo a classes socioeconômicas, tornando hermética a compreensão e desprezando, por exemplo, os aspectos culturais, a experiência cotidiana e as representações dos sujeitos. Isso não significa desprezar aspectos políticos de dominação em uma relação de classe, mas evitar extremismos, inclusive de natureza ideológica (como na pretensão de impor um fim político para qualquer aspecto da vida), como alguns escritos centrados na oposição entre os consumidores e produtores de cultura, situando o público em uma posição de aceitação passiva, em uma dissolução das autênticas expressões da cultura popular, ou mesmo em um processo de alienação em que qualquer manifestação sociocultural é considerada reprodutora e manipulada (Magnani, 1984).

Essas abordagens tornam-se simplistas, pois são verificadas manifestações de oposição e aceitação em relação às mensagens veiculadas pela indústria cultural, implicando uma dinâmica das relações de classes, com um reposicionamento constante dos diversos grupos sociais. Interpretações únicas, privilegiando os extremos resistência-reprodução, não atentam para o fato da existência das múltiplas mediações possíveis entre o nível do poder e a ordem do simbólico, prendendo-se a um ponto de interseção, em uma simplificação reducionista.

A natureza como "eixo do mundo" provocou a mercantilização de sua imagem como produto ao alcance de todos, a qual se estendeu facilmente. Porém, com Maffesoli (1996, p.113) as produções culturais de massa mais se adaptam às preocupações da vida presente que modelam-na. Sem negar seu caráter nocivo, o qual foi largamente apontado pela Teoria Crítica, no julgamento do seu caráter "ideológico", devemos estar atentos às alternativas e resistências que surgem no bojo dessa cultura.

Se existe uma heterogeneidade cultural resultante de uma diferenciação de classes, atrelada a condições de existência desiguais, que resultam em apropriações diferenciadas dos bens sociais, deve-se estar atento ao fato de que essa diversidade também se permeia por distinções regionais associadas a peculiaridades de recursos naturais e condições demográficas e históricas particulares que lhe dão conteúdos e formas específicas (Durham, 1984, p.88).

Interpretando as manifestações socioculturais em dada situação concreta e seus significados, que conduzem a determinadas práticas sociais e são modificados pelas mesmas, legitimando situações de dominação ou oposição a elas, estaremos politizando a abordagem teórica e, de certa forma, superando as limitações das abordagens que ignoram as relações de poder. Da mesma forma, supera-se aquelas que tentam explicar tudo pela dominação, tomando como base as extremidades do eixo resistência-reprodução.

Retomando Garcia dos Santos (2000), acreditamos que o jogo não tenha acabado – ele nunca acaba –, mas que prossegue em outro plano, em outro paradigma, em outro espaço-tempo. Assim, mais eficiente que se deixar abalar com essas regras da sociedade de controle seria descobrir como "no jogo infinito, elas podem ser desreguladas".

Parte III

Travessias

Explorarei aqui algumas das características dessas novas atividades na natureza, as quais apresentam peculiaridades próprias quando comparadas aos esportes modernos tradicionais, traduzindo relações diferenciadas. Demonstram uma relação íntima com as transformações contemporâneas em nível mundial nos últimos 50 anos, refletindo uma aproximação estreita com o ambientalismo, um dos elementos impulsionadores das mesmas, as quais devem ser posicionadas nas suas diferenças. Então atravessarei corredeiras, cachoeiras, entre emoções, sensações e percepções, desencadeando prazeres e descobertas.

Preface

8. ENTRE RIOS, CORREDEIRAS, CACHOEIRAS ETC.

O cenário das novas atividades na natureza aponta uma variedade complexa de situações híbridas e muitas variações. Há nelas uma preferência por ações que mantenham certa independência (apesar da presença grupal), com práticas pouco reguladas, empreitadas que não enfrentam adversários, em ambiente imprevisível e hostil. Práticas e experiências (uma pluralização de concepções) não inseridas em um conjunto unitário.

Essas novas práticas não respondem a uma homogeneidade, como argumenta Padiglione (1995, p.31) e nos encontramos distantes em atribuí-las uma função catártica ou um papel civilizador, os quais contribuiriam para a docilidade dos nossos impulsos ou ao controle das nossas emoções.

Nessas atividades na natureza, segundo Miranda (1995, p. 59), o corpo passa a ser um campo informacional, concebido como receptor e emissor de informação, não como instrumento de ação ou coação. De energético, passa a ser informativo. Assiste-se a um novo simbolismo de autoconstrução (investindo suas engenhosidades), e autodestruição (saciando, satisfazendo uma necessidade de gastar-se e perder-se na ação).

Para auxiliar nessa discussão, cito Parlebas (1988, p. 119), que identifica, nas experimentações do espaço esportivo, as categorias "domesticado" e "selvagem", situando-as em dois polos opostos, cujas mediações ocorrem em uma escala. Ao polo domesticado corresponde um meio estabilizado e previsível, em que sequências comportamentais podem ser programadas em formas de estereótipos motores bastante eficazes, e nas respostas a este espaço imutável, os aspectos de informação e decisão da conduta motora são reduzidos à sua mais simples expressão. Ao polo "selvagem" (no qual se situam as atividades eleitas aqui) corresponde um meio incerto e instável, em que são requeridas constantemente tomadas de decisão e informações motoras dotadas dos riscos da improvisação. O praticante se encontra em situação de incerteza – deve interrogar o espaço, avaliar as distâncias e as velocidades, os obstáculos surgidos subitamente, prever os eventuais atalhos, decidir em todo momento um comportamento adaptado. Também deve obter o máximo de informações pertinentes e adotar uma estratégia de resposta, concretizada em decisões motoras de ajuste em um espaço desconhecido.

Nessas aventuras há um enfrentamento cujas regras de realização são constantemente revisáveis e sempre submetidas à apreciação do praticante isolado ou do grupo atuante. Aquele que pratica se põe à prova segundo seus cânones pessoais e o grupo compartilha uma experiência motora, flexível e tolerante, com uma propensão aos ensaios, à aventura e à inovação. Revelam uma ambiguidade, uma incerteza, uma improvisação, uma não-linearidade, incorporando uma visão do caos ("o que aconteceria se..."), embora um caos pouco ameaçador para o controle geral.

O escritor Douglas Rushkoff (1999) traz declarações interessantes para esse entendimento. Toma como exemplo o surfe, um esporte para o qual é vital a capacidade de entender e antever o elemento tão complexo e caótico que é a onda. Do mesmo modo, elucida com o *skateboard* de rua, um exercício de conquista do terreno urbano, o qual resiste à linearidade dos percursos. Idem para o *snowboard*, que não consiste, diferentemente do esqui, em traçar trajetórias elegantes na neve, mas, de certa forma, em deixar o elemento neve decidir as evoluções.

Há uma fusão do praticante com os elementos do ambiente, a qual pode ser denominada, conforme Sant'Anna (1999, p.90), "ação em curso", associada às "relações de composição". Estas últimas não implicam em dominação, nem em degradação dos seres envolvidos. Embora essas relações não excluam a existência de forças e diferenças entre as pessoas em contato, em uma adequação harmoniosa, permanecem presentes em uma relação em que haveria um encontro entre conjuntos de heterogeneidades.

Alguns esportistas viveram experiências desse tipo, diz a autora (Sant'Anna, 1999), tornando-se "ação em curso", em que não é mais possível separar o sujeito que pensa e questiona do sujeito que age. Nessa fração de segundos, a reflexão se conecta à vida corpórea e deixa de ser considerada tipicamente mental. Esse sujeito torna-se pensamento e ação e assim o é, porque não se coloca fora da relação, mas totalmente nela, o tempo presente deixa de ser uma ponte para o futuro, pois se amplia e se intensifica.

A autora também faz referência ao surfe, em que o objetivo a ser atingido é meramente surfar: a meta final coincide com o processo. A relação do surfista com o mar, mais que de dominação, é de composição de dois conjuntos de forças heterogêneas; em diversos momentos, o indivíduo surfa com o mar, sem tentar se apoderar dele, ou se deixar ser por ele tragado ou anulado. Ele é ação, totalmente presente, completamente atento às especificidades de seu encontro com o mar, sem dispersar sua atenção. Sua ação coincide com sua percepção. Para o surfista, cada onda é diferente da outra. O sujeito não surfa para respeitar regras e sim para surfar.

A ação de surfar, completa a autora, pode ser bela:

> Não necessariamente porque se assemelha a alguma imagem do surfe ideal, mas porque se insere de tal modo na paisagem real de um momento, que cada parte do corpo do surfista e de sua prancha vai expressá-la e mesmo potencializá-la. Ele é belo porque prolonga a beleza do mundo em que habita. De modo que, ao contemplá-lo, nossos olhos também são levados a surfar por toda a extensão da paisagem (Sant'anna, 1999, p. 90).

Podemos igualmente exemplificar essa "relação de composição" por Krakauer (1999, p.42) transcrevendo as palavras de um escalador:

> Fico tão envolto com o fluir e o ritmo da escalada que perco contato com quem sou e com o que sou, e me torno parte da rocha – houve ocasiões em que realmente me senti como se envolvido em uma trama com a rocha, como se estivesse sendo costurado nela, como se penetrasse nela e saísse, entrasse e saísse o tempo todo.

No caso das atividades na natureza percebemos a presença de elementos caóticos nas corredeiras, cachoeiras e outros espaços. Portanto, parece ocorrer uma integração com esses elementos naturais, uma vez que não são espaços passíveis de simples controle e dominação.

Resumindo, não correspondem a uma forma fechada, mas a uma situação aberta, na qual elementos incontroláveis, caóticos como o acaso e a anarquia podem estar presentes, em um ambiente deveras incerto, efêmero (considerando as corredeiras e as cachoeiras), com informações não muito precisas, necessitando de tomadas rápidas de decisão em algumas circunstâncias.

A explicação sobre o destaque contemporâneo alcançado por tais atividades enfatiza o caráter qualitativo, no qual ocorre a experimentação, como observam Munné e Codina (1997, p.12), de inéditos estados de consciência e fortes emoções, e uma percepção de liberdade proporcionada pela flexibilidade de horários, ausência de regulamentação fixa ou normal, o desafio, a promoção da subjetividade.

Devo fazer uma diferenciação aqui entre os grupos de ecoturismo organizados que praticam as atividades na natureza daqueles praticantes autônomos, os quais se auto-organizam.

Para os primeiros, a função dos equipamentos é proporcionar segurança, bem como facilitar as ações. O treinamento requerido é mínimo, ficando restrito, conforme pude observar, a poucas instruções breves sobre procedimentos e manipulação dos equipamentos; o controle dos riscos é delegado aos instrutores selecionados segundo sua experiência e competência. Assim, a divulgação enfatiza a segurança, pois os riscos são minimizados. A principal meta seria o encontro com a natureza, proporcionando um encontro prazeroso e edificante ao praticante (Spink et al., 2005).

Nos grupos autônomos, os riscos são monitorados pelos próprios praticantes e a segurança relaciona-se com a experiência e a vivência dos mesmos, assim como o uso de equipamentos adequados e sua checagem, sendo que a responsabilidade individual recebe peso maior.

Para ambos os grupos, estar inserido na natureza é fator importante de escolha. Colocações que conduzem a Cascino (1997, p.89), o qual vê a natureza como "fonte e razão inesgotável do novo e espaço da recriação", e a experiência do "recontato" com a mesma, uma oportunidade de reencontro com coisas perdidas:

> Com as sensações de medo e prazer que possuímos no descobrimento de horizontes, alturas, movimentos de vento e nuvens, na luminosidade maior ou menor

de ambientes abertos e/ou fechados – florestas, cavernas, montanhas, etc. ou ainda a desorientação instigante que de repente nos incomoda quando da possibilidade de encontrarmos animais em seu habitat [...].

A busca por emoções trazidas pelas aventuras na natureza, além da tentativa de reencontro com subjetividades desvalorizadas no processo histórico de construção científica, pode representar uma tentativa de reaproximação com estados de surpresa, medo, repugnância, constituídos em um ambiente natural (pelo contato com a flora, fauna, amplitudes, alturas, água e outros) onde o acesso era limitado, quase inacessível. Algumas pessoas citam inconscientemente estados provocados por esse efeito catártico exposto acima, o qual produz prazer e "leveza".

Práticas fundamentadas em condutas motrizes, como deslizar-se sobre superfícies naturais, nas quais o equilíbrio para evitar a queda e a velocidade de deslocamento, aproveitando as energias livres da natureza (energias eólica, das ondas, marés ou força da gravidade), constituem os diversos níveis de risco controlado, no que se baseia a aventura, como demonstra Pociello (1995, p.118).

A vertigem, a velocidade, o mergulho, a queda, os desequilíbrios de todas as espécies reforçam o *inlix*[1] esportivo, em uma renovação. Elementos delimitadores de um universo lúdico, curiosamente fazendo das sensações de instabilidade uma fonte de prazer e das desordens procuradas, uma espécie de busca paradoxal. Nessas atividades é imposto um jogo cibernético do corpo, pois minimizam o consumo de energia, porém maximizam informações, com uma oscilação entre dois limites extremos, controlados por regulações sutis. Assim, completa Pociello (1995):

> Poder-se-ia brincar de sentir medo no ar ou no mar, sobre a onda ou sobre o rochedo, nas subidas ou nas descidas, no vazio que beira a catástrofe, de forma a experimentar realmente as sensações excitantes dos sonhos de vôo, ou saborear essa dinâmica mais modesta do salto [...] Luta contra a dissipação e fascinação por um "retorno" [...] Libertação embriagadora (não seria mais que um instante) do peso, que é o paradigma de todas as dificuldades.

---

[1] Termo utilizado por Caillois (1990) para caracterizar o conjunto de jogos em que nos abandonamos a um estado físico e psicológico incontrolado.

Alguns elementos são detectados nessas práticas, como o desafio, o prazer, as sensações atreladas aos laços afetivos dos seres humanos com o meio ambiente natural, os quais devem ser situados em uma discussão mais ampla.

Segundo Betrán (1995), são caracterizadas como "atividades deslizantes de aventura e sensação na natureza", em razão de quatro parâmetros básicos: seu desenvolvimento no meio natural, o caráter deslizante de suas práticas, a produção de sensações corporais e o sentido de aventura que imprime sua realização para grande parte dos praticantes.

Esses laços afetivos, como observamos, variam em intensidade, sutileza e modo de expressão. Portanto, as respostas ao meio ambiente manifestam-se de diversas formas. Podem ser basicamente estéticas, variando:

> do efêmero prazer que se tem de uma vista, até a sensação de beleza, igualmente fugaz, mas muito mais intensa que é subitamente revelada. A resposta pode ser tátil: o deleite ao sentir o ar, água, terra. Mais permanentes e difíceis de expressar são os sentimentos que temos para com o lugar [...]. (Tuan, 1980, p.107)

Percebe-se uma tendência à estetização dos gestos esportivos dentro de certo refinamento de suas exibições, composto de uma imagem da natureza muitas vezes exuberante, em uma espetacularização. E, em meio ao prazer da prática, um outro se manifesta, ou seja, o prazer de ser visto (pesar no olhar alheio), sensivelmente notado nos praticantes.

Essas atividades buscam rendimento e produção de desempenho em um novo registro, quando comparados aos esportes mais tradicionais e a algumas práticas corporais como a ginástica e a musculação.

O esporte tradicional apresenta-se como uma atividade que possui um aspecto plástico e coreográfico. Busca o rendimento pelo rendimento e para este fim encaminham-se os modelos corporais dos esportistas. Nos espetáculos esportivos podemos contemplar uma combinação de atitudes, movimentos coletivos, formas e cores, proporcionando indubitavelmente um efeito estético agradável e belo; porém, a tragédia nascida do conflito esportivo é o elemento constituidor da categoria estética essencial do esporte. Os protagonistas, seres finitos na finitude do campo de jogo, pretendem impor sua vontade infinita na contradição inevitável do desejo, surgindo a violência; uma violência ritual, respeitando as regras do jogo (Betrán, 1995, p.12). O conflito esportivo revela-se na dramatização, simulando formas de relações sociais: o duelo, a batalha, a caça, a predação.

O contrário pode ser observado no *bodybuilding* (musculação), como demonstra Courtine (1995, p.83), no qual insólitas massas musculares, puramente decorativas, que não servem para correr, nem para arremessar, rompem com elementos da lógica esportiva, a qual associa músculo a movimento. Para o autor, o músculo representaria um estilo de vida, sinônimo de vigor e saúde, isto é, de força moral.

A demanda por essas novas práticas está mais centrada na busca por emoções e sensações em detrimento da busca por um desempenho e um treinamento ascético, estes últimos, requisitos para os esportes tradicionais como para o denominado *bodybuilding*. Nesse sentido, talvez seja indevido o termo esporte para qualificar essas práticas e por isso optei aqui por simplesmente denominá-las de atividades na natureza.

Da mesma maneira que não podemos entender o esporte moderno como transformação dos jogos rituais, pois representam algo distinto, como argumenta Bourdieu (1983), não podemos entender essas novas práticas como transformação ou continuidade dos esportes modernos.

Vale aqui um parêntese a respeito das Olimpíadas, sobre as quais a imprensa teima em fazer alusões à Grécia Antiga, descrevendo como os gregos criaram os esportes, regulamentaram as competições e desenvolveram o espírito esportivo. Nessa perspectiva, as Olimpíadas representariam uma retomada, ainda que tardia, da tradição grega. Postura que oculta o fato de que o esporte, como o conhecemos, é uma criação do mundo moderno.

Sevcenko (2001, p.106) nos alerta sobre a impropriedade dessa perspectiva em termos históricos, bem como o impedimento resultante disso na compreensão da singularidade da cultura grega. A ideia de disputa consistia em um ritual central na cultura grega, denominado *agon*, e integrado em várias cerimônias, inclusive nas mais sagradas, constituindo-se em uma experiência essencialmente religiosa. Tinha como objetivo "produzir um efeito epifânio, invocar a irradiação numinosa divina, o *nous*, para que ele se manifestasse no calor das refregas, pondo a todos em comunhão mística com a energia sagrada" (Sevcenko, 2001, p.106).

Nessas "novas atividades" não ocorrem treinamentos prévios intensivos, sendo a experimentação quase direta.[2] Há um nítido afastamento do rendimento planejado. Delineia-se uma tendência para a eliminação, no possível, do treinamento, da hierarquia esportiva e da planificação coletiva (Betrán, 1995, p.18).

Em relação ao treinamento e a preparação dos praticantes, vários depoimentos foram significativos, como o de C., coordenador e instrutor de *rafting*:

> Deve haver uma boa instrução, às vezes até para 'assombrar' a pessoa, para ela ter um pouco mais de respeito com a natureza [...] Nós passamos algumas instruções antes, como se fosse uma palestra, então ela tem o tempo da instrução até chegar na beira do rio; para pensar no que vai fazer. A gente explica, orienta, aí não tem problema algum.

Igualmente vale citar a fala de C.Z., promotor e instrutor de *canyoning*:

> Conseguimos desenvolver uma didática convincente para que a pessoa quebre a barreira e se pendure no vazio. Essa didática envolve um treinamento rápido de uma hora e a pessoa se vê dependurada em uma corda a 40 m de altura, confiando plenamente no que a gente fala. Experimenta e acha maravilhoso.

E também o depoimento de S., repórter que produz matérias sobre essas atividades, referindo-se ao *rafting*:

> Quem dirige mesmo é o instrutor, porque quando ele fala esquerda ré, a esquerda está rindo [...] O cara que vai para Brotas, com a família, quer se divertir, não quer fazer um curso de 5 a 6 horas. Acontece como lá – primeiro desce o barranco umas 4 ou 5 vezes para ver como é, e vai para a cachoeira. As pessoas que fazem e gostam, querem repetir com maior grau de dificuldade, por exemplo, praticar à noite.

Certa racionalização e burocratização compuseram os esportes tradicionais, os quais igualmente apresentam uma homogeneização, obedecendo a um ambiente disciplinar e controlador.

---

[2] Estou me referindo principalmente aos pacotes de viagem, nos finais de semana e feriados, como propostas de trilhas, *canyoning*, *rafting* e exploração de cavernas, cujos adeptos não são esportistas no sentido tradicional do termo, mas turistas, os quais estabelecem não relações ascéticas, mas lúdicas com esses esportes.

A noção de recorde, entendida como avanço ou superação de metas, participa originalmente de uma ideia linear, unívoca e progressista da história, identificando uma melhora.

Os esportes ocidentais, após um século de hegemonia, tendem a perder o espaço da rigidez definida; aquela peculiaridade que, segundo Padiglione (1995, p.35), fazia-os pouco comparáveis com os jogos populares ou outras competições tradicionais.

Aos conflitos esportivos existentes nas práticas tradicionais, que perduram com êxito, unem-se outras formas que envolvem desafios peculiares, quais sejam, os relacionados a natureza e aventura, bem como os desafios impostos ao praticante. Ao contrário do ocorrido com muitos esportes tradicionais competitivos, essas práticas da natureza minimizam as diferenças físicas dos adeptos.

Observando a multiplicação das disciplinas esportivas e sua combinação em soluções infinitas, exaltando pequenas diferenças ou conexões, a história dos recordes parece cada vez mais distante.

As atividades na natureza nos remetem a uma imagem heroica (rompimento com estruturas) no sentido de contraposição a uma imagem fixa, estática, fechada. De certa forma, o elemento da desorganização social faz-se presente na medida em que traz o instituinte, aquilo que está nascendo com sua ausência de regras fixas, normas instituídas e excessivos controles.

Para melhor ilustrar a questão, vale a pena explorar brevemente as características de duas atividades citadas aqui: o *rafting* e o *canyoning*.

O *canyoning* refere-se à descida e à exploração de *canyons*, consistindo em seguir um rio a pé, a nado, por vezes descendo cachoeiras, utilizando-se de cordas. No Brasil, é uma atividade recente, sem regulamentações, divulgada por alpinistas e espeleólogos, desde o final dos anos de 1980 e início de 1990, em revistas e filmes. A difusão maior desta atividade ocorreu nos últimos oito anos, paralelamente ao aparecimento no mercado brasileiro de equipamentos e catálogos importados, implantação de comércio especializado, cursos, desenvolvimento do ecoturismo, sendo a literatura específica bastante escassa.

Segundo Krakauer (1999, p.128), "o verdadeiro canionismo é um híbrido de escalada em rocha, exploração de rios e curtição de mochileiro". Se a atividade praticada não envolver "uma dose saudável de cada uma dessas três coisas, simplesmente não se trata do produto genuíno". Alguns agentes entrevistados também emitiram essa opinião, os quais denominam *cascading* a simples descida com corda na cachoeira, ou "rapel na cachoeira".

O *rafting* refere-se à utilização de botes infláveis para descida de corredeiras. Esses botes passaram por modificações desde o início da sua utilização para essa atividade. No início eram utilizados botes rígidos, com assentos voltados para trás, com remo central, os quais apresentavam problemas nos choques com as pedras. Eles foram aperfeiçoados para essa prática com assentos voltados para o lado contrário, fazendo com que os praticantes enfrentem as corredeiras de frente. Em 1980 surgiu o *self bailer*, aliado a novos materiais, mais leves e resistentes, e, desde então, os botes evoluíram muito, tornando-se mais leves, manobráveis e autoesgotáveis, isto é, se entrar água, esta sairá por si só. Uma das características do esporte é a variação do volume de água e a força da correnteza, acarretando mudança no grau de dificuldade, proporcionando experiências variadas a cada descida. Outra é que a atividade está sendo procurada tanto pelos ecoturistas sem experiência quanto por aqueles desejosos de se tornarem atletas. Vários campeonatos já foram realizados no Brasil, organizados pela Confederação Brasileira de Canoagem.

Em ambos, o grupo é responsável pela segurança de cada integrante e cada um é responsável pelo grupo como um todo e por seus companheiros individualmente. Todos devem estar atentos às informações recebidas no ambiente, sem receio de questionar quando sentir necessidade.

Nessas atividades na natureza, vale a pena destacar as corridas de aventura, as quais, de acordo com Kay e Laberge (2002a; 2002b) articulam-se com o ecoturismo, frequentemente definido na sua diferença em relação ao turismo convencional de massa. Ecoturistas frequentemente buscam novas experiências, participando de culturas locais. Essas experiências envolvem regras de segurança em áreas distantes e às vezes de difícil acesso. Os ecoturistas almejam "estar em contato" com o ambiente, com outros e com eles mesmos, experimentando e resistindo a situações inusitadas para superar desafios colocados pela natureza. Como as corridas de aventura, fazem da atividade algo próximo a uma "jornada sagrada", repelindo simultaneamente comportamentos relacionados ao luxo e ao consumo ostensivo; uma forma de sentirem-se distintos.

As corridas de aventura se aproximam de um estilo de vida esportivo na qual alguns elementos se sobressaem, como arrumar os próprios equipamentos, além de organizá-los estrategicamente; preocupar-se com o manejamento de água e comida; passar por privações de sono, sobreviver na selva e relacionar-se bem com seu grupo. O espírito de aventura é essencial e a equipe não se limita apenas a chegar primeiro, mas a vencer o percurso (o desafio) ou simplesmente chegar em vez de desistir, desenvolvendo uma resistência incrível às privações. Se um membro da equipe desiste, toda a equipe é desclassificada; se a equipe se desfaz, não recebe qualificação no *ranking*; a recusa em prestar auxílio a outro membro, mesmo que não seja da equipe, resulta em expulsão e consequente desqualificação de toda a equipe.

O espírito de grupo manifesta-se no comportamento e na habilidade de tomar decisões democraticamente em uma espécie de liderança invertida, o que dificulta o desempenho das equipes de militares originários de tropas de elite (Spink et al., 2006).

A primeira corrida de aventura ocorreu na Nova Zelândia, em 1980 (*Speight's Coast to Coast*), com 240 km de corrida, ciclismo e remo, durando apenas dois dias.

Após essa, muitas versões se sucederam mesclando canoagem, rapel, *rafting, canyoning, mountain bike* e longas caminhadas com equipes mistas de homens e mulheres (necessariamente deve haver uma mulher na equipe). Para alguns, essa atividade representaria uma resposta à crise do esporte moderno centrado na expansão da profissionalização, na comercialização e no excesso de quantificação. Ela demonstra uma rejeição dos principais valores do esporte tradicional como competição (apesar de estar incluída, porém com manifestação diversa), medidas e regras em favor de valores mais "macios", como sensações pessoais e auto-atualizações.

Kay e Laberge (2002a; 2002b) exploram o aspecto da transferência de valores como também de aprendizagem, presentes no discurso dessa atividade para o que alguns denominam de corporativismo associado à imagem da empresa. Algumas pessoas – como Mark Burnett, fundador da Eco-challenge, a qual inovou por associar aventura com ecologia (realizando ações ambientais e apoiando iniciativas locais) – acreditam nessa transferência e organizam treinamentos destinados com essa finalidade. A ideia do risco nesse caso se relaciona ao enfrentamento das dificuldades, o qual deve incluir medidas de segurança. O risco com segurança é considerado efetivo e necessário para o sucesso, enquanto risco sem previdência é visto como irresponsável.

Nesse discurso destaca-se a rejeição de valores "duros" da organização burocrática em favor dos valores mais "macios", ou mudança de um domínio efetivo para um domínio afetivo. É desenvolvido um conceito de organização com demarcações gerenciais e fronteiras hierárquicas supostamente reduzidas, desvalorizando a competição e valorizando a colaboração e a coordenação, a confiança nos outros e maior conforto para lidar com ambiguidades. Valores relacionados à improvisação, flexibilidade, inovação, comunicação e experimentação são considerados necessários para uma estratégia direcionada à sobrevivência de uma corporação inserida em situações que demandam constante mudança.

Tal suposição de transferência é um argumento sem comprovação empírica e o raciocínio demonstra ser um tanto mecânico e simplista, desconsiderando a situação de vida das pessoas como um todo.

Atualmente, empresários requisitam os serviços de agências especializadas para finais de semana, em que vivenciam essas atividades, acampam, percorrem trilhas na mata, em um verdadeiro drama de "sobrevivência na selva". A natureza torna-se metáfora para os obstáculos e dificuldades ocorridas na "vida real", representando superação de barreiras ou lições de vida para indivíduos e grupos, por meio da utilização de barreiras naturais, seja caminhando, escalando ou nadando.

Uma reportagem da revista *Exame* denominada "Sobe?" (17 jan. 1996) relata como os treinamentos alternativos estão sendo adotados pelas empresas, nos quais vale de tudo: desder, escalar paredes, até dançar em volta da fogueira. Tendo como justificativa as argumentações da reengenharia, esse treinamento não convencional foi adotado, apesar de todas as críticas sofridas pelos defensores do conceito.

Enquanto no grupo de empresários alguns duvidam da validade da proposta – como foi expresso por um consultor na reportagem: "Não acredito que uma pessoa que hoje salta de uma árvore terá amanhã mais coragem de correr riscos nos negócios" –, outros acreditam que o fato de caminhar em uma corda suspensa a 7 metros do chão cria autoconfiança, a qual supostamente será transferida para a empresa.

A Avanti Outdoor Training realizava, em 2000, treinamento na área de RH, expondo seu trabalho na reportagem "Uma nova maneira de treinamento" (2000), no *Jornal de Jundiaí* (SP), explicando seus objetivos: desenvolver potenciais e acelerar o aprendizado prático dos conceitos de espírito de equipe e liderança, desenvolvendo seminários junto à natureza "selvagem" (*wilderness*), com atividades tipo *rafting*, trilhas de orientação e caminhada, a partir de um hotel ou sítio-base.

Em 1999, a Microsoft reuniu na Costa Rica executivos de toda a América Latina, inclusive do Brasil, para um programa de reciclagem. A principal atividade foi um *rafting*, no qual os profissionais da empresa, muitos deles avessos a esportes de qualquer tipo, tiveram que enfrentar corredeiras consideradas difíceis. Temas como desenvolvimento de liderança, resistência a pressões e capacidade de trabalho em equipe, deveriam ser assimilados e colocados em prática no cotidiano (*Revista da Folha*, 17 out. 1999).

As atividades na natureza, nesse contexto, são compreendidas como um processo ativo e dinâmico no qual o indivíduo se envolve tanto em nível físico, como emocional e psicológico. O mentor do projeto acredita que ao encontrar-se livre das "muletas" culturais, as quais tanto protegem como restringem, o indivíduo é impelido a reencontrar sua identidade no nível mais simples da atitude e mais profundo da reflexão.

R., coordenador de um projeto dessa natureza com sede na cidade de Campinas, defendeu esse tipo de proposta na *Revista da Folha* (17 out. 1999), dizendo ser bom para os empresários se relacionarem, "para perceberem outras coisas – eles só pensam em trabalho". Essa fala embute uma ideia interessante, pois abre um espaço não originariamente pensado nesse "treinamento", em que está presente uma suposta revisão de valores relacionados ao trabalho e à vida. Novas ações e comportamentos podem surgir daí, na contramão do pretendido pelas empresas.

Já N., engenheiro civil, citou um curso desse tipo, baseado na crença de que se as pessoas praticarem esportes radicais serão boas empreendedoras, questionando: "quem escala será bom aplicador na bolsa de valores? Isso não é verdade". Ele acredita que os elementos envolvidos na experiência (roupas mais informais, ambiente agradável, convivência em um grupo simpático), sejam os possíveis responsáveis por uma alteração nos praticantes, os quais podem se tornar mais comunicativos durante a experiência, mas não necessariamente na empresa.

Uma versão mais leve das corridas de aventura, de duração mais curta (8 horas), tem atraído pessoas que não pretendem enfrentar as privações sofridas nas corridas longas (com duração de até 7 dias) e não possuem tempo ou situação financeira suficientes. O percurso de programas desse tipo não costuma ultrapassar 50 km, incluindo caminhada, *rafting, mountain bike,* tirolesa e rapel.

Os organizadores perceberam que os eventos mais curtos poderiam atrair um número maior de participantes para essa atividade, cuja demanda tem crescido substancialmente. Algumas agências, que não exigem pré-requisistos para participação, oferecem curso de um dia para ensinar técnicas das atividades, navegação e uso correto de equipamentos, os quais se tornam importantes para evitar acidentes. Como se expressou na reportagem para a revista *Veja São Paulo* (2003), uma das participantes da Caloi Adventure Camp, ocorrida em Brotas (SP), em 2003, "além de curtir uma paisagem maravilhosa e melhorar o condicionamento, é uma oportunidade bacana de fazer amigos".

A corrida de aventura promovida em Canela (RS) no ano de 2003, "Canela Corrida Aventura", organizada pela Secretaria de Turismo local, é um bom exemplo para destacarmos alguns elementos que extrapolam o fator competição. Segundo a pesquisadora que observou e entrevistou alguns participantes, "apesar de muitos falarem sobre o ato de competir, foi possível notar que mesmo durante a competição alguns grupos querem mesmo é se divertir" (Dolci, 2004). Em determinado momento da corrida, a pesquisadora encontrava-se próxima a um dos postos de controle e dois participantes aguardavam pelos outros membros da sua equipe, ambos muito cansados e aproveitando a oportunidade para fazer um lanche. Nesse instante, outras três equipes chegaram ao local, sendo que uma delas parou e foi possível perceber que não se conheciam. Iniciaram uma conversa sobre a corrida e os dois que estavam lanchando ofereceram chocolates. Antes dos outros aceitarem, perguntaram se não faria falta e, como a resposta foi negativa, além de comerem os chocolates, realizaram uma troca com os alimentos contidos nos kits. Ali, constatou a pesquisadora, "o grupo parecia estar fazendo parte de um piquenique e não de uma competição". Após a troca, um dos participantes comentou: "Bah! Esqueci! A gente não podia comer as coisas de vocês, isso desclassifica". E o outro retrucou: "mas por esse Laka® até que vale a pena!". Refletindo sobre o fato, a pesquisadora percebeu que a regra deixou de ser obedecida para fazer valer o espírito de solidariedade desencadeado durante a competição.

Como alguns não podem (ou não desejam) sair da cidade no final da semana, a ideia da corrida de aventura no ambiente natural foi transportado para o cenário urbano em 2000, quando na cidade de São Paulo foi realizado o Campeonato Paulista de Rally a Pé (*Veja*, 30 ago. 2000), no qual as equipes tinham que percorrer 16 km atravessando bairros. Nesse trajeto, uma planilha com setas e ilustrações de pontos de referência, além de uma bússola, servia de orientação. As equipes venceram becos, barrancos, ladeiras e, acima de tudo, o cansaço.

Essas experiências incorporam a busca por exaltação dos sentidos em uma sociedade em que a domesticação dos mesmos foi o tom durante muito tempo. Para os participantes, é necessário experimentar o ato intenso de sua existência, os quais penetram em outra dimensão da realidade, sentindo-se apaixonadamente vivos, em um sentimento de ampliação do "eu". Para isso, não necessariamente – e aqui contrario Breton (2006) –, estão arriscando suas vidas.

Referindo-se a uma participante da Eco-Challenge, Spink (2006) descreve como a mesma vibra, ao acabar a escalada de quase 100 metros por debaixo de uma exuberante cachoeira: ela chega ao topo, desfaz o clip de segurança e realiza uma pequena dança. "Waaaa-hooo!" grita, exultante, rabo de cavalo balançando. "Foi fabuloso – que vista! [...] E a espuma foi realmente refrescante. Você deveria tentar", ela diz ao repórter que a entrevistava.

A composição da demanda por essas atividades não é homogênea, como venho apresentando aqui (idades bastante diversificadas, gêneros diferentes, atletas e não-atletas, dentre outros). Apesar do custo financeiro constituir-se em um fator limitante para sua prática e, às vezes, um fator de exclusão (principalmente no Brasil, um país de oportunidades bastante desiguais), temos um público que pratica essas atividades pelas agências e outro independente. Enquanto alguns se hospedam em hotéis de luxo, outros ficam em pousadas, pensões, outros acampam, tendo como consequência desembolsos bastante variados.

Para ilustrar essa questão, mais uma vez cito Krakauer (1999, p. 119), sobre seus comentários referentes a Chamonix, na França, local bastante procurado por esquiadores e alpinistas, um lugar "tremendamente elegante, frequentado por ricos e famosos", tornando-se a primeira estância de montanha do mundo, onde os franceses encontraram novas formas de estímulo alpino. Além das variações óbvias – escalada de velocidade, escalada solo extrema, esqui extremo –, adotaram atividades como o *bungee jumping, le surf extrême* (*snowboard* extremo), *le ski sur l'herbe* (no verão, descida nas encostas gramadas em alta velocidade sobre esquis com rodas), descida em *ballule* (descida encosta abaixo dentro de bolas infláveis gigantes), e – o mais popular dos novos jogos – decolagem do topo das montanhas com *paragliders* (ou parapentes).

Explica que lá existe uma sociedade bastante fechada, com um clube restrito e pouco acessível. Porém, como revela, a maioria dos escaladores e esquiadores estrangeiros (bascos, ingleses, tchecos, poloneses, alemães, suecos, italianos, espanhóis, argentinos, americanos, coreanos, canadenses, australianos, noruegueses, neozelandeses, indianos e japoneses) que viaja para Chamonix não está preocupada em ser aceita no clube. Eles só querem sossego, tentando a sorte nas alturas movidos por seus impulsos e, entre uma aventura e outra, passar o tempo no vale da maneira mais barata e confortável possível.

Prossegue descrevendo as estratégias desenvolvidas para que os objetivos sejam atingidos:

> Tchecos e poloneses, por exemplo, que tendem a ser ao mesmo tempo pobres em recursos materiais e ricos em resistência física, desdenham hotéis e *pensions* em favor dos campos de cultivo da periferia da cidade, pagando cinco francos por noite aos agricultores pelo privilégio de fazer cocô no mato e armar as barracas surradas em meio à lama e ao estrume.

Os britânicos também acampam, porém, por motivos diversos, inclusive por uma relação franco-britânica de inimizade recíproca, a qual faz parte dos respectivos códigos genéticos. Assim, uma família local há três décadas permite que os ingleses acampem em um terreno pertencente à família, na periferia da cidade, e em troca, os ingleses não barbarizam as duas lojas de equipamentos de escalada da família.

Ainda quanto à demanda por essas atividades, R., proprietário de agência de ecoturismo, afirmou: "existe a questão da natureza – a natureza transforma, sensibiliza; da adrenalina, do vencer o medo, que é uma questão emergente [...] a natureza foi muito valorizada, [a partir da] a Eco-92 [...] as pessoas vêm buscar aventura".

Monstrando a influência da mídia no incentivo a investimentos, outro depoimento provindo de um instrutor de *rafting* acrescentou igualmente o apelo da Eco-92 e o aumento da consciência ecológica das pessoas, bem como a busca por um modo de vida alternativo.

G., 48 anos, gerente de escola de inglês, quando interrogada sobre as influências em relação à sua busca por essa opção, declarou ter sido "a vontade de entrar em contato com a natureza, com gente que pensa como eu".

Grande parte da demanda por esse tipo de viagem é composta por um público feminino. Pude constatar esse fato por experiência pessoal durante os quase 20 anos em que participei de grupos para a prática do ecoturismo no Brasil, organizados no estado de São Paulo: em quase todos eles, as mulheres foram maioria.

Os organizadores apontaram uma participação feminina de aproximadamente 40% no *canyoning* e 60% no *rafting*.

É interessante observar a não existência de *rafting* ou *canyoning* feminino ou masculino, mas a ocorrência da participação conjunta entre homens e mulheres. Aproximo esses esportes dos valores femininos, pois percebi, por meio dos vários depoimentos, a necessidade, como também a requisição, de componentes para a prática desses esportes, os quais se aproximam desses valores, como confiança, entrega e humildade. Valores estes que não compõem de modo privilegiado o repertório dominante dos valores masculinos enquanto suposto "sexo forte", os quais podem ser mais bem identificados como dominação, potência, frieza, racionalidade, dentre outros.

A composição mista das atividades nos revela a possibilidade de uma troca singular de experiências nas aventuras imaginadas, nas quais são desenvolvidos comportamentos adaptativos necessários para que o grupo se mantenha unido, por exemplo, aguardar pelos mais vagarosos, não acelerando a marcha. Exercício contrário da exigência pelo mais forte ou mais veloz.

Pode ser acrescentada aqui a influência do ambientalismo enquanto movimento crítico-social, o qual igualmente aproxima-se do feminismo, sendo que as práticas contemporâneas na natureza mantêm uma relação com esse movimento, como tentei mostrar.

Porém, no dito popular, a natureza é "mãe" e não "pai", carregando metáforas como abrigo, provimento, sensibilidade, acolhimento, fragilidade, como também de hostilidade e revolta (afinal, deve haver alguma reação, pois nenhuma mãe é tão passiva quanto se supõe). E é no espaço da "mãe natureza" que essas práticas serão efetuadas.

Trazendo uma explicação para a grande adesão feminina, as falas dos pesquisados indicaram aspectos como sentimento de segurança, proteção, medo, estrutura organizada, entrega. Porém, os homens que participam com frequência dos grupos dos "aventureiros" demonstraram (ou não sentiram vergonha em demonstrar), em muitas ocasiões, sensações de medo, insegurança, fragilidade, afastando-se do estereótipo dominante masculino. Expressões que não ferem o "lado masculino" desses sujeitos, os quais não demonstraram constrangimentos na aproximação dos valores femininos.

Reproduzo aqui trechos referentes a entrevistas com dois instrutores experientes e conceituados, os quais atuam há mais de 5 anos com essas atividades:

> Elas têm muita coragem e eu não diria que são imprudentes: são mais humildes – têm mais humildade em relação a uma pessoa que tem o que oferecer; as mulheres são mais prudentes, os homens são mais atirados, como mais orgulhosos também; orgulhosos a ponto de falar: "não preciso desse cara, eu consigo sozinho". Para o homem aquele instrutor é um rival, um objeto de temor, inveja, raiva, porque é o que ele não consegue ser, o que ele não tem coragem de ser, às vezes. (C.Z., instrutor e organizador de *canyoning*)

> Normalmente o homem quer bancar o herói; quando tem homem e mulher juntos, isso piora. Tive um problema em Brotas, quando, na hora de descer a corredeira, todos eles ficaram em pé, cantando e dançando [...] Às vezes se lançam na água de propósito para dizer que desceram a corredeira fora do bote, para mostrar que sabem nadar ou até o engraçadinho que propositadamente causa a virada do bote. Já houve caso de bêbado querendo descer [...] convidei a se retirar. (C., instrutor e coordenador de *rafting*)

No mesmo sentido, apresento o depoimento de um proprietário de agência de ecoturismo em Campinas (SP):

> A grande parte do nosso público é mulher. É impressionante. Em algumas viagens, temos 70% de mulheres – o normal é 60%. O homem que veio na nossa viagem, veio porque a mulher trouxe – namorada, amiga, mulher.
> A mulher faz mais amizade; ela transita mais entre os vários grupos. O homem é mais retraído; fica mais no grupinho que foi, embora tenha exceções. A mulher é mais prudente. Ela pergunta: "será que dá para ir? Será que é fundo?" Ela pergunta mais e o homem não – é mais atirado. Depois da orientação ela vai. O homem não pede orientação.

R., sócio-proprietário de uma agência de ecoturismo em Campinas, apontou quatro elementos envolvidos na demanda por essas atividades: a busca pela emoção diferente; a busca por sociabilidade; a influência das mensagens veiculadas pela mídia e o modismo. Outro sócio da mesma empresa argumentou: "o pessoal está acostumado com vôlei, basquete, e isso é novidade; essas atividades estão crescendo, porque estão sendo descobertas".

9. Entre emoções, sensações e percepções

Em novembro de 1999 eu estava na cidade de Natal (RN), participando de um evento acadêmico, quando resolvi realizar um passeio de *buggy* pelas dunas de Genipabu. O motorista do jipe lançou-nos uma pergunta que, a princípio, me soou estranha: "Vocês preferem o passeio com ou sem emoção?". Compreendi posteriormente que "com emoção" significava a opção por manobras mais radicais nas dunas, envolvendo descidas mais íngremes ou encostas mais acentuadas. Continuando o passeio, fui visitar algumas lagoas de água doce no mesmo local das dunas, onde ocorre uma prática denominada pelos moradores locais de "aerobunda". Uma espécie de tirolesa, em que se é preso por tiras de couro a uma roldana em umcabo de aço, partindo de um patamar alto (aproximadamente 10 m), fora da água, e deslizando pelo cabo até atingir certa altura, quando a pessoa se desprende do cabo e cai na água. O instrutor realizou a mesma questão feita antes pelo motorista: "Vocês preferem com ou sem emoção?", referindo-se aos movimentos bruscos da corda de aço para o alto e para baixo, provocados por ele, os quais poderiam acompanhar a saída, caso o usuário fizesse essa opção. O termo "emoção" ficou gravado fortemente na memória, mesmo porque, naquela ocasião, na cidade de Natal, ele se estendia a outros momentos, como no bar, onde brincávamos no momento de pedir um chopp: "Com emoção ou sem emoção?".

Inicio com uma questão instigadora: se queremos sentir fortes emoções relacionadas ao *inlix* esportivo (vertigem, velocidade, mergulho, queda, desequilíbrios), por que não vamos a um parque de diversões, o qual certamente nos propiciará todos esses elementos em potência muito maior quando comparada às atividades desenvolvidas na natureza? Podemos constatar que, agregada a essa busca pela emoção, outros fatores estão presentes, ou até que a emoção provocada por elas seja diferente da sentida nos parques urbanos. Em qualquer desses lugares, entretanto, parece ser possível assimilarmos a "lição da montanha-russa" preconizada por Sevcenko (2001, p.13), ou seja, "compreendemos o que significa estar exposto às forças naturais e históricas agenciadas pelas tecnologias modernas. Aprendemos os riscos implicados tanto em se arrogar o controle dessas forças, quanto em deixar-se levar de modo apatetado e conformista por elas".

Explorando melhor o tema das emoções ou a sua busca por meio dessas novas práticas na natureza (as quais se relacionam a um desejo de errância), prossigo com Damásio (2000), cuja contribuição central consiste em demonstrar a estreita interdependência entre razão e emoção. A razão não é tão pura quanto comumente pensada e emoções e sentimentos não são intrusos na razão e podem, ao contrário, estar enredados em suas teias. Provavelmente as estratégias da razão humana não teriam se desenvolvido, seja em termos evolutivos ou em relação a cada sujeito em particular, sem a força orientadora dos mecanismos dos quais emoções e sentimentos são expressões notáveis. Mesmo após estratégias de raciocínio terem se estabelecido no ser humano durante o processo de maturação, a atualização de suas potencialidades depende, provavelmente, de um exercício continuado de sentir emoções.

Não é tarefa fácil decidir o que constitui uma emoção. Damásio (2000) questiona tanto a exequibilidade em formular alguma definição sensata de emoção, como a utilização de um termo único para designar vários estados (alegria, tristeza, medo, raiva, surpresa ou repugnância, dentre outros), preferindo referir-se a impulsos, motivações, a dor e prazer como desencadeadores ou constituintes de emoções, porém não como emoções no sentido próprio do termo, as quais são mais complexas.

A emoção seria a combinação de um processo de avaliação mental (simples ou complexo) com respostas dispositivas a esse processo, na maioria dirigidas ao corpo, desencadeando um estado emocional do corpo, porém igualmente dirigidas ao cérebro (núcleos neurotransmissores no tronco central), resultando em alterações centrais.

Damásio (2000) utiliza um agrupamento relacionado às emoções primárias ou universais como alegria, tristeza, medo, raiva, surpresa, repugnância e outro referente às emoções secundárias ou sociais como embaraço, ciúme, culpa, orgulho, acrescentando um terceiro, o qual denomina emoções de fundo, como bem-estar ou mal-estar, calma, tensão.

Algumas emoções tendem a ter um padrão de "explosão", passando por um início rápido, um pico intensivo e um declínio acelerado, como a raiva, o medo, a surpresa e a repugnância. Outras possuem um padrão mais "ondulatório", relativo a certas formas de tristeza e todas as formas de emoção de fundo.

O impacto das emoções depende dos sentimentos (geralmente revelações do estado de vida dentro de um organismo, as quais no cotidiano destacam nossa grandeza e nossa pequenez) engendrados pelas mesmas. É por meio dos sentimentos, privados e voltados para dentro, que as emoções, públicas e voltadas para fora, iniciam seu impacto sobre a mente. Porém, o impacto integral e duradouro dos sentimentos requer a consciência, uma vez que conjuntamente ao advento de um sentido de *self* (sentido de um organismo individual com desejos, necessidades, reflexões, crenças – uma pessoa identificável com passado e anseios futuros), os sentimentos tornam-se conhecidos pelo sujeito que os possui.

A gestão da vida requer um modo de reagir baseado não só em ações executadas por músculos, "mas também em imagens capazes de representar estados internos do organismo, entidades, ações e relações" (Damásio, 2000, p.183). O gerenciamento da vida de um organismo complexo em um meio também complexo, e não necessariamente favorável, "requer, portanto, um conhecimento inato mais sofisticado, mais possibilidades sensitivas e uma maior variedade de reações possíveis".

Damásio expõe como, durante a maior parte do século XX, a emoção não teve espaço nos laboratórios, pois carregava a insígnia do excesso de subjetividade, sendo colocada no polo oposto da razão, considerada a mais refinada das capacidades humanas, na qual se presumia a total independência da emoção. Não só a emoção, mas seu estudo, como relata, provavelmente não eram racionais. A relação corpo e mente sempre foi, até recentemente, uma questão tratada no âmbito da filosofia. Na última década do século XX tal relação foi colocada na agenda científica relacionada à investigação da consciência.

A partir dessas postulações podemos concluir que nossa modernidade foi caracterizada por uma pretensa exclusividade do intelecto prevalecendo sobre as formas sensíveis do saber. Ao valorizar parâmetros racionais, foi desprezado o não-racional (sonhos, desejos, sentimentos, ou seja, componentes identificadores do ser humano), a pessoa que chora, ama, se diverte – que possui emoções. Enfim, foi desprezado aquilo que faz a vida em seu desenvolvimento.

Somos tão incapazes de impedir uma emoção quanto de impedir um espirro. Podemos evitar a expressão de uma emoção, e obtermos um sucesso parcial. Sob influência cultural, alguns são bem treinados nesse aspecto, mas em essência adquirem uma capacidade para disfarçar algumas das manifestações externas de emoção, sem jamais bloquear as mudanças automáticas que ocorrem nas vísceras e no meio interno do organismo. O aprendizado e a cultura alteram a expressão das emoções, conferindo-lhes novos significados, porém, elas "são processos determinados biologicamente, e dependem de mecanismos cerebrais estabelecidos de modo inato, assentados em uma longa história evolutiva" (Damásio, 2000, p.75).

Reações como chorar e soluçar estão prontas por volta do nascimento, mas as razões pelas quais as pessoas choram ou soluçam em determinados momentos da vida variam com as experiências. Embora essas reações sejam automáticas e, em geral, estereotipadas, a aprendizagem pode modelar a execução de certos padrões estabelecidos. Assim, o riso e o choro são executados de maneiras diferentes em circunstâncias diferentes.

Temos consciência de uma emoção, continuando com Damásio, quando sentimos algo que ocorre em nosso organismo. Por exemplo, podemos experimentar um efeito purificador (catártico) quando da suspensão abrupta de um estado sistematicamente induzido de medo, conduzindo ao bem-estar e à alegria, a um grande alívio. Esse efeito purificador ocorre com bastante frequência nas atividades enfocadas aqui.

Cinestesia,[1] visão e tato são órgãos sensoriais e experiências que permitem aos seres humanos ter sentimentos intensos pelo espaço e suas qualidades. Movimentos simples como estender braços e pernas são básicos para a tomada de consciência do espaço: ele é experimentado quando possibilita

---

[1] A cinestesia, segundo Rasch e Burke (1977, p.100), significa "percepção da posição e do movimento das partes do corpo no espaço, bem como percepção de forças e tensões internas e externas que tendem a mover ou estabilizar as articulações."

locomoção e mudança de um lugar para outro, quando a pessoa adquire um sentido de direção. A maioria das pessoas utiliza os cincos sentidos, os quais se reforçam mútua e continuamente para reconhecer o mundo vivido, ordenado e carregado de emoções de forma intricada (Damásio, 2000).

Contudo, nosso ambiente parece estar nos privando do uso desses sentidos. Sennett (1997, p.15-17) contribui nessa discussão ao alertar para o problema contemporâneo, ou seja, "a privação sensorial a que aparentemente estamos condenados pelos projetos arquitetônicos dos mais modernos edifícios; a passividade, a monotonia e o cerceamento tátil que aflige o ambiente urbano", acrescentando as interrogações: "O que devolverá o corpo aos sentidos? O que poderá tornar as pessoas mais conscientes umas das outras, mais capacitadas a expressar fisicamente seus afetos?".

M., biólogo e organizador de grupos, também traz seu depoimento a esse respeito:

> A cidade limita a visão das pessoas que estão enquadradas em paredes. Na verdade, elas acham que estão vendo em três dimensões, mas estão vendo em duas. Na hora em que o olhar bate na parede, a visão não funciona mais. Então elas encaram a floresta da mesma maneira; quando ela olha a floresta, ela vê o que está na frente, mas não olha a profundidade.

Não somente temos limitações, como não somos capazes de descrever o efeito provocado por determinados sentidos. O olfato é um sentido mudo, sem palavras. Quando olhamos algo sabemos descrevê-lo, porém, como nos interroga Ackerman (1996), quem é capaz de mapear as feições de um cheiro? Apesar dos cheiros constituírem-se em uma experiência íntima, não conseguimos lembrar de seus nomes. Então descrevemos os sentimentos produzidos, ou seja, algo tem cheiro desagradável, intoxicante, enjoativo, agradável, delicioso, estimulante etc. A autora explica o funcionamento do bulbo olfativo na detecção do cheiro, o qual envia um sinal para o córtex cerebral que, imediatamente, transmite a mensagem para o sistema límbico, seção antiga, misteriosa e intensamente emocional de nosso cérebro, por meio da qual sentimos, desejamos e inventamos. O olfato, diferentemente dos outros sentidos, não necessita de intérprete. O efeito é imediato e não diluído pela linguagem, pensamento ou tradução. Um aroma pode ser extremamente nostálgico, porque detecta imagens e emoções poderosas, antes que tenhamos tempo para editá-las.

O ambiente de caverna foi apontado por vários entrevistados como bastante rico para estimular os sentidos, pois foge dos padrões conhecidos. Dessa forma, observa-se um aguçamento dos sentidos, conforme verificado na fala de Z., coordenador de ONG e promotor de grupos:

> Estamos indo bastante para as cavernas [...] do Petar, porque temos dois dias e o trabalho tem que ser rápido, eficiente, efetivo. Lá, temos oportunidade de lidar com um ambiente muito diferente do que o "cara" está acostumado; entrar na caverna escura, úmida, os medos que mexem com o passado, mexem com a percepção; o sujeito tem que encostar na caverna para se locomover, a audição. Favorece muito o trabalho; no parque também tem mato, rio, cachoeira, cultura local, comunidade tradicional.

Como espeleólogo e também condutor de grupos para exploração de cavernas, S. expõe o seguinte:

> Eu acho que dentro da caverna existe uma sensação de tranquilidade, de bem-estar, de estar próximo de você mesmo. E isso que é legal, quando você entra e vê pelos olhos das pessoas, o brilho nos olhos de poder participar das entranhas da Terra, de algo que, sinceramente, são poucas pessoas que conseguem fazer. Não sei até que ponto isso tem influência no sentimento humano de poder participar, de estar presente nesses condutos da Terra [...].

Faria e Garcia (2002, p.125) relatam o trabalho de sensibilização desenvolvido dentro das cavernas por meio da experimentação do escuro: apagam-se as luzes das lanternas e dos capacetes e a grande maioria experimenta, pela primeira vez, essa imersão no escuro intenso. Nesse momento, debatem o desconforto sentido em relação à escuridão, bem como o significado do medo. Este é um trabalho delicado, segundo os autores, que exige certa dose de sensibilidade, uma vez que conta com sujeitos urbanos presentes em um ambiente desconhecido, cuja intenção é fazê-los sentir-se à vontade. Assim, o desafio é reatar uma relação com a natureza e conosco; aguçar a audição na busca pelo barulho de uma gota que cai; o tato pela percepção da umidade no ar, bem como enfrentar o medo. Medos diversos daqueles do cotidiano, os quais são fabricados pelo ritmo urbano, como o medo de assaltos, do desemprego, de chegar atrasado. É o medo da desorientação, do desconhecido; espaço para reflexão. Os autores declaram ser possível o trabalho de percepção e relaxamento devido ao pequeno número de pessoas (dez a doze, no máximo).

S., espeleólogo, conta sobre esse exercício do escuro com o seu grupo:

> Temos um momento que chamamos de "estar consigo mesmo". É o momento de apagar todas as luzes, escutar o silêncio e enxergar o escuro. Apagam-se todas as luzes e todos ficam no maior silêncio possível. A pessoa sente que está pulsando, sente a pulsação do coração. Se você estiver num lugar onde não existe som nenhum (de água, gotejamento), você consegue observar que o seu corpo movimenta; tem um movimento – isso me arrepia.

A experiência do escuro apareceu em algumas entrevistas. Enquanto alguns apontaram uma relação de prazer, outros demonstraram desconforto. A experiência do medo ou sua expectativa foi demonstrada em várias falas, como a de C., professora, mestranda em Educação: "Busco essas viagens porque supero desafios, tem a questão do autoconhecimento, também conheço lugares bonitos. Eu era muito medrosa. O Petar será um desafio, pois tenho fobia de escuro".

H., engenheiro civil, doutorando em Engenharia, contou sobre suas expectativas em relação à exploração que realizaria nas cavernas:

> Estou com vontade de '"fazer" o Petar, mas estou meio tenebroso do escuro, porque tenho medo. Lembro da fazenda do meu pai; uma pequena cidade sem energia, onde tínhamos que atravessar uma trilha para chegar à vila. Era muito escuro e eu via uma luzinha longe; sentia medo; o mato ao lado era alto; tinha medo do escuro, medo de bicho.

O aspecto do silêncio é outro elemento a ser explorado, pois é sempre requisitado como uma espécie de exercício dos sentidos ou um apelo para as pessoas centrarem-se no espaço.

Segundo R.M., socióloga e organizadora de grupo, em seus passeios, a requisição pelo silêncio é uma constante e uma característica: "Quando vem uma pessoa nova e fala muito, está muito ansiosa, eles pedem para dar um jeito. Quando está muita falação, digo: 'feche os olhos, vamos começar a ouvir', daí acalmam um pouco. O objetivo é ficar mais atenta a si mesmo e ao ambiente".

I., proprietário de agência de ecoturismo, explica seu propósito quando solicitou um minuto de silêncio durante a trilha, no qual as pessoas deveriam identificar o maior número de sons no ambiente:

Procuro sempre, quando vamos a uma mata, fazer aquele teste de acuidade auditiva, porque as pessoas estão no tumulto, você tem que falar alto, não ouvem direito – as pessoas ficam curiosas, nunca passaram por essa experiência – é uma coisa fantástica, essa sensibilidade é potencializada, as pessoas aderem – eu diria que 80% adere; às vezes, esses 20% não aderem porque têm alguma coisa mais premente para se fazer.

A experiência repercute de maneira diferenciada nos praticantes. H., 34 anos, analista de sistemas, declarou:

Em Fernando de Noronha fiz a mesma coisa sozinho e achei diferente. Consegui observar que eu estava só; os animais chegavam perto e não assustavam; percebi grande quantidade de sons; em grupo é diferente; acho que a intenção é relaxar.

C., professora e mestranda, sentiu certo constrangimento:

Achei interessante, não estamos acostumados com isso. No momento que propôs, todos aderiram. Foi difícil relaxar, me concentrar para ouvir os ruídos, porque a gente não tem esse costume; o grupo [ficou] um pouco [constrangido]; a gente fica preocupado se o outro está olhando para você; você está no meio de pessoas estranhas.

No nosso contexto social, um homem em silêncio é um homem sem sentido. Por não suportarmos a ausência das palavras, perguntas surgem: "Porque está quieto? O que está pensando?". Por não ser suportado, os sujeitos fazem do silêncio algo fugaz e efêmero.

As pessoas anseiam por fazer o silêncio falar, exercendo controle e disciplina ou, ao contrário, supondo poder calar o sujeito, emitem sinais sonoros (dizíveis, visíveis) continuamente, produzindo signos de controle pelo que "aparece". Abrem mão do risco da significação, da sua ameaça e se preenchem falando. O espaço é atulhado com sons e a ideia de silêncio é concebida como falta, como vazio. Quando negamos nossa relação fundamental com o silêncio apagamos medições que nos são básicas (Orlandi, 2002).

Quando não falamos, não estamos somente mudos, estamos em silêncio, no qual estão presentes o pensamento, a introspecção, a contemplação etc.

Temos múltiplos silêncios, como o das emoções, o místico, o da contemplação, o da introspecção, o da revolta, o da disciplina, o do exercício do poder, o da derrota da vontade etc. Pensar o silêncio é pensar tanto a solidão do sujeito como a história solitária do sujeito frente aos sentidos.

A concepção frequente do silêncio é a mítica, pois é um tema cuja história está atrelada ao sagrado, às religiões. Considerado "um apoio à adoração" ou "método que prepara a alma para experiências pessoais", foi praticado por pequenos e grandes grupos em muitos períodos da história por todo o planeta (Orlandi, 2002).

Além de sua qualidade física, o silêncio é história (silêncio humano), sentido, matéria significante, bem como é produzido em determinadas condições e aqui se ressalta sua materialidade histórica. O silêncio atualmente, para alguns, representa cada vez mais um luxo.

Tomando como exemplo o que Schaffer (1977) denomina "paisagem sonora", podemos extrair de seu trabalho alguns elementos enriquecedores para nossa discussão.[2]

O autor destaca algumas peculiaridades condizentes ao cenário rural e ao urbano. No urbano, a transformação da "paisagem sonora" passa da "alta fidelidade" para a "baixa fidelidade" e informações acústicas comuns ou conflitantes encobrirão os sons desejados ou necessários. Um som deve ser muito forte ou insistente para atrair nossa atenção. Eles ocorrem concomitantemente (buzinas, motores de carro, sirenes), desperdiçando energia acústica e provocando a destruição dos nervos e tímpanos. Seu estudo mostra ser necessário reduzir o volume sonoro total, para podermos novamente ouvir com clareza sons diminutos ou portadores de mensagens.

No meio urbano, os sons são próximos e, no rural, distantes, pois a "paisagem sonora" no primeiro caso tem presença, sendo que o segundo, além desta, possui horizonte acústico. O ouvido capta qualquer sinal de invasão.

Algumas vezes, o ouvir à distância torna-se vital para a sobrevivência de uma comunidade, como nos mostra Schaffer (1977) em pesquisa realizada na aldeia de pescadores de Lesconil (Bretanha), onde o ciclo diário dos ventos que sopram do mar envolve o povoado em sons vindos de todos os pontos

---

[2] Assunto discutido no capítulo "O corpo visitando a natureza: possibilidades de um diálogo crítico" (Bruhns, 1997).

do horizonte, alguns de uma distância de 12 quilômetros. Ouvem-se os sinos de cidadezinhas longínquas, os sons do campo, os sinais das boias situadas em diferentes pontos do mar, cada um a seu tempo. Qualquer modificação no sistema habitual indica uma mudança do tempo, que os ouvidos treinados do pescador ou de sua mulher captam imediatamente.

Por um programa de computador, que compila um catálogo de descrições feitas por escritores de todas as épocas e nacionalidades, foram realizadas comparações estatísticas sobre o aparecimento e o desaparecimento dos diferentes sons que figuravam nos índices.

Na literatura europeia do século XIX, 43% dos sons mencionados são naturais, caindo para 20% no século XX. Diferindo entre América do Norte e Europa: no primeiro, não foi constatado um declínio tão acentuado, provavelmente devido ao maior contato dos norte-americanos com o ambiente natural; diferentemente dos europeus, que tiveram esse contato bastante diminuído.

Quanto ao silêncio e a quietude, houve uma redução significativa no número de referências. Nos arquivos pesquisados por Schaffer (1977), 19% das descrições relativas às décadas de 1810-1830 mencionam a quietude e o silêncio; entre 1870-1890 caem para 14% e entre 1940-1960 para 9%.

Na descrição do silêncio, a última geração dos escritores modernos emprega alguns qualificativos como opressivo, insensível, terrível, deprimente, dentre outros. A quietude e o silêncio evocados por essas palavras quase nunca são positivos, sendo que raramente se considera o silêncio de um passeio contemplativo pelos campos, nem o que se observa quando se ouve música; não é o silêncio da fascinação ou da meditação, nem mesmo o do sono. Talvez nossa atitude em relação a isso esteja necessitando de uma revisão.

Prosseguindo na exploração dos sentidos, apresento o olhar. Este sentido não envolve profundamente nossas emoções, mas promove a percepção do mundo através dos olhos, mais abstrato do que o conhecido por nós por meio dos outros sentidos. Esclarecendo melhor, exemplifico com o fato de podermos ver pela janela de um ônibus com ar condicionado como um amontoado de lixo a céu aberto é feio e indesejável. Porém, a intensidade do indesejável irá atingir-nos como força pungente quando abrirmos a janela e sentirmos odores de materiais deteriorados.

O olhar nos posiciona como espectadores e observadores, não necessariamente em um alto grau de envolvimento com a cena, pois explora o campo visual, abstraindo alguns objetos, perspectivas e pontos de interesse. Os outros sentidos nos atingem como sensações (gosto do limão, textura de uma rocha, som do vento).

Lewis (2000) comenta sobre o despojamento do uso das mãos, do toque, portanto, do tato, no processo histórico de valorização do olhar, por meio do qual as crianças aprenderam (apesar do prazer em tocar objetos para sentir a textura e absorver o mundo) a tocar com o olhar. Esse aumento da orientação visual em direção ao mundo incute certo desejo por prazeres passivos, o desejo mais de espectador do que participante.

Nessa discussão, torna-se interessante voltarmos a Sevcenko (2001, p.66-67) no que diz respeito a mudança na sensibilidade e nas formas de percepção sensorial das populações metropolitanas do século XX, provocadas por dois fatores associados: a aceleração dos ritmos do cotidiano, em consonância com a invasão dos implementos tecnológicos, bem como a ampliação da visão como fonte de orientação e interpretação rápida dos fluxos e das criaturas, humanas e mecânicas. O olhar recebeu uma supervalorização, acentuada e intensificada pela difusão das técnicas publicitárias, obtendo um refinamento na sua capacidade de captar o movimento, contrariando o hábito tradicional da concentração sobre objetos e contextos estáticos.

Geralmente, esse treinamento acentuado do olhar é associado a um fator negativo, a um atrofiamento dos outros sentidos. Porém, Sevcenko (2001) mostra como em um mundo em aceleração crescente esse treinamento pode resultar em benefícios sensoriais e culturais, pela ocorrência de nexos adaptativos com fluxos dinâmicos. Esse aguçamento da percepção visual, segundo o autor, "deveria ocorrer tanto no nível subconsciente como no da compreensão racional da sistemática das energias e elementos em ação dinâmica". A readaptação dos sentidos apresenta uma dupla vantagem. Primeiro, pela possibilidade de evitar riscos e inconvenientes intrínsecos potencializados por essa aceleração, como desviar de um carro em alta velocidade. Segundo, pela aprendizagem da reação aos riscos e inconvenientes, a qual pode resultar em novos sistemas de racionalização do trânsito urbano e de segurança para os pedestres.

Essa sofisticação das habilidades do olhar, embora decorrente de um treinamento imposto pelas mudanças rápidas da realidade, pode resultar na possibilidade de ampliação dos horizontes da imaginação, bem como instigar as mentes a vislumbrar interações com os novos potenciais, por meio de modos mais complexos.

Para ilustrar a mudança tecnológica associada à alteração da percepção e da sensibilidade com efeitos diretos sobre a imaginação e o entendimento, Sevcenko (2001) cita o caso de Einstein. O jovem costumava viajar com os tios, deixando-se seduzir pela brusca sensação de aceleração experimentada no momento do cruzamento de dois trens vindos de direções opostas. Quando isso ocorria em um túnel escuro, o garoto visualizava dois fachos de luz apontando um para o outro, indagando sobre o que veríamos se estivéssemos em um daqueles fachos. Para os adultos, esclarece Sevcenko (2001), "a luz na frente dos trens servia a um propósito bem definido: iluminar o caminho. Para o jovem, era um potencial aberto a possibilidades ilimitadas".

Nesse exercício dos sentidos, algumas passagens em relação ao alimento ou ao lanche, portanto que envolvem o paladar, foram significativas, pois o alimento não satisfaz unicamente as necessidades fisiológicas, mas também necessidades socioafetivas.

Ackerman (1996) relata os duplos sentidos do paladar, cuja palavra tem sua raiz na origem latina (*taxare* – tocar com força), modificada pelo inglês médio (*tasten* – examinar pelo toque, teste). Dessa forma, paladar é sempre teste ou julgamento, bom gosto, que significa refinamento, e mau gosto, vulgaridade, às vezes obscenidade.

Compartilhar uma refeição, seja ela de qualquer espécie, denota hospitalidade e troca. Um companheiro é alguém que come o pão com outro. As paradas para os lanches de trilha (como comumente chamados e geralmente incluídos nos programas pelas agências) tornam-se um momento interessante de troca dos conteúdos dos kits, pois alguém gosta mais de fruta, enquanto outro gosta mais de chocolates ou salgados. Outros não trocam nada e até escondem os conteúdos.

Nesses lanches, individuais ou coletivos, a presença de chocolates, balas e outros doces é uma constante. A justificativa é sempre devido ao caráter energético dos mesmos. Porém, é sabido o quanto podem estimular as endorfinas, substâncias analgésicas, liberadas pelo cérebro em situações de estresse, produzindo sensação de conforto e calma. Desse modo, a escolha por esse tipo de alimento também está relacionada, embora não conscientemente, às sensações provocadas pelos mesmos.

Os lanches ganham conotações especiais uma vez experimentados em locais e situações que lhes conferem significados próprios, relacionados às vivências do momento. Se provado em uma cozinha, talvez o lanche tivesse sido banal ou até desagradável, mas adquire novo sabor e interesse na presença das nuvens; um simples sanduíche de pão e queijo nos delicia quando consumido no alto de um penhasco, acima de um mar revolto (Botton, 2003).

O contato com o ambiente natural, via atividades tratadas aqui, conduz ao reforço de um sentido pelo outro, de modo que, juntos, esclarecem a estrutura e a substância do todo, revelando seu caráter essencial. Porém, conforme Tuan (1980, p.13), utilizamos somente uma pequena parcela do poder inato nas nossas experiências, sendo imensa a informação potencialmente disponível. Para nós, o espaço é limitado e estático, constituindo-se em um quadro ou matriz para os objetos. O espaço sem objetos e sem fronteiras parece vazio, porque não há nada para ver, embora possa estar cheio de vento. Em relação à espacialidade, o autor acrescenta que os elementos verticais na paisagem evocam um sentido de esforço, pois incorporam o desafio da gravidade, enquanto os elementos horizontais lembram aceitação e descanso.

A relação do meio ambiente com os sentidos e os sentimentos manifesta-se constantemente por meio de nossas ações, porém, como nos mostra Tuan (1983), torna-se complexo generalizar normas. Isto devido, segundo o autor, à presença de dois fatores perturbadores: o contraste, de um lado, e a cultura e a experiência, de outro.

O contraste é exemplificado com a comparação de uma casa, enquanto um mundo compacto e articulado, e do vale externo. Do interior da casa, o vale parece amplo e indefinido, porém ele próprio é uma depressão bem definida, se comparado com a planície na qual se abre.

Quanto à cultura e à experiência influenciando na interpretação do meio ambiente, Tuan (1983, p.63) toma o exemplo de como os norte-americanos aceitaram as pradarias abertas do Oeste como um símbolo de oportunidade e liberdade em contraposição aos camponeses russos, para os quais o espaço sem fronteira tinha um significado oposto; conotava antes desespero que oportunidade, mais inibia do que encorajava a ação.

A relação do meio ambiente com o sentimento, filtrado pela cultura e recebendo influências históricas, traz questões curiosas, como a associação da espaciosidade com a floresta, um ambiente fechado, a antítese do espaço aberto. Porém, a floresta, não menos que a planície desnuda, é uma região cheia de possibilidades. As árvores, que de um ponto de vista fecham o espaço, de outro são meios pelos quais se cria uma consciência peculiar de espaço. Alinhadas até onde a vista alcança, elas levam a mente a extrapolar até o infinito.

Corbin (1986), no seu livro sobre a praia e o imaginário ocidental, cita a obra de Townley (um diário), escrito entre abril de 1789 e abril de 1790, quando o autor, pertencente à classe ociosa, permanece na ilha de Man para restabelecer-se de uma doença. Nos relatos, os principais personagens do livro são as condições do tempo, as quais decidiam sobre os acontecimentos, como a qualidade do vento e do ar, e Townley esforça-se em defini-los diariamente, com precisão, pelos efeitos que produzem sobre os sentidos e a alma, utilizando frases como "bebi uma taça de ar matinal", relatando seus passeios, os quais, quando bem sucedidos, constituíam-se numa "festa dos sentidos".

Thomas (1988) estuda a profunda modificação das sensibilidades que ocorreram na Inglatera entre o século XVI e o final do século XVIII, em relação às plantas e à paisagem e nos mostra como a religião desempenhou, em dado momento na Inglaterra, uma nova atração pela vida rural. Traz um historiador literário na descrição sobre a posterior década de 1640, na qual "o retiro rural já não era uma simples defesa contra o mundo corrupto; era um portão aberto para o paraíso antes da Queda". O campo ganha uma virtuosidade em relação à cidade. Thomas (1988, p.297) exemplifica com várias passagens pertinentes a essa concepção na literatura da época, denominada pelo poeta John Clare de "religião dos campos". "Quando caminho pelo campo", dizia o poeta Henry Needler, "meus pensamentos naturalmente tomam um rumo solene e religioso". Campos e bosques, concordava o platônico Peter Sterry, naturalmente despertavam um sentido do divino.

Na Inglaterra, em meados do século XVII, as montanhas eram odiadas como estéreis "deformidades", "verrugas", "furúnculos", "monstruosas excrescências", "refugo da terra", "*pudenda* da Natureza", e um século depois transformaram-se em objetos da mais alta admiração estética. O vento pode tanto "acariciar a alma", ser "doce", "aromático", como "cortante", "áspero".

Em fins do século XVIII, o apreço pela natureza, particularmente pela selvagem, havia se convertido em um tipo de ato religioso; ela não só era bela como moralmente benéfica.

Em 1848, o economista John Stuart Mill defendeu o limite à expansão demográfica, fundamentado na necessidade da preservação de certas áreas, onde os homens pudessem ficar a sós; portanto, a solidão seria indispensável à satisfação humana, como algo essencial para o aprofundamento da meditação ou de caráter: "A solidão perante a beleza e grandiosidade da natureza é o berço de pensamentos e aspirações que não são bons somente para o indivíduo – sem eles a sociedade dificilmente sobreviveria" (Thomas, 1988, p.318).

Discutindo sobre o fato dos arquétipos (imagens coletivas, ao contrário dos sonhos, que são individuais) criarem religiões, mitos e filosofias que influenciam e caracterizam nações e épocas históricas, bem como se transformarem em símbolos, dependendo de sua dimensão temporal e espacial, Diegues (1998) traz ilustrações pertinentes. O arquétipo materno, por exemplo, carrega um repertório de aspectos e variações, criando símbolos como o da ilha, de uma lagoa acolhedora ou de uma caverna protetora.

Nesse sentido, inúmeros mitos e lendas confirmam a presença do mar e da ilha na constituição da cultura, cujas imagens e representações estão muito presentes na literatura e na arte. Dessa forma, o mar é relacionado à figura materna, o líquido amniótico protetor que envolve o feto; a ilha é igualmente relacionada à figura materna, o útero protetor.

Não só a natureza ou as limitações geográfico-ambientais constituem-se em motivação para a exploração das florestas, mas também as formas que configuram as relações sociais, suas racionalidades intencionais, seus objetivos de produção social e simbólica.

Uma paisagem pode tornar-se mais atraente depois de revelada pelos olhos de um pintor, provocando o desejo da viagem. A partir dessa consideração, Botton (2003) explora o que ocorreu na Grã-Bretanha, na segunda metade do século XVIII.

Baseando-se em historiadores, o autor constata que grandes extensões do meio rural da Inglaterra, Escócia e País de Gales não eram apreciadas antes do século XVIII. Locais mais tarde considerados de beleza natural inquestionável, como o vale do Wye, a Alta Escócia, ou o Distrito dos Lagos, durante séculos foram tratados com indiferença e mesmo com desdém. Viajando pelo distrito dos Lagos na década de 1720, Daniel Defoe descreveu a região como "deserta e assustadora". Na obra *Viagem às ilhas ocidentais da Escócia*, Johnson relatou a Alta Escócia como "tosca", lamentavelmente desprovida de "plantas decorativas" e "uma vasta extensão de esterilidade irremediável".

Em 1727, o poeta James Thompson publicou *As estações*, celebrando a vida rural e a paisagem do sudeste da Inglaterra, e o sucesso trouxe à preeminência a obra de outros, estimulando pintores e a encomenda de suas obras. Houve uma explosão de pessoas viajando pelas ilhas, pelo vale do Wye, bem como pelas montanhas do norte do País de Gales, Distrito dos Lagos e País de Gales.

As estações do ano igualmente relacionam-se com os sentimentos, nos quais estão presentes valores e concepções de mundo. Enquanto a primavera conduz a imaginação para a ideia de ressurreição, o outono, em sentido oposto, evoca a ideia de morte e de fuga do tempo. As impressões da primavera dirigem-se mais aos sentidos, enquanto as do outono são mais abstratas, de acordo com Schelle (2001).

O autor, buscando a diferenciação entre pradaria e floresta, revela como a primeira paisagem aberta enche o coração de ideias risonhas e a monotonia suave proporciona um sentimento de calma e de paz. Já a floresta, mais austera e impenetrável, revela um acolhimento em sua sombra, convidando a uma fusão. Porém, as impressões se mesclam e a tonalidade mais clara da pradaria aberta onde se caminha confunde-se com aquela mais profunda da floresta.

Bryson (1999, p.53) relata a experiência inesquecível de contraste ocorrida após caminhar muito tempo no interior de uma floresta fria e sombria, e sair repentinamente em um espaço escalvado ensolarado, sob um céu azul, com vista para todo o horizonte.

O autor apresenta seus sentimentos na caminhada pela Trilha dos Apalaches, envolvendo as particularidades das florestas:

> As árvores cercam você, pairam acima de você, pressionam de todos os lados. As florestas obstruem a vista e o deixam confuso e sem orientação. Fazem você sentir-se pequeno e vulnerável, como uma criança pequena perdida numa multidão de pernas estranhas. No deserto ou numa planície, você sabe que está num espaço grande. Numa floresta, você apenas sente isso. É uma terra de ninguém e sem feições características. E está viva. (Bryson, 1999, p.53)

Bryson acrescenta, ainda, o caráter fantasmagórico das florestas, que causam a sensação constante de estar sendo observado:

> Independentemente da ideia de que possam esconder animais selvagens e sujeitos armados e geneticamente desafiadores que atendam pelo nome de Zeke ou Festus, há algo intrinsicamente sinistro nelas – uma coisa inefável que o faz

pressentir uma atmosfera de perdição e de fim potencial a cada passo, deixando-o profundamente consciente de que você está fora de seu meio e precisa manter as orelhas em pé.

R. M., organizadora de grupos, durante a entrevista fala da influência do meio ambiente sobre os sentidos e sentimentos:

> Todo pensamento, mesmo o mais calculista, tem origem no sentimento, e esse sentimento é o resultado da interação da pessoa com o lugar, com a história, com o entorno. Uma mata bem conservada, bem primária, propicia expressões diferentes de uma mata mais degradada, mais secundária, ou se é um espaço mais aberto como uma praia, outros pensamentos surgem. Se é uma região de montanha, se é um dia quente, um dia frio; modificações internas acontecem com essas experiências.

Nesse sentido, S., espeólogo, igualmente coopera com seu depoimento:

> As experiências vividas na montanha e na caverna são diferentes. Há uma sensação diferente, apesar de você estar contemplando a natureza. Senti isso com as pessoas que levei para Itatiaia. Eles têm uma sensação de vencer obstáculos, de adrenalina, do cansaço. Quando chegam no topo, contemplam a natureza; é a sensação de estar presente na paisagem belíssima. Não senti isso nas pessoas que vão para a caverna, elas têm uma sensação que estão entrando num lugar desconhecido; há um desafio, mas é diferente. Pouquíssimas entram com o desejo de vencer alguma coisa; elas entram mais com o perfil de observadores, de curiosos, para analisar.

Na concepção de Schelle (2001), as montanhas elevam a imaginação de forma pouco usual, tornando a natureza atraente pela diversidade e força das impressões. A subida sem paradas ou apreciações causa uma perda do panorama, constantemente em transformação, e o espetáculo da paisagem reúne elementos que envolvem prazer e descoberta. Se quiséssemos ter impressões mais diversificadas, diz o autor, deveríamos descer por outra vertente em vez da que utilizamos para subir, porém, nessa impossibilidade, descer pela mesma possibilita a verificação das impressões no sentido inverso.

A paisagem constitui uma obra da mente antes de ser um repouso para os sentidos. Para exemplificar a coexistência entre natureza e percepção, Neiman e Rabinovici (2002) apresentam o ambiente de cerrado. É um convite à imaginação simbólica, embora possa, em um primeiro olhar, causar a sensação de vegetação decadente, sem valor e beleza, provocada pelas árvores chulas, retorcidas e dispersas e estimulando uma comparação do campo cheio de cupinzeiros com a desolação dos cemitérios de cidades mortas, como muitos identificam. Sua aparência agressiva pode inspirar o abandono, logo dissipado pelas sensações provocadas e pelas descobertas da vida presente. Tradicionalmente, a floresta permeia com mais força o imaginário cênico e o inconsciente com histórias, lendas e fábulas, nas quais é projetada uma existência mítica. O cerrado não mereceu valorização devido à aparência agressiva, tendo sua preservação desprezada e devastação justificada, cedendo espaço à urbanização.

Segundo os autores:

> O cerrado ocupava 25% do espaço territorial brasileiro, localizando-se no planalto central – apresentando chapadas e chapadões –, mas hoje está reduzido a manchas espalhadas por diversas regiões nos estados de Mato Grosso, Mato Grosso do Sul, Goiás e Minas Gerais, ocorrendo fragmentos menores no Amazonas, em São Paulo e em alguns estados nordestinos. (Neiman e Rabinovici, 2002, p.140)

Botton (2003), interessado pela fruição da paisagem, remete-se a Ruskin, o qual explora os processos de apropriação da beleza dos lugares, propondo uma estratégia para obtenção de resultados, utilizando como recurso a arte ou a escrita, independentemente de nossos talentos para tal. Estamos tão desacostumados em contemplar ou nos atermos nos detalhes da paisagem que talvez seríamos considerados esquisitos se parássemos para observar um lugar tanto tempo quanto um pintor ou desenhista necessita para fazer um esboço do mesmo. O desenho de uma árvore necessita, no mínimo, de dez minutos de forte concentração, porém, uma árvore exuberante raramente faz os transeuntes pararem mais do que um minuto, os quais apenas passam por ela e, quando retornam, não têm muito a dizer, a não ser que passaram pela tal árvore.

Quando vamos expressar nossos sentimentos e experiências nos valemos de imagens e ideias, muitas vezes pouco originais, que tornam nossas avaliações "chavões".

Tuan (1983, p.162-163) vem ao nosso encontro, relatando como as intimidades efêmeras vivenciadas pela experiência direta passam desapercebidas, assim como a real qualidade de um lugar. Isso ocorre pelas ideias desgastadas, afastando as informações dos sentidos, favorecendo o que aprendemos a ver e admirar. Tuan ilustra com o relato de Pirsig, sobre como os turistas vêem o Crater Lake, no Oregon:

> No lago paramos e nos misturamos afavelmente com a pequena multidão de turistas que carregam máquinas fotográficas e crianças gritando – "Não cheguem tão perto!" – e vimos carros e campistas com placas de todas as partes, e vimos o Crater Lake com a sensação de "Aí está ele", igualzinho como aparece nas fotos. Observei os outros turistas e vi que todos também pareciam ser gente de fora. Eu não tinha ressentimento de tudo isso, apenas uma sensação de que tudo era irreal e que a qualidade do lago estava embaçada pelo fato de todos fazerem comentários. Você comenta que certa coisa tem qualidade, e a qualidade tende a desaparecer. Qualidade é aquilo que você vê com o canto dos olhos, e ao olhar o lago lá embaixo, senti a qualidade peculiar da fria, quase gelada, luz do sol atrás de mim, e o ar quase parado. (Tuan, 1983, p.162-163)

Não temos dificuldade na narração de fatos e acontecimentos, como a ida ao lago com as crianças e os cachorros, em um carro, em umdia frio. Igualmente sabemos admirar o lago. Tiramos fotos, registrando um acontecimento permanente e público. Porém, segundo o autor, "a qualidade do lugar e nossa experiência singular não ficaram registradas na fotografia: isto deve incluir o que vimos com o canto dos olhos e a sensação da luz gelada do sol às nossas costas" (Tuan, 1983, p.162-163) .

Essas dificuldades manifestaram-se com evidência em dois momentos da pesquisa, quando foi pedido aos integrantes do grupo para falar de suas impressões sobre o local e a experiência. O primeiro ocorreu em Monteiro Lobato, na roda do segundo dia quando, após a caminhada, os relatos resumiram-se em palavras soltas: "Maravilhoso!", "Muito bom". O segundo foi no Pico do Lopo (Extrema, SP), quando prevalecia um silêncio geral durante alguns segundos, causando certo constrangimento no grupo, até que alguns emitiram alguns vocábulos como lindo, fantástico etc.

Nesse aspecto, R., organizadora de grupos, sentindo essa dificuldade, descreve como busca solucioná-la: "Às vezes, levo citações, trechos de um pensador e poemas para convidar a pessoa a ampliar o repertório, porque às vezes você não tem palavras para expressar o que sente e aquilo passa desapercebido. Esses questionamentos são muito produtivos e percebo isso nos relatos".

A questão não é somente descrever a aparência dos lugares ("a grama era verde", "a terra era marrom escuro"), mas requer uma análise de seu efeito sobre nós por meio de uma linguagem psicológica (a grama parecia *extrovertida*, a terra *tímida*). Muitos lugares nos parecem belos não unicamente com base em critérios estéticos, mas em critérios psicológicos, porque encarnam um valor ou uma emoção que nos afetam.

É prática comum nessas viagens à natureza reunir o grupo no final da tarde com o objetivo de assistir ao pôr-do-sol. Em 2003, acompanhando um grupo em Carrancas (MG), esse fato ocorreu durante três dias consecutivos. No primeiro e no terceiro, as pessoas seguiram de ônibus até determinado ponto, e de lá caminharam até um morro onde todos se sentaram para aguardar o momento do crepúsculo. No segundo dia isso ocorreu durante a trilha, coincidindo do momento do pôr-do-sol acontecer quando estavam em um local propício, conhecido do guia, para visualizar o fenômeno.

Procurei explorar um pouco essa experiência nas entrevistas, em uma das quais M., 34 anos, professora universitária, manifestou-se: "A maior emoção foi no pôr-do-sol, sentada sozinha; adorei sentir paz, tranquilidade, contemplação; parece que você se desliga do mundo".

Também H., 30 anos, engenheiro civil, trouxe sua percepção: "Estávamos em umgrupo que curte a natureza; senti que era um pessoal que gostava de ver o pôr-do-sol; já peguei pôr-do-sol mais bonito; duas coisas são belas: nascer e pôr; prefiro ver o pôr-do-sol em grupos menores".

R., 35 anos, dentista, expôs seus sentimentos: "As pessoas estavam agitadas; estavam preocupadas se iam ver; na terceira vez só foi quem estava a fim; foi uma grandeza; senti como se eu não fosse nada".

Segundo Schelle (2001, p.182), sentimos uma influência marcante das tardes no nosso íntimo, porque à tarde a atividade da imaginação é mais estimulada. É quando as emoções e as paixões violentas se acalmam em uma organização mais internalizada, sendo o momento do dia mais propício para reflexões. Esse momento, diz o autor, "faz sentir a alma sua necessidade de amor e de amizade, e abre o coração para a confidência, mas o expõe também, segundo a própria natureza das coisas, aos sentimentos de medo, de temor, de receio e de terror".

Nery (2002, p.71) desenvolve interessantes considerações a esse respeito, partindo das diferenças entre o alvorecer e o entardecer. No primeiro, ocorre um anúncio antecipado, mas resumido, dos vários momentos que se sucederão ao longo do dia, sem um formato acabado desses momentos, sem prescrição acabada das tonalidades. Ao contrário, o pôr-do-sol apresenta-se como uma representação com começo, meio e fim, agrupando as tonalidades de cores apresentadas pelo céu durante o dia, como o brilho do sol ao meio dia, a meia claridade e, finalmente o escurecimento. Assim, o instante do crepúsculo concentra, de forma breve, intensa e curta, como um modelo reduzido, as várias colorações do dia, permitindo sua captação pela observação humana como se fosse uma cápsula de imagem. Manifesta-se um prazer na recordação de momentos já vivenciados, o qual:

> Decorre justamente do fato de se poder fazê-lo de modo a filtrar os percalços por ventura transcorridos por ocasião da vida real, da experiência em seu modo original, uma vez que, seletivamente, se arranja na memória algo que se espera reencontrar como imagem significativa.

A recordação da vida (como um conto narrado), embora seja diferente da própria vida (experiência vivida), é uma característica humana e não se efetua de forma linear, devido à filtração dos percalços.

A imagem do pôr-do-sol conecta na inteligência humana uma metáfora da vida, ainda que em forma de uma homologia (pois narrativa e experiência são diferentes), concentrando em um único olhar a imagem condensada da passagem (contendo começo, meio e fim) de um dia que acabou.

Nessas viagens à natureza, essas recordações do dia mostram-se mais prazerosas, pela intensidade muito mais acentuada, tanto das relações, como das emoções vividas pelas descobertas e estímulos dos sentidos. Daí os estados de êxtase provenientes dessa experiência poderem ser mais bem compreendidos.

No tempo vivido, curto e intenso dessas atividades na natureza, ocorre uma situação a qual faz coincidir uma expectativa criada sobre a vida e sua efetiva realização, ou seja, ocorre uma realização do que antecipadamente construímos na imaginação, provocando um sentimento de completude.

O panorama do pôr-do-sol é um fenômeno emocionalmente competente na medida em que desencadeia emoções. Porém, o estado do corpo como resultado dessa contemplação constitui o cerne do sentimento.

A partir da experiência do corpo relacionada a estados aprazíveis considerados "bons" e "positivos" ou o contrário, estados considerados "ruins" ou "negativos", no panorama geral da vida, identificamos pensamentos como felizes ou tristes. Essa identificação seria prejudicada na ausência dessa experiência.

A aprendizagem e a recordação dos fenômenos e situações emocionalmente efetivas, da mesma forma, são apoiadas pela presença dos sentimentos. A memória de determinadas situações faz com que, conscientemente ou não, acontecimentos associados com sentimentos negativos sejam evitados e situações que possam causar sentimentos positivos sejam buscadas. O conteúdo do sentimento relacionado a uma experiência agradável ou não, intensa ou não, relaciona-se com os componentes mentais, com os ingredientes que constituem esse mesmo sentimento.

Tomando emprestado o exemplo de Damásio (2004), imagine-se deitado na areia de uma praia, com o sol do final da tarde aquecendo sua pele, uma brisa acariciando seu rosto e provocando um ligeiro movimento nos arbustos ao redor e o barulho do mar envolvendo a cena. Provavelmente você sentiu um bem-estar e perguntou-se no que consiste. Talvez ele tenha vindo da temperatura agradável ou da respiração tranquila, liberta de qualquer resistência no peito ou na garganta. Os músculos estavam relaxados, não exercendo tensões nas articulações. Era possível sentir o organismo como um todo, funcionando sem problemas. Você poderia se movimentar, mas preferiu permanecer quieto, paradoxalmente situado entre a inclinação de agir e o saborear da quietude. Algumas dimensões no corpo eram facilmente identificáveis, mas talvez fosse difícil localizar em um ponto exato do corpo a sensação de bem-estar daquele momento.

O sentimento do momento estava gerando duas consequências. A primeira relaciona-se aos pensamentos, cujos temas eram consoantes à emoção e ao sentimento da experiência. A segunda, um modo de pensamento, um estilo de processo mental que aumenta a velocidade da geração das imagens mentais, tornando-as mais abundantes. Aquilo que os sujeitos consideram "corpo" e "espírito" juntavam-se perfeitamente em harmonia. Todos os conflitos, motivos de preocupação antes daquele momento, dissiparam-se e constituíam-se em memórias distantes.

10. Entre prazeres e descobertas

O discurso do prazer (sempre associado à liberdade) manifesta-se de forma presente e constante nessas aventuras fugazes na natureza. Tema relevante, pois esse prazer envolve um paradoxo que pode se constituir tanto em espaços conquistados em uma sociedade disciplinadora como também em um prazer comercializado, sem exclusões.

Podemos inserir a reflexão sobre o prazer nos discursos sobre o lazer enquanto repouso imposto pela racionalização do tempo. Críticos conservadores tentam explicar a persistência do empobrecimento socioeconômico em uma sociedade capitalista afluente pela incapacidade dessa sociedade em adiar prazeres. Crítica ingênua, pois não percebem o financiamento de certos prazeres como uma das principais engrenagens do crescimento econômico (Harvey, 1993, p.188).

Contrastando com os valores atribuídos à vida ordenada, à produtividade e à frugalidade, temos valores atribuídos ao lúdico e ao hedonismo presentes na contemporaneidade.

Na questão do prazer, Urry (1996, p.127) mostra como grupos emergentes, denominados "nova burguesia", surgidos da classe prestadora de serviços e outros trabalhadores de colarinho branco, possuem uma abordagem contemporânea bastante diferente do prazer e, para isso, remete-se a Bourdieu. A velha burguesia baseava sua vida em uma moralidade do dever, sentindo medo do prazer. Mantinha uma relação de reserva com o corpo, de decoro, restrições, associando com culpa a satisfação dos impulsos proibidos. Esse novo grupo de classe média preconiza uma moralidade do prazer como um dever. O prazer não somente é permitido como exigido, com base na ética e também na ciência.

Em outra perspectiva, uma visão romântica é evocada na procura imaginária do prazer vinculada à imagem do produto, exaltando a imaginação, a fantasia, o misticismo, a criatividade e a exploração emocional. Dessa forma, o prazer almejado ou obtido nessas viagens à natureza pode expressar não mais uma "obsessão pelo *status* social", mas "um gozo ilusório estimulado pela fantasia" (Featherstone, 1997).

Essa imagem não se refere simplesmente a um conjunto de ideias que induzem expressões emocionais por meio de fantasias e devaneios, traduzidas no desejo de novas mercadorias para alimentar aspirações. Ela é gerada nas tensões entre classes sociais e grupos determinados tentando conquistar espaços sociais, nos quais se revelam relações de poder.

Manifesta-se uma exaltação ao bem-estar (como se o prazer devesse estar em tudo), contrapondo uma aversão ao sofrimento. Vamos arriscar, aqui, a refletir com Sant'Anna (1993), sobre as consequências decorrentes desse processo, tomando como marco o período posterior à década de 1960, quando, com os movimentos de liberação do desejo e promoção do bem-estar, houve uma transformação na relação do homem com seu passado. Nesse sentido, se antes havia um arrependimento dos prazeres furtivamente experimentados sem o consentimento social, em nossos dias lamentam-se os possíveis prazeres não vividos, as supostas relações sociais não experimentadas.

Essas questões devem ser refletidas em um quadro no qual nossas ações sejam vividas cada vez mais como algo a ser aprendido e sujeitas à decisão pessoal. Atitudes outrora corriqueiras, como alimentar uma criança, procedimentos sexuais, alimentação, relaxar e divertir-se, passaram a ser "colonizados" pela reflexividade, como discutido anteriormente.

Novas culpas e ansiedades são geradas em meio ao declínio do autoritarismo e ao fato da remodelação e mudança das nossas identidades múltiplas, muitas vezes contrariando o sentimento de prazer. O prazer torna-se um mandamento naquilo que somos obrigados a fazer.

Citando o *slogan* "você deve, porque pode", Zizek (1999) esclarece como a existência contemporânea de um superego atua forjando uma livre escolha, quando em certas ocasiões não oferece escolha alguma. Toma como ilustração o caso do remédio Viagra®, que agora pode responsabilizar-se pela ereção, não permitindo escapatória para o usuário, o qual deve fazer sexo sempre que possível e, se não o fizer, sentir-se culpado por isso.

Nossa sociedade reflexiva, aparentando ser hedonista e permissiva, na realidade é saturada de normas e regulamentos (restrições ao fumo, comida, regras contra o assédio sexual). Paralela e paradoxalmente, ocorre um chamado libertador do "você pode": você pode violar regras rígidas da coexistência pacífica em uma sociedade liberal tolerante; pode comer e beber o que quiser, pode odiar, maltratar, humilhar, violentar.

A oposição superficial entre prazer e dever é superada de duas maneiras diferentes, segundo o autor. Primeiro, com um avanço mais extenso de um poder totalitário quando comparado ao poder autoritário tradicional. Ele não diz "cumpra seu dever, quer você goste disso, quer não", mas "você deve cumprir seu dever e deve sentir prazer em fazê-lo". Portanto, o dever se torna o prazer. Segundo, há o paradoxo necessariamente inverso pelo qual o prazer, em uma sociedade supostamente permissiva, transforma-se em dever. Os sujeitos se sentem na obrigação de se divertir, de "curtir a vida", como se isso fosse uma espécie de dever e, consequentemente, sentem-se culpados quando não estão felizes. O superego controla a zona em que esses dois opostos se sobrepõem, ou seja, conectando a ordem de sentir prazer em cumprir seu dever com o dever de sentir prazer.

O prazer, bastante almejado, nem sempre é alcançado, pois os dissabores são múltiplos, no que se refere ao quadro social de insegurança instaurado no cotidiano, proveniente desde a questão do desemprego, violência (física e moral, relacionada à miséria) passando pela grande carga de informações, gerando angústia pela incapacidade de sua absorção, bem como a intensa competitividade gerada nesse processo. A necessidade de estarmos sempre "ligados" nos conduz a experimentarmos frações de prazer nem sempre completos.

Nesse quadro, o cotidiano serve como espaço para o envio de mensagens de encantamento, destinado a capturar o desejo e a fantasia, por meio de promessas de personalização. Sedução torna-se sinônimo de atração, desviando os outros de sua verdade; seduzir os próprios signos é mais importante que a emergência de qualquer verdade (Baudrillard, 1992).

Por outro lado, a natureza é sedutora na sua verdade subversiva do desejo, como venho demonstrando, pois retira algo da ordem do visível, exercendo uma atração pelo vazio, pelo não contável.

Em um reconhecimento sobre a possível comercialização do "espírito de prazer", ou sua recuperação pelos "múltiplos trapaceiros", o que o remete a uma função de compensação, fortalecendo a sociedade estabelecida e sua alienação, Maffesoli (1996, p.177) também cogita a possibilidade desse prazer constituir-se na expressão de um querer viver irreprimível, insistente pelo seu espaço social. Essa possibilidade permite considerar a importância da carga emotiva relacionada ao "estar junto sem função" por meio de várias ações, como perambular em um grande magazine, assistir a uma partida de futebol ou de sumô, flanar sem objetivo preciso nas ruas comerciais (mesmo com a legitimação de adquirir bens), beber e conversar em grupo na saída do trabalho, realizar uma trilha na natureza. Fatos que possuem uma função de "religação" inegável, em um movimento de sístole e diástole, reunindo e desagregando pessoas e comunidades em uma série de espaços nos quais se celebra esse ou aquele pequeno deus local ou pontual.

Maffesoli (1996; 1998) desenvolve uma hipótese referente à existência de um hedonismo do cotidiano "irreprimível e poderoso", que subentende e sustenta toda a vida em sociedade. Portanto, as novas maneiras de estar junto, as formas de solidariedade que estão surgindo, devem ser compreendidas com base no sensualismo difuso, manifestado no cotidiano.

A natureza constitui-se em uma modulação específica do hedonismo contemporâneo, pelo qual se busca usufruir de imediato os prazeres oferecidos pela terra (presentismo). Trata-se de um saber incorporado, o qual, em virtude de uma sabedoria trágica, reconhece que os "prazeres da vida" (comer, beber, tagarelar, amar, discutir) passam logo e que "convém fazer uso deles aqui e agora" (Maffesoli, 1996, p.107). O aspecto da sedução alimentada pela capacidade de atração da espetacularização manifesta-se aqui.

Em uma época na qual a relação entre os indivíduos deve ser promovida, restabelecendo a ligação entre estes e a natureza, a pele, como órgão do corpo humano, assume importância na metáfora da subjetividade emergente, construindo "novas epidermes protetoras e informantes entre o mundo natural e a cultura", restabelecendo a ligação entre as pessoas e a natureza.[1]

Era sacralizadora de superfícies, que valoriza aparências, obcecada pelo "estar em relação", em que a pele ocupa a posição de fundamentalmente sensível, na ciência e na mídia. Nesse sentido, Sant'Anna (1993, p.262) indaga:

---

[1] Assunto melhor desenvolvido no artigo de Bruhns (1999), "Lazer e meio ambiente: a natureza como espaço da experiência".

"como rejeitar a emergência de uma subjetividade que, assimilada à pele, promete ser ela mesma 'a relação' entre o corpo da terra e aquele do homem, colocando-o diretamente em contato com o mundo?".

A aparência torna-se causa e efeito da comunicação e, atrelada ao experimentar emoções juntos, participar do mesmo ambiente, comungar os mesmos valores, atribui sentido a esse conjunto. O corpo engendra comunicação, lembra-nos Maffesoli (1996, p.134), "porque está presente, ocupa espaço, é visto, favorece o tátil. A corporeidade é o ambiente geral no qual os corpos se situam uns em relação aos outros". Constitui-se no horizonte da comunicação, palco para a exacerbação da aparência.

Controlar o corpo implica agora colocá-lo em movimento, muito mais que cerceá-lo. Retornando a Sant'Anna (1993, p.256), ela esclarece que o domínio de si é menos uma tarefa de restrição e de contenção e mais de diversificação e ampliação das forças corporais e psíquicas. Implica uma liberação das nossas supostas "identidades", gerando melhor possibilidade de conhecê-las, expandindo nosso mundo objetivo. Em outras palavras, "a procura do bem-estar, estreitamente vinculada à vontade de controle de si mesmo, implica aqui a legitimação crescente do arriscar-se em experiências novas". Posiciona-se na contramão das certezas identitárias e seguranças institucionais.

O corpo em relação, informatizado, estabelece uma dependência com a decifração de intimidades, a qual conduzirá a "microrrevoluções subjetivas", expandindo a percepção, abrindo possibilidades de "experimentar" o mundo com satisfação (Sant'Anna, 1993, p.259). Nesse sentido, com referência a vários aspectos da vida social (desde drogas, esportes, terapias, novas tecnologias do lazer e das comunicações), os momentos de "expressão do eu" que envolvem revoluções subjetivas encontram estímulos e intensidade no cotidiano.

Um forte sentido do presente, negligenciando o futuro, manifesta-se nessas experiências isoladas e carregadas de afeto, com um sentido diferente do tempo, bastante pautado na instantaneidade.[2] A realidade surge com uma intensidade aumentada, constituída por imagens, aparências, como um espetáculo, o qual pode ser de júbilo ou terror. Porém, esse presentismo não elimina

---

[2] Harvey (1993, p.258) demonstra como, no domínio da produção de mercadorias, o efeito primário foi a ênfase nos valores e virtudes da instantaneidade, como os alimentos e refeições instantâneas, dentre outros, gerando um efeito de descartabilidade na vida como um todo (valores, estilos de vida, relacionamentos, apego a lugares...).

a possibilidade da coexistência de um presente que carrega uma história que aponta para o futuro, organizando-se a cada instante e criando novos nexos de sentido.

Esse caráter imediato dos eventos, o sensacionalismo do espetáculo, revela-se na contemporaneidade, como mostra Harvey (1993, p.57), tornando-se "a matéria da qual a consciência é forjada". A perda da temporalidade e da busca do impacto instantâneo relaciona-se a uma perda paralela de profundidade, não nos permitindo viver nem pensar além de fragmentos de tempo, cada um dos quais seguindo sua própria trajetória e desaparecendo de imediato.

Privilegia-se o espaço, em um contexto em que a simultaneidade realiza a aniquilação deste por meio do tempo (reduzindo a experiência a presentes "puros" e não relacionados no tempo) e em que as qualidades do lugar passam a ser enfatizadas em meio às crescentes abstrações do espaço, surgindo a partir disso denominações como "resistências locais", "determinismos locais" etc. O julgamento estético prioriza o espaço, possibilitando às práticas e conceitos espaciais, em certas circunstâncias, assumir papel central na ação social (Harvey, 1993, p.248).

Espaço este percebido muitas vezes como algo independente e autônomo, passível de ser moldado, segundo objetivos e princípios estéticos sem estabelecer vínculos com alguma finalidade social abrangente, salvo, talvez, a consecução da atemporalidade e da beleza desinteressada como fins em si mesma.

Em determinadas atividades, como *rafting*, tirolesa, *canyoning*, boia-cross, entre outras, podemos constatar a intensidade da experiência instantânea, aparentando ser mais superficial o conhecimento do ambiente quando comparado com a caminhada, a escalada, a exploração de cavernas, nas quais o corpo entra em contato mais pausado com o meio.

Faço aqui uma analogia com Sevcenko (2001, p.70) no seu comentário sobre os parques de diversão enquanto produção da indústria do entretenimento. Nesses parques, os brinquedos submetem as pessoas a experiências extremas de deslocamento e aceleração, proporcionando perspectivas inusitadas, alterando dramaticamente a percepção do próprio corpo e do mundo ao redor, como ocorre com os trenzinhos expressos, o tira-prosa, a roda gigante e a montanha russa, "uma mistura de tudo isso com muito, muito mais emoções". Esta última (inventada em 1884) produz a vertigem do corpo, obliterando seus sentidos, mal permitindo observar ou apreender o mundo ao redor.

Em um estudo anterior, Sevcenko (1994, p.34) mostra como um sutil jogo de polarizações surgiu em decorrência das condições tecnológicas, requisitando uma automação das reações físicas e reflexos humanos. Dessa necessidade, ocorreu uma tendência adaptativa no sentido da busca por um novo condicionamento corporal, surgido da própria população "que se dispôs a uma intensificação e diversificação de seus dispêndios físicos, os quais em muitos casos só ulteriormente foram direcionados e formalizados em termos institucionais pelas autoridades ou pela nascente indústria das diversões e entretenimentos baratos". Exemplifica com a ampla divulgação, logo no início da indústria fonográfica, das músicas fortemente ritmadas como o *jazz*, o *ragtime*, a polca, o samba e outros, apontando a perceptível relação estabelecida entre as coreografias das danças populares e os estilos de práticas desportivas em diferentes culturas e sociedades.

Para atravessar as grandes avenidas, para ganhar dinheiro ou para se divertir, é preciso ser veloz, como nos lembra Sant'Anna (1994, p.99), esclarecendo como a velocidade tornou-se o instrumento mais divulgado e reivindicado para a conquista da sobrevivência humana e revelando como na década de 1970, no nosso país, equipamentos e transportes foram aperfeiçoados a fim de acelerar a velocidade, citando como exemplos tipos de bicicletas, patins, *skates*, asas voadoras, *surf*, acompanhados dos ritmos frenéticos nas discotecas, tornando-se alguns dos símbolos da juventude, os quais incluíam a necessidade de ser veloz tanto no uso do tempo quanto no consumo dos espaços.

A promoção do corpo veloz e saudável passou a ser "o vetor de inúmeros prazeres, mas também se expressa como um dos efeitos das relações de poder que se exercem socialmente e que, de modo desigual, agem diretamente nos corpos dos indivíduos, requisitando-os cada vez mais rápidos, produtivos e fortes" (Sant'Anna, 1994, p.101). Assim, o corpo lento passou a receber o rótulo de incapaz e improdutivo.

Em trabalho mais recente, a autora nos remete a uma reflexão interessante sobre o peso e a velocidade dos corpos, enfocando a questão da lentidão que, ao ser definida como o oposto da velocidade, permanece sua escrava. Se a velocidade dota a natureza e as coisas de uma imobilidade inusitada, diz a autora, "a lentidão realça a força de sua presença, tornando incontornáveis as singularidades da paisagem" (Sant'Anna, 2001, p.17). O uso da lentidão não implica grandes conhecimentos ou busca de profissionais especializados em relaxamento e combate ao estresse, nem mudanças abruptas para locais afastados da pressa habitual. Portanto, não

> é preciso chegar a desertos e florestas selvagens, ao cume de montanhas e a outros locais distantes das cidades para exercê-la. É possível experimentá-la dentro das megalópoles. Seu uso pode inclusive reavivar o gosto pelo realismo mágico formulado pela estética da velocidade. (Sant'Anna, 2001, p.17)

Pode suscitar um sentimento diferente aos momentos acusados de serem somente a purgação do corpo em longas esperas.

A respeito da busca pela natureza com o intuito de mudança de ritmo e posterior retorno ao trabalho e à cidade, De Grazia (1966, p.370) esclarece como essa opção é esquiva aos objetivos de mudança social. Não porque haja impossibilidade da separação entre trabalho e lazer (o trabalho controla o lazer) ou porque a alteração de paisagem não seja boa para o trabalhador urbano. Não haverá mudança, porque fugir de uma situação opressiva e retornar à mesma sem propostas significa estarmos escravos do cotidiano. Situação diferente ocorre, por exemplo, com o naturalista no desejo de provar-se mudando seu estilo de vida, e, portanto, estabelecendo um compromisso de mudança.

Escolher a lentidão não se deve, forçosamente, à vontade de ser mais saudável no futuro, embora a saúde possa de fato melhorar, muito menos se refere à aquisição de mais ideias, mais imagens, mais deslocamentos. Não se trata de acrescentar coisas, e sim de lidar com aquelas que já existem em cada um (Sant'Anna, 2001, p.18).

Apresento a caminhada, ao lado de outras práticas na natureza, como *canyoning, rafting,* boia-cross, como possibilidade de reflexão sobre essas questões, pois, especificamente nessa prática, a experiência sensível mostra-se mais pessoal e duradoura, revelando uma forma mais pausada. A experiência do caminhar perdura além do efêmero e possibilita uma combinação entre o prazer estético (admiração) e o desejo de conhecer. Uma série de sensações físicas se faz presente – olfativas (odores de plantas, flores, detritos e outros), táteis (calor temperado pela brisa, temperatura da água, por exemplo), visuais, auditivas –, em um meio ambiente a ser descoberto, percebido e conhecido pelo aguçamento dos sentidos. Uma experiência de contemplação filtrada por valores e concepções de vida.

A caminhada foi selecionada, pois possibilita uma reflexão sobre o caminhante e seu envolvimento com o espaço, colaborando para processos de revisão e redimensionamento de aspectos da realidade. O envolvimento com o ambiente no qual ocorre torna-se mais acentuado e duradouro quando comparado a atividades nas quais o impacto do instantâneo se faz presente.

A exploração em cavernas, considerada uma caminhada efetuada em um ambiente onde a escuridão é uma constante, mostra-se fértil para a análise dessa temática.

Tentarei organizar algumas ideias, as quais me conduziram a visualizar a caminhada como possibilidade tátil de conhecimento do meio ambiente. Essa ideia pode soar estranha em um primeiro momento, mas será elucidada no decorrer da explanação.

Ela surgiu a partir de várias leituras, dentre as quais começarei destacando Lewis (2000), que demonstra a existência de uma afinidade entre a escalada e a caminhada, na possibilidade de revelarem realidades alternativas, conjugando propósitos de busca pessoal por bem-estar com várias formas de comportamentos motivados politicamente. Se para a primeira atividade a experiência tátil manifesta-se com mais evidência, construindo um mundo de aventura mapeado via navegação tátil, não será diferente durante a caminhada, na qual um corpo move-se em um ambiente e a liberdade torna-se uma forma de consciência incorporada: uma escolha para perceber e, mais especificamente, uma escolha para sentir e tocar um meio ambiente.

Tomando por parâmetro uma obra literária que trata do tema da caminhada metropolitana, Lewis (2000) relata como a atividade de caminhar, aparentemente mundana, causou um alarido político na Europa no final do século XVIII, sendo incorporada como forma radical de política, metaforizada como uma forma de observação social, isto é, como forma de coletar dados sobre a vida em sociedade. Um gesto simbólico de desiludidos universitários da classe média, os quais se colocavam em igualdade com os pobres e sem direito a voto, por meio da roupa e do caminhar. A atividade passou a significar, negativamente, ser menos enraizado e politicamente sem rumo; de uma forma mais positiva, significava a mobilidade da mente radical. Em resumo, caminhar tinha se tornado um ícone de resistência. Para os caminhantes do final do século XVIII, mover-se para qualquer direção engendrava independência e determinação. Incorporava a mente radical e livre. Caminhar era a liberdade de movimento por excelência.

Retomando considerações de Maffesoli (2001a, p.34), o caminhante que vagueia é o arquétipo de uma forma de resistência, pois contraria a fixação do trabalho e a estabilidade dos costumes, destacando a força do ócio e descortinando uma vida mais aberta e pouco domesticada.

Se a experiência do caminhar possibilita a exploração do espaço urbano, a metrópole contemporânea, por meio da urbanização, que privilegia avenidas de passagem rápida, desprezou essa experiência, contribuindo para um anestesiamento dos sentidos.

Assim, podemos nos remeter a Hillman (1993, p.53) o qual exemplifica essa teoria com a cidade de Dallas, nos Estados Unidos, a qual se assemelha às novas metrópoles amplas, espraiadas, na qual seus habitantes não caminham. Além de estarmos andando menos que nossos ancestrais, praticamente eliminamos a necessidade de caminhar. Esta se tornou obsoleta com a presença da locomoção mecanizada, desde os aparelhos de controle remoto até os automóveis. Alguém correndo na rua com agasalho vermelho, tênis com listras amarelas e fones de ouvido provoca menos estranheza quando comparado a alguém andando, ironiza o autor e lança a seguinte pergunta: "uma cidade que não permite caminhar não é também uma cidade que nega a moradia da mente?".

Hillman expõe como Heidegger recomendava o caminho na floresta para filosofar e a escola de Aristóteles, denominada Peripatética, que pregava o pensar e o discursar enquanto se caminhava. Monges caminham em jardins. Nietzche valorizava as ideias que ocorriam ao caminhar (ideias correntes, não ideias sentadas).

Corroborando com as informações sobre Nietzche, Maffesoli (2001a, p.174) mostra que, assim como o seu Zarastruta, ele era um "passeador sem destino". Filosofava caminhando, mais precisamente subindo. Não gostava de superfícies planas, preferindo as montanhas, as quais favoreciam a ascensão física e a elevação do espírito.

Caminhar pode acalmar e se constituir em um exercício das ideias, assunto este que nos aproxima de De Grazia (1996). Este autor mostra uma simples caminhada ao ar livre como possibilidade de vivenciar o lazer, dispensando a necessidade de mercadorias ou bens.[3]

---

[3] O autor mostra como o lazer na sociedade contemporânea afastou-se radicalmente do ideal clássico de ócio grego, no qual estava presente uma relação com a vida, privilegiando, acima de tudo, a contemplação, na qual ocorria o cultivo da mente e o exercício das ideias.

Retomando Hillman (1993, p.53), este esclarece como o ato de caminhar, ao acalmar a alma, provoca um novo rumo para as agitações. Ele indaga: "Caminhando, estamos no mundo, encontramo-nos num lugar específico e, ao caminhar, para onde irá a mente? Será que ela não sairá correndo, ou ficará paralisada, movimentando-se apenas no ritmo da farmacologia: estimulantes e calmantes, relaxantes e excitantes?".

Assim como Lewis (2000), Hillman nos transporta para a Europa do século XVIII, elucidando como se caminhava muito, principalmente em jardins e em torno deles. Naqueles jardins, olhos e pés deveriam ficar satisfeitos: "os olhos para ver; os pés para atravessar; os olhos para abarcar e conhecer o todo; os pés para permanecer nele e vivenciá-lo". Olhos e pés não deveriam percorrer o mesmo caminho. O autor cita o poeta William Shenstone, para quem os pés não deveriam traçar o mesmo caminho dos olhos, dirigindo-se a um edifício ou objeto. Caso isso ocorresse, teríamos a pobreza de um *design* urbano expresso em uma avenida de linha reta, na qual os pés seguiriam os olhos. Permanecer assim, sem mudança no cenário, apesar da mudança de lugar, poderia se constituir em uma experiência bastante monótona.

Nas grandes metrópoles – nos shopping centers, nas grandes avenidas, nos condomínios – os pés são forçados a andar sobre aquilo que os olhos já percorreram, de forma que caminhar se torna um ato de sofrimento, quando deveria ser a descoberta de novas paisagens. Quando os pés tornam-se escravos dos olhos, o caminhar torna-se enfadonho, mera questão de cobrir distâncias, como ocorre quando devemos atravessar um longo estacionamento. A vitalidade das cidades depende do caminhar e a liberdade das pernas provoca a liberdade da mente, conclui Hillman (1993).

Schelle (2001) aborda o passear com duplo sentido, pois implica a um só tempo o local onde se passeia e a maneira como se passeia.[4] Assim, a distinção se opera no nível dos lugares e das paisagens relacionadas: quando se caminha em um parque, a disposição mostra-se diferente da caminhada na montanha. Do mesmo modo, não se caminha à margem de um rio da mesma forma que se caminha pela floresta. A caminhada não é um meio, mas um fim,

---

[4] Embora o autor utilize a palavra passear para designar o perambular ou vaguear, substituirei por caminhar, pois sua diferenciação entre caminhar e passear não é devidamente esclarecida do meu ponto de vista. Schelle atribui ao caminhar o caráter unicamente físico do passeio, mas na sua totalidade o passeio incorporaria as sensações a ele associadas.

colocando os sujeitos diretamente em contato com a natureza e possuindo um interesse estético relacionado a um divertido jogo de ideias.

Introduzo aqui a possibilidade erótica da caminhada como um diálogo estabelecido entre o caminhante consigo próprio e com os outros, provocando uma reflexão sobre o espaço social. *Eros*, na filosofia grega, especialmente na definição de Platão, significa o impulso vital do homem para a curiosidade, a ligação amorosa, a amizade e o conhecimento de si e do mundo.

O reencontro com Eros exige uma mudança de percepção do mundo, assim como o abandono de velhos hábitos e de atitudes mecânicas, na tentativa de enfocar o outro e o mundo. Ação que não necessita de rituais ou esforços monumentais, mas sim uma disponibilidade para estar em conexão íntima com o ambiente no qual estamos inseridos.

O caminhar, assim como a arte, a leitura, a poesia, a música e tantas outras experiências similares, pode ampliar a reflexão sobre a vida e desenvolver uma capacidade poética e lúdica. Revigorando a imaginação, ambos aguçam os sentidos e estimulam uma relação sensual com os fenômenos à nossa volta.

Essa atividade, segundo Schelle (2001), é a forma mais natural de flanar, uma vez que depende inteiramente de nós e nos deixa entregues a nós mesmos. Caminhando, estamos livres para observar as coisas como bem nos aprouver, com bastante tranquilidade; podemos conciliar o movimento do corpo com as exigências da mente e, desejando ampliar o campo visual, a fim de abarcar o horizonte, basta um ligeiro deslocamento do corpo. Sem perturbar a atenção dirigida a um objeto preciso, podemos parar ou continuar a caminhar segundo nossas exigências interiores.

Para ilustrar, reporto a fala de um ecoturista sobre alguns momentos na trilha durante uma viagem a Carrancas (MG):

> Às vezes você está caminhando e não nota a paisagem; está totalmente relaxado, esquece do trabalho. De repente fiquei deslumbrado; estávamos andando, ergo a cabeça e vejo uma paisagem. Peguei a máquina e não queria voltar a caminhar; estava muito seco e vi o rio lá embaixo [...] Antes eu pensava: qual será a graça desses lugares? Você chega numa cachoeira, fica parado e não quer ir embora; só vendo, escutando [...] Essa relação com a natureza e com as pessoas – um implica no outro – você está mais relaxado, você conversa; não existe a pressão do meio [...].

Faço uma aproximação com a imagem do *flâneur*, a qual Featherstone (2000, p.192) explora a partir dos escritos de Walter Benjamin. Aquela figura composta, por um lado, pelo preguiçoso ou desperdiçador, e por outro, pelo observador ou investigador; uma pessoa suspeita sempre olhando, analisando, "fazendo pesquisas no asfalto", buscando uma imersão nas sensações da cidade e desenvolvendo uma sensibilidade estética nas oscilações entre envolvimento e distanciamento, entre imersão emocional e descontrole.

Esse personagem era importante para Benjamin, pois apontava para a posição central da locomoção da vida social, uma vez que era constantemente invadido por ondas de experiências novas, tanto quanto desenvolvia novas percepções ao cruzar a paisagem urbana e as multidões. Falar do *flâneur*, portanto, levanta uma série de questões sobre a natureza da vida pública, como também sobre a relação entre a experiência estética dos espaços públicos e as possibilidades que tais espaços apresentam para a cidadania. Esse personagem busca uma imersão nas sensações da cidade para "banhar-se na multidão", perder-se nas sensações e sucumbir ao ritmo arrastado dos desejos aleatórios, entregando-se ao jogo dos fluxos precognitivos de impressões, associações e lembranças informais. Revigorando a imaginação, pode aguçar os sentidos e estimular uma reação sensual com os fenômenos ao redor.

Frente às exigências de um sistema regulamentado pelo mercado e pelo poder e que demanda progresso técnico-científico (o qual, no século XX, tornou-se condição para participação no jogo competitivo das relações internacionais), o sistema de conhecimento do cotidiano foi desvalorizado, criando-se uma ciência especializada e departamentalizada, incapaz de atingir a complexidade social. Como reação, surgiram movimentos alternativos dentre os quais podemos situar o movimento ambientalista, que tem como desafio desenvolver um conhecimento que integre o natural com o social. Portanto, a questão refere-se não somente a restaurar o equilíbrio do ambiente natural, mas também a resguardar o equilíbrio das relações sociais por meio desse conhecimento articulado, incorporando dimensões não racionalizadas, trazendo no seu âmbito a diversidade lógica de interesses que se situam na esfera da subjetividade compartilhada, envolvendo um conjunto de interações afetivas e emocionais (Brandenburg, 1996).

A leitura ou a interpretação de um ambiente passa constante e inevitavelmente pelo aspecto do desejo, do medo, do prazer, do poder, da ansiedade, da fantasia e do impensável. Nossos órgãos dos sentidos são táteis, reunindo pensamento e objeto em sensuais relações de contato, troca e interpretação, criando uma multiplicidade de novos sentidos.

Caminhar por uma trilha em um ambiente natural, em um contato íntimo com o ambiente (com todas as dificuldades presentes na experiência), constitui um exercício dos sentidos, auxiliando na interpretação do mesmo, coexistindo com a navegação pela geografia da sociedade moderna, a qual, completando com Sennett (1997, p.18), "requer muito pouco esforço físico e, por isso, quase nenhuma vinculação com o que está ao redor".

A experiência sensível provocada por essa atividade pode reverter-se em um modo de conhecimento relacionado a determinadas emoções fundidas com os sentidos corporais no contato com a natureza, bem como em um sentimento de união pelo pertencimento a um cosmo comum, fundamentadas em uma ética do respeito.

Esse aprendizado da experimentação, no qual está presente certa sensibilização, revela um modo especial de conhecer, ou seja, o conhecimento do ambiente decodificado via informações do corpo.

A realidade captada de maneira sensível pelo corpo traz em si uma organização, um significado, um sentido.[5] Há um saber sensível fundador de todos os demais conhecimentos, por mais abstratos que estes sejam. É um saber direto, corporal, anterior às representações simbólicas, possibilitando os nossos processos de raciocínio e reflexão, segundo Duarte Junior (2000, p.14):

> De pronto e ao longo da vida aprenderemos sempre com o "mundo vivido" através de nossa sensibilidade e nossa percepção, que permitem nos alimentemos dessas espantosas qualidades do real que nos cercam: sons, cores, sabores, texturas e odores.

Damásio (2001, p.14) parte da ideia de que "a essência de um sentimento (o processo de viver uma emoção) não é uma qualidade mental ilusória associada a um objeto, mas sim a percepção direta de uma paisagem específica: a paisagem do corpo". Portanto, o nosso corpo é a referência de base para as interpretações que fazemos do mundo ao nosso redor, bem como para a construção da subjetivida-

---

[5] Explorei essa questão no capítulo de minha autoria "No ritmo da aventura: explorando sensações e emoções" (Bruhns, 2002b).

de, a qual é parte de nossas experiências. Nessa perspectiva, os pensamentos mais elaborados e nossas ações melhor realizadas, bem como nossas mais profundas mágoas e maiores alegrias, utilizam o corpo como instrumento de aferição.

A ideia de que nosso corpo em sua totalidade interage com o meio ambiente é frequentemente menosprezada, e muitas vezes desprezada, como discute Damásio (2001), o qual vem mais uma vez afirmar a ocorrência dessa interação pelos sentidos (audição, visão, tato, paladar, olfato).

Há um conhecimento adquirido a partir do toque em um objeto, da visão de uma paisagem, da audição de uma voz ou da deslocação no espaço, o qual foi sempre representado em relação ao corpo em ação. Porém, não nos limitamos a ver, mas sentimos que estamos vendo algo com nossos olhos. A atenção destinada ao processo visual conduz a ignorar o corpo, mas quando dor, mal-estar ou emoção se instalam, nossa atenção converge imediatamente para as representações do corpo e a sensação se dirige do segundo para o primeiro plano e compreendemos o mundo por meio do sistema de radar de nossos sentidos. O fato de alguém ter interagido com um objeto, criando imagens dele, facilitará a elaboração da ação sobre o mesmo.

A eliminação da emoção e do sentimento acarreta um empobrecimento da organização da experiência humana. Na sua ausência, o sujeito perde a possibilidade de categorizar a sua experiência de acordo com a marca emocional que confere a ela a qualidade do bem ou do mal (como já visto), bem como a construção cultural dessas noções. Portanto, a emoção e o sentimento desempenham papel fundamental no comportamento social e, por extensão, no comportamento ético (Damásio, 2004).

Por outro lado, a experiência contribui para o refinamento dos sentidos. O termo experiência relaciona-se às diversas maneiras pelas quais conhecemos e construímos a realidade. Essas maneiras sofrem variações dos sentidos, bem como da cultura. As emoções acentuam as experiências humanas, incluindo os níveis mais altos do pensamento, o qual qualifica as sensações; dessa forma, como expõe Tuan (1983), o calor é sufocante ou ardente; a dor, aguda ou fraca; uma provocação, irritante ou violenta.

Enquanto a experiência volta-se para o mundo exterior (o olhar e o pensar extrapolam o eu), o sentimento traz certa ambiguidade, pois por um lado indica qualidades sentidas em relação aos objetos, ao mundo e às pessoas, e por outro manifesta e revela o modo pelo qual somos afetados no íntimo.

Portanto em uma experiência temos a coincidência de uma intenção e uma afeição (Tuan, 1983).

A aprendizagem está implícita na experiência vivida, a qual permite atuar sobre o dado e criar a partir dele. O conhecido, segundo Tuan (1983, p.10-11), "é uma realidade que é um construto da experiência, uma criação de sentimento e pensamento". O sentimento humano não se constitui por uma sucessão de sensações distintas. Mais precisamente, "a memória e a intuição são capazes de produzir impactos sensoriais no cambiante fluxo de uma vida do sentimento assim como falamos de uma vida do pensamento" (Tuan, 1983, p.10-11). Corriqueiramente, sentimento e pensamento são situados como opostos, o primeiro registra estados subjetivos e o segundo relaciona-se à realidade objetiva. De fato, como confirma o autor, "estão próximos de um *continuum* experiencial, e ambos são maneiras de conhecer".

Em relação à curiosidade e conhecimento, reproduzo uma passagem de Faria e Garcia (2002, p.124), na qual os autores relatam a experiência vivida com um grupo durante uma exploração de cavernas no Petar (SP):

> Na primeira caverna visitada, ainda a escuridão e a novidade trazem de início a insegurança. Pouco a pouco, porém, os fachos de luz das lanternas começam a passear e os olhos começam a observar a beleza que se apresenta por todos os lados. De qualquer ângulo que se ilumine, do chão ao teto, surgem detalhes a serem investigados. As inúmeras formas dos espeleotemas, as passagens estreitas ou o alto teto de um salão da caverna, tudo desperta a vontade de explorar e conhecer. Com a curiosidade já aguçada, as perguntas vêm de maneira natural, e antes de qualquer explanação, o grupo é convidado então a tentar imaginar como se deram os processos geológicos que geraram aquelas formas.

Alguns educadores têm enfatizado o valor educativo dessas experiências, desenvolvendo projetos específicos, destinados a uma relação de aprendizagem alternativa em um envolvimento entre o ecoturismo e a educação ambiental, os quais serão explorados adiante.

Ilustro com o *Outward Bound*, criado no País de Gales, em 1941, pelo educador Kurt Hahn. O nome escolhido para o programa deriva de um jargão familiar entre os marinheiros e refere-se ao momento em que um barco deixa a segurança do porto e parte para as imprevisibilidades do mar aberto. Nesse momento, o barco está em *outward bound*. Atualmente, o programa é uma organização internacional com mais de cinquenta escolas e centros espalhados por 32 países. O objetivo é treinar pelo corpo mais que treinar o corpo. O projeto é norteado por cinco elementos: aventura e desafio; compaixão e serviço; aprendizagem por meio da experimentação; desenvolvimento pessoal e responsabilidade social e ambiental.

As atividades amenizam os riscos, pois optam-se por técnicas mais seguras – como a utilização do sistema *top rope* na escalada em rocha, no qual o sistema de segurança está acima do escalador e, caso ele sofra alguma queda, estará seguro pelo equipamento. Técnicas de canoagem, orientação/navegação, escalada em rocha e caminhada, embora incluídas, não constituem a ênfase do programa, em que o aprendizado sobre si mesmo e sobre o mundo são os objetivos prioritários (Barros, 2000).

O grupo permanece junto na mata, porém é incluída uma experiência *solo*, cuja duração pode ser de até três dias. O objetivo não se concentra em técnicas de sobrevivência, mas em dar oportunidade para contemplar e refletir sobre o ambiente natural; frequentemente os alunos apontam essa experiência como o ponto relevante. Após a chegada ao acampamento-base, o grupo participa de um trabalho voluntário, como a recuperação de alguma trilha, estrutura do parque ou área utilizada (Barros, 2000).

O desenvolvimento desse processo educativo busca ampliar os horizontes de uma compreensão ambiental, estabelecendo uma relação experimental por meio de uma imersão na situação e no espaço para que as respostas sejam criadas dentro do próprio sujeito, a partir de sua elaboração, em uma relação significativa.

Outro exemplo refere-se à metodologia criada por Joseph Cornell, educador americano, fundador da *Sharing Nature,* cuja sede está em Nevada, Califórnia (EUA). Seu trabalho tem influenciado os rumos da educação ambiental, cujo enfoque é mais direcionado para um público infantil, utilizando-se de jogos e brincadeiras. No Brasil, sua proposta tem inspirado e orientado adaptações para roteiros de ecoturismo, via esta facilitadora do diálogo com o meio.

A metodologia de Cornell enfatiza a necessidade de superar uma visão racionalista, elucidando que além dos conhecimentos sobre a natureza e seus mecanismos e dos contatos estabelecidos estão nossas formas de compreender, perceber e sentir esse universo, em que o principal ingrediente é a afetividade (Mendonça, 2000).

Informações e conhecimentos, embora necessários, não engendram processos efetivos de transformação na relação dos sujeitos com eles próprios e com o mundo, exigindo maior equilíbrio entre razão e sentimento para um entendimento mais amplo. A relação afetiva, impregnada na cultura, promoverá compreensões cheias de sentido. Saber o nome de plantas não nos diz sobre seu funcionamento, sobre suas relações com o meio e com os integrantes desse meio (Mendonça, 2000).

Influenciado por esses projetos e ideias, alguns grupos têm adotado posturas alternativas de trabalho, privilegiando o exercício dos sentidos, como exposto no depoimento de Z., organizador e coordenador de ONG, o qual desenvolve um trabalho no Petar:

> Abandonamos a ideia de conteúdo, aquela ideia da interpretação via intelecto; o importante era a vivência e trabalhar com a percepção. Primeiro dos órgãos dos sentidos – ver, observar, ouvir, movimento, ritmo do lugar onde estão. Em caso de ambientes naturais, tentar fazer o contato direto com os elementos naturais – colocar dentro da água, andar na lama, dentro da caverna, na montanha, para que primeiro, através dos sentidos, perceba um mundo diferente e a partir dessa percepção, acreditamos que vá abrindo canais ao emocional; daí sim você trabalha o lado dos sentimentos. O que falta às pessoas não é a conscientização, mas a sensibilização.

Também esse aspecto pode ser notado no trabalho de M.B., coordenadora de um projeto de educação e pesquisa ambiental na cidade de São Paulo:

> Para mim, o trabalho de educação ambiental envolve uma exploração da sensibilização, da importância de estar no parque, conhecer relações. Sair do "blábláblá" e passar para a percepção, dos sentidos, da discussão com os alunos e o que percebemos.

Algumas escolas têm adotado saídas com alunos para ambientes naturais, utilizando-se das atividades enfocadas aqui (rapel, orientação/navegação, *rafting*, entre outras) para desenvolver o que denominam de "estudo do meio" ou *day camp*. A aventura de entrar em uma caverna, superar medos e aguentar a água gelada do rio torna-se um espaço de aprendizagem. Geralmente as escolas terceirizam esse serviço pelas agências de ecoturismo, as quais desenvolvem programas de um dia.

Quando as escolas aderem a esse tipo de programa, principalmente quando os professores são os responsáveis pela execução, alguns tendem a seguir o caminho inverso proposto pela necessidade de um equilíbrio entre razão e emoção. Privilegiam e utilizam argumentos racionais para justificar essa opção, fazendo da natureza pano de fundo para o estudo de disciplinas como biologia e geografia, colocando a aprendizagem pelo intelecto como principal meta a ser atingida.

A busca pela experiência tátil com o meio ambiente nos aproxima do saber poético, portanto, está relacionada a um conhecimento sensível, buscando mais a apreensão subjetiva da realidade do que a descrição objetiva. Nas palavras de Alves (2005, p.9), "como acho que as explicações conceituais são difíceis de aprender e fáceis de esquecer, eu caminho sempre pelo caminho dos poetas, que é o caminho das imagens". A fusão com a realidade, relembrando Baudelaire (1997), pode ser obtida somente mediante poderosa experiência emocional e imaginativa.

Essas questões nos conduzem a uma ética romântica contra a cultura do racionalismo, na sua perspectiva empirista e materialista (Campbell, 2001). O romantismo (lembrando que não existe uma corrente única) enquanto crítica ao capitalismo e desejo por um mundo diferente, desde sempre se revelou como um modo de sentir. Um estado no qual a sensibilidade e a imaginação devem ser resgatadas, demonstrando nítida insatisfação com o mundo contemporâneo, uma inquieta ansiedade em face da vida, uma preferência pelo estranho e curioso, uma inclinação para aspirações, um pendor para o misticismo e a busca por parâmetros não-racionais.

Uma contradição é gerada nesse processo, pois as explorações dos sentidos e dos sentimentos entram em choque com um sistema baseado no cálculo quantitativo e na *estandartização*. A reivindicação do livre jogo da imaginação e da criatividade colide com uma realidade calcada na mecanização e insipidez. Essa é a regra, mas devemos nos basear nas exceções, pois elas podem indicar alternativas e espaços diferenciados para o exercício das novas sensibilidades.

O processo histórico da ênfase no racional privilegiou o corpo na sua aparência, avaliado por meio do delineamento muscular, formas, constituição ósteo-articular, desprezando parâmetros não-racionais como desejos, sentimentos e emoções. Nesse sentido, Alves (2001, p.50) traz uma visão esclarecedora ao afirmar não ser o corpo apenas formado por músculos, e quando se fala em educação física chega-nos a imagem de um atleta com *short*, camiseta e tênis, pronto para alguma atividade que envolva o trabalho muscular. Os olhos, a boca, o nariz e a pele são igualmente parte do físico, podendo atrofiar-se como se atrofiam os músculos. A inércia que provoca o atrofiamento pode resultar em várias doenças, porém um corpo de sentidos atrofiados gera uma terrível doença denominada "tédio".

Esse novo corpo, ou corpo emergente, traz aspectos relacionados à sua inserção no momento contemporâneo. Ele é anarquista, não orgânico, acefálico e vital, como esclarece Greiner (2005), a partir da leitura de Derrida. Tendo em vista esses parâmetros, uma mudança radical se desencadeia, cujo foco localiza-se nas fissuras, nas fendas, nos entremeios e não nas partes organizadas de um todo monolítico.

Nesse panorama de ideias é possível perceber como as metáforas do corpo vão sendo construídas e, concomitantemente, abrindo possibilidades para novos modos de organização do ambiente, na medida em que se transformam em metáforas do mundo, processando um movimento de dois sentidos. Um bom exemplo é o "corpo-máquina", o qual toma como referência algo fora do corpo, ou seja, o mecanismo do relógio. Esse fluxo incessante constrói novos vocabulários, os quais se constituem além de simples nomes vagando pelo planeta, pois refletem modos de organização dos pensamentos, que organizam não somente ações corpóreas, mas o próprio mundo.

Os novos estudos do corpo propõem a construção de uma história na qual vida e pensamento se conectem de forma turbulenta e não-linear. Para exemplificar, apresento as considerações de Greiner (2005) sobre a obra de Michel Feher, na qual são propostos três eixos de análise. O primeiro enfoca a relação do divino e o corpo em culturas diferentes, estudando a relação entre o homem e outras espécies vivas e abordando a diferença entre o que torna um ser animado ou inanimado, a partir de temas como autômatos, robôs e marionetes. O segundo explora os sentidos do dentro e do fora e o foco incide na elaboração das emoções, do erótico e de seus modos de expressão. O terceiro trabalha a clássica distinção entre órgão e função, analisando o uso de partes e substâncias corporais como metáforas ou modelos de funcionamento da sociedade e do universo. Essa proposta de investigação envolve o aspecto ideológico das coisas, do corpo fragmentado e das situações.

O corpo aventureiro rompe com preceitos racionalistas, uma vez que é um corpo aparentemente não capturável, orientado por uma errância, não facilmente localizado, menos ainda ajustado de forma coerente em uma identidade fixa. Um corpo que está procurando resgatar emoções perdidas ao longo da história.

Trilha final

Parecendo meio idealista e até mesmo irritante para os que estão habituados a medir qualquer coisa pelo parâmetro da eficiência racionalista, a efervescência contemporânea é uma realidade indiscutível, portanto, é melhor tentar compreendê-la (Maffesoli, 2005).

Na busca por essa compreensão, faz-se necessário o desenvolvimento de uma sensibilidade teórica que tente captar as vibrações dos fenômenos aparentemente sem importância e mergulhar nos mesmos, no fundo das aparências.

Uma espécie de "escrutínio crítico" (Dias, 1994) deve ser desenvolvido, desvendando no cotidiano contemporâneo possibilidades de resistência, de improvisação, de papéis alternativos, nuançados.

O desafio contemporâneo requer a busca de reinvenções, sobretudo no plano político de elos e mediações ou de novos meios de convívio e valores diferenciados, em um confronto com as mesmices injustas conhecidas.

Vivemos um quadro contemporâneo não muito fácil, composto de incômodos permanentes: sensações presentes no cotidiano. Estamos buscando algo indefinido, desconhecido, compondo instabilidades em um quadro instaurado na reciclagem de desejos, bem como na reciclagem da própria vida.

Talvez essa busca pela natureza por meio de experimentações e novos comportamentos traduza um pouco de tudo isso, pois nela percebemos a influência mais surda, porém mais profunda, de um mundo em crise, inquietante e instável, tomado por abalos brutais e animado por mudanças rápidas; um universo social que se experimenta e do qual nossos corpos carregam os traços.

Ao mesmo tempo, as atividades na natureza aqui enfocadas parecem resistir a alguns elementos presentes na atualidade, como instabilidade, caos, contradição, na medida em que utilizam-nos, ludicamente, para "brincar" com eles, talvez em uma ironia não revelada.

É possível que o "estar em relação permanente", obter estoques suplementares de prazer, buscar sensações puras, representem, como expõe Sant'Anna (1993, p.260), "valores paralelos à agudização da intolerância perante a solidão, o sofrimento e a subjetividade que recusa ser incessantemente reciclada, testada, colocada à prova, revolvida de suas supostas bases".

Retomo a metáfora da "fronteira" como lugar de "contradições não mensuráveis" (Ferguson e Gupta, 2000, p.45) vendo nas mesmas possibilidades frutíferas para essas reflexões. A fronteira não é um local topográfico fixo entre dois locais fixos (nações, sociedades, culturas), porém constitui-se numa zona intersticial de deslocamento e desterritorialização que molda a identidade do sujeito hibridizado.

Torna-se igualmente útil para pensarmos em categorias (classe, gênero, nacionalidade, lazer, trabalho,[1] entre outros), as quais situavam os indivíduos de forma clara e previsível e hoje apresentam ambiguidades, mostrando-se permeáveis e móveis, constituindo modos de vida nos quais as táticas tendem a prevalecer sobre as estratégias de vida planejadas a médio e longo prazos, lembrando Certeau (1996).[2]

Apoiando-me em Sousa Santos (2002, p.347), a subjetividade emergente sente satisfação em viver na fronteira e, em um período contemporâneo de transição paradigmática, a fronteira surge como forma privilegiada de sociabilidade, possibilitando à subjetividade explorar seu potencial emancipatório. A fronteira permite a experiência da suspensão, do espaço vazio, em um tempo entre os tempos e a novidade da situação subverte todos os planos e previsões.

---

[1] Segundo Kurz (2000 apud Bruhns, 2007), o caráter da estrutura trabalho/lazer, em vias de implosão, atingiu os limites do possível. Novamente vemos coincidir trabalho, consumo e vida íntima, não pela eliminação do trabalho abstrato (aquele baseado tanto na abstração do dinheiro como na do tempo) e sim pela totalização do mesmo. Tudo se transformou em trabalho, independentemente de sua validade econômica.

[2] Certeau (1996, p.45) denomina de táticas as engenhosidades do fraco para tirar proveito do forte, as quais desembocam em uma politização das práticas cotidianas.

Dentre suas principais características, podemos destacar a invenção de novas formas de sociabilidade, hierarquias fracas, pluralidade de poderes e de ordens jurídicas, fluidez de relações sociais, promiscuidade entre estranhos e íntimos, mistura de heranças e invenções.

Pensar a natureza como espaço de fronteira significa que a mesma está mal delimitada, embaçada pela conjunção de elementos diversos. As relações sociais estabelecidas aí terão características de inovação e instabilidade, pois os indivíduos que chegam trazem diferentes hábitos e os que já estão reconhecem na diferença oportunidades de enriquecimento pessoal. Oportunidades que facilitam novos relacionamentos, novas invenções de sociabilidade, as quais se transformam em algo herdado e dessa herança se alimentam sucessivas identificações que se agruparão por memórias mais ou menos traiçoeiras, constituindo o que é designado por identidade. É um espaço provisório e temporário, no qual as raízes se deslocam tão naturalmente como o solo que as sustenta. Nela nos refugiamos em busca de asilo.

O caráter imediato das relações sociais, a superficialidade das raízes, a ausência relativa da historicidade tornam as relações interessantes devido à precariedade e utilidade vital. Como a fronteira é abrangente, tende a incluir os estranhos como membros.

A natureza como fronteira nos induz aos espaços onde poderíamos exercitar leituras não polarizadas, mixando valores, conceitos e significados relacionados a tradicionais bipolaridades da cultura ocidental como razão/emoção; masculino/feminino; natureza/cultura.

Devemos ser "farejadores sociais", dedicar uma atenção especial ao instituinte ou ao que periodicamente (re)nasce, e estar atentos ao fato de que o instituinte nunca está em perfeita adequação com o instituído, com as instituições, as quais se apresentam "algo mortíferas", sejam quais forem (Maffesoli, 2001b).

Seja instituinte, seja ideia de fronteira, a natureza aproxima-se da reelaboração e da renovação de ações e conceitos. Enquanto instituição, aproxima-se de uma organização burocrática que incorpora hierarquização de poder, gerenciamento e administração, otimização de resultados, normas e regras bem estabelecidas e definidas. Não se torna difícil prever o que pode surgir daí.

REFERÊNCIAS

ACKERMAN, Diane. *Uma história natural dos sentidos.* 2.ed. Rio de Janeiro: Bertrand Brasil, 1996.

ALVES, Rubem. *O amor que acende a lua.* 5.ed. Campinas: Papirus, 2001.

_____. *Educação dos sentidos e mais...* Campinas: Verus, 2005.

ARTHUR, Charles. Ecoturismo e animais nem sempre se dão muito bem. *Folha de S.Paulo,* 7 mar. 2004. Caderno Mundo.

AUGÉ, Marc. *Não lugares: introdução a uma antropologia da supermodernidade.* Campinas: Papirus, 1994.

_____. *A guerra dos sonhos.* Campins: Papirus, 1998a.

_____. *El viaje imposible: el turismo y sus imágenes.* Barcelona: Gedisa Editorial, 1998b.

BARROS, Maria Isabel A. de. Outdoor Education: uma alternativa para a educação ambiental através do turismo de aventura. In: SERRANO, Célia (Org.). *A educação pelas pedras: ecoturismo e educação ambiental.* São Paulo: Chronos, 2000.

BAUDELAIRE, Charles. *Sobre a modernidade.* São Paulo: Paz e Terra, 1997.

BAUDRILLARD, Jean. *Da sedução.* 2.ed. Campinas: Papirus, 1992.

_____. *Conjuntos artificiais: a biosfera 2 ou: da conjuração do mal à gestão dos dejetos.* Homem, cidade, natureza. Rio de Janeiro: Tempo Brasileiro, 1994.

BAUMAN, Zygmunt. *Globalização: as consequências humanas.* Rio de Janeiro: Jorge Zahar, 1999.

_____. *Comunidade: a busca de segurança no mundo atual.* Rio de Janeiro: Jorge Zahar, 2003.

_____. *Identidade.* Rio de Janeiro: Jorge Zahar, 2005.

BECK, Ulrich. A reinvenção da política: rumo a uma teoria da modernização reflexiva. In: GIDDENS, A. BECK, U. e LASCH, S. *Modernização reflexiva.* São Paulo: Unesp, 1997.

BETRÁN, Javier Olivera. Las actividades físicas de aventura en la naturaleza: análisis sociocultural. *Apunts: educación física y deportes,* n. 41, 1995.

BETRÁN, Javier O.; BETRÁN, Alberto O. La crisis de la modernidad y el advenimiento de la posmodernidad: el deporte y las prácticas físicas alternativas en el tiempo de ocio activo. *Apunts: Educación Física y Deportes,* n.41, 1995.

BOTTON, Alain de. *A arte de viajar.* Rio de Janeiro: Rocco, 2003.

BOURDIEU, Pierre. É possível ser esportivo? In: BOURDIEU, P. *Questões de sociologia.* Rio de Janeiro, Marco Zero, 1983.

BRANDENBURG, Alfio. Modernidade, meio ambiente e interdisciplinaridade. *Cadernos de desenvolvimento e meio ambiente,* Curitiba: UFPR, n. 3, 1996.

BRANDÃO, Carlos R. Outros olhares, outros afetos, outras idéias: homem, saber e natureza. In: BRANDÃO, C. R. *Somos as águas puras.* Campinas: Papirus, 1994.

BREASHERS, David. *Alto risco: uma paixão pelo Everest e por lugares radicais.* Barueri: Manole, 2001.

BRETON, David. Risco e lazer na natureza. In: BRUHNS, Heloisa Turini; MARINHO, Alcyane (Orgs.). *Viagens, lazer e esporte: o espaço da natureza.* Barueri: Manole, 2006.

BRUHNS, H. T. O corpo visitando a natureza: possibilidades de um diálogo crítico. In: BRUHNS, H. T.; SERRANO, Célia M. T. (Orgs.). *Viagens à natureza: ecologia, turismo e ambiente.* Campinas: Papirus, 1997.

_____. Lazer e meio ambiente: a natureza como espaço da experiência. *Revista Conexões,* Campinas, FEF/Unicamp, v.3, p.7-26, 1999.

_____. Esporte e natureza: o aprendizado da experimentação. In: SERRANO, Célia (Org.). *A educação pelas pedras: ecoturismo e educação ambiental.* São Paulo: Chronos, 2000a.

_____. *Futebol, carnaval e capoeira: entre as gingas do corpo brasileiro.* Campinas: Papirus, 2000b.

_____. Lazer, trabalho e tecnologia: refletindo sobre a necessidade de novos conceitos. In: BRUHNS, Heloisa Turini; GUTIERREZ, Gustavo (Orgs.). *Representações do lúdico: II Ciclo de Debates, Lazer e Motricidade.* Campinas: Autores Associados, 2001.

_____. De Grazia e o lazer como isenção de obrigações. In: BRUHNS, Heloisa Turini. *Lazer e ciências sociais: diálogos pertinentes.* São Paulo: Chronos, 2002a.

_____. No ritmo da aventura: explorando sensações e emoções. In: BRUHNS, Heloisa Turini; MARINHO, Alcyane (Org.). *Turismo, lazer e natureza.* Barueri: Manole, 2002b.

_____. A idéia de natureza como fronteira. In: PAES-LUCHIARI, M. Tereza, BRUHNS, H.T., SERRANO, Célia. *Patrimônio, Natureza e Cultura*. Campinas: Papirus, 2007.

BRUHNS, Heloisa Turini; MARINHO, Alcyane (Orgs.). *Viagens, lazer e esporte: o espaço da natureza*. Barueri: Manole, 2006.

BRYSON, Bill. *Uma caminhada na floresta*. São Paulo: Companhia das Letras, 1999.

BUTLER, Judith. Corpos que pesam: sobre os limites discursivos do sexo. In: LOURO, Guacira Lopes (Org.). *O corpo educado: pedagogias da sexualidade*. Belo Horizonte: Autêntica, 2001.

CAILLOIS, Roger. *Os jogos e os homens*. Lisboa: Edições Cotovia, 1990.

CAMPBELL, Colin. *A ética romântica e o espírito do consumismo moderno*. Rio de Janeiro: Rocco, 2001.

CAMPBELL, J. *O poder do mito*. São Paulo: Palas Athena, 1993.

CASCINO, Fábio. Ecolazer e educação ambiental: uma inegável relação. In: PÁDUA, Suzana M.; TABANEZ, Marlene F. (Orgs.). *Educação ambiental: caminhos trilhados no Brasil*. Brasília: Ipê, 1997.

_____. Pensando a relação entre educação ambiental e ecoturismo. In: VASCONCELOS, Fábio P. (Org.) *Turismo e meio ambiente*. Fortaleza: Funece, 1998.

CARVALHO, Isabel C. M. As transformações na cultura e o debate ecológico: desafios políticos para a educação ambiental. In: PÁDUA, Suzana M.; TABANEZ, Marlene F. (Orgs.). *Educação ambiental: caminhos trilhados no Brasil*. Brasília: Ipê, 1997.

_____. *A invenção ecológica*. Porto Alegre: UFRGS, 2001.

CERTEAU, Michel de. *A invenção do cotidiano : artes de fazer*. 2.ed. Petrópolis: Vozes, 1996.

CORBIN, Alain. *O território do vazio: a praia e o imaginário ocidental*. São Paulo: Companhia das Letras, 1986.

CORREIO POPULAR. *Aventuras viram aulas produtivas*. Campinas, 17 jul. 2006.

COSTA, Cláudia de L. O leito de procusto: gênero, linguagem e as teorias feministas. *Cadernos Pagu*, Campinas: Unicamp, n.2, 1994.

COURTINE, Jean-Jacques. Os stakhanovistas do narcisismo. In: SANT'ANNA, Denise B. *Políticas do corpo*. São Paulo: Estação Liberdade, 1995.

DAMÁSIO, Antonio. *O mistério da consciência*. São Paulo: Companhia das Letras, 2000.

_____. *O erro de Descartes*. São Paulo: Companhia das Letras, 2001.

_____. *Em busca de Espinosa: prazer e dor na ciência dos sentimentos*. São Paulo: Companhia das Letras, 2004.

DE GRAZIA, Sebastian. *Tiempo, trabajo y ocio*. Madri: Tecnos, 1966.

DIAS, Maria Odila L. da Silva. Novas subjetividades na pesquisa histórica feminista: uma hermenêutica da diferença. *Revista Estudos Feministas*, ano 2, n.2, 1994.

DI COMMO, Regina Célia. Relações de gênero e a teoria da complexidade. *Revista Estudos Feministas,* v.11, n.2, jul./dez. 2003.

DIEGUES, Antonio, C. *O mito moderno da natureza intocada.* São Paulo: Hucitec, 1996.

_____. *Ilhas e mares: simbolismo e imaginário.* São Paulo: Hucitec, 1998.

DOLCI, Tissiane S. *Turismo de aventura: motivações e significados.* Caxias do Sul, 2004. Dissertação (Mestrado em Turismo). Universidade de Caxias do Sul.

DUARTE JUNIOR, João F. *O sentido dos sentidos: a educação (do) sensível.* Campinas, 2000. Tese (Doutorado em Educação). Faculdade de Educação, Unicamp.

DURHAM, Eunice. Cultura e ideologia. *Dados,* v.27, n.1, Rio de Janeiro: Campus, 1984.

_____. Chimpanzés também amam. In: DURHAM, Eunice. *A dinâmica da cultura.* São Paulo: Cosac Naif, 2004.

EAGLETON, Terry. Balzac encontra Beckmam. *Folha de S.Paulo,* 5 dez. 2004. Caderno Mais!

ELIADE, Mircea. *Tratado da história das religiões.* Lisboa: Edições Cosmos, 1977.

ELLSWORTH, Elizabeth. Modos de endereçamento: uma coisa de cinema; uma coisa de educação também. In: SILVA, Tomaz Tadeu da. *Nunca fomos humanos: nos rastros do sujeito.* Belo Horizonte: Autêntica, 2001.

O ESTADO DE S.PAULO. Feira de aventura quer promover exploração do potencial brasileiro. *O Estado de S.Paulo,* 18 ago. 1999

EXAME. Sobe? *Exame,* 17 jan. 1996.

FARIA, Marcelo Oliveira de. O mundo globalizado e a questão ambiental. In: NEIMAN, Zysman (Org.). *Meio Ambiente, educação e ecoturismo.* Barueri: Manole, 2002.

FARIA, Marcelo O.; GARCIA, Eliana Britto. "Um sonho de trabalho para a construção de outro futuro". In: NEIMAN, Zysman (Org.). *Meio Ambiente, educação e ecoturismo.* Barueri: Manole, 2002.

FEATHERSTONE, Mike. O curso da vida: corpo, cultura e o imaginário no processo de envelhecimento. *Cadernos IFCH,* Campinas: Unicamp, n.13, 1994.

_____. *O desmanche da cultura: globalização, pós-modernismo e identidade.* São Paulo: Studio Nobel/Sesc, 1997.

_____. O flâneur, a cidade e a vida pública virtual. In: ARANTES, A.A. (Org.). *O espaço da diferença.* Campinas: Papirus, 2000.

FEIXA, Carlos. La aventura imaginaria: una visión antropológica de las actividades físicas de aventura en la naturaleza. *Apunts: educación física y deportes,* n.41, 1995.

FERGUSON, James; GUPTA, Akhil. Mais além da cultura: espaço, identidade e política da diferença. In: ARANTES, A.A. (Org.). *O espaço da diferença.* Campinas: Papirus, 2000.

FLORES, L. Felipe B. N. Na zona do agrião. Sobre algumas mensagens ideológicas do futebol. In: DA MATTA, R. (Org.). *Universo do futebol.* Rio de Janeiro: Pinakotheke, 1982.

FOLHA DE S.PAULO. Idosos aposentam o tipo "vovô caseiro". *Folha de S.Paulo*, 23 maio 1999.

_____. ONG ecológica recruta voluntários pelo mundo. *Folha de S.Paulo*, 18 jul. 1999.

_____. Eros faz bem para o sexo e também para a alma. *Folha de S.Paulo*, 6 set. 2001.

GABLER, Neal. *Vida, o filme: como o entretenimento conquistou a realidade*. São Paulo: Companhia das Letras, 1999.

GARCIA, Mary; ABRAMOVAY, Miriam. *Gênero e meio ambiente*. São Paulo: Cortez, 1997.

GARCIA, Maurício L. A apologia do prazer e a interrupção da produção desejante. In: BRUHNS, Heloisa; GUTIERREZ, Gustavo. *Enfoques contemporâneos do lúdico*. Campinas: Autores Associados, 2002.

GARCIA DOS SANTOS, Laymert. Consumindo o futuro. *Folha de S.Paulo*, 27 fev. 2000. Caderno Mais!

GARRARD, Greg. *Ecocrítica*. Brasília: UnB, 2006.

GIDDENS, A.; BECK, U.; LASH S. *Modernização reflexiva*. São Paulo: Unesp, 1997.

GREINER, Christine. *O corpo: pistas para estudos indisciplinares*. São Paulo: Anna Blume, 2005.

GUATTARI, Felix. *As três ecologias*. 6.ed. Campinas: Papirus, 1997.

_____. *Caosmose: um novo paradigma estético*. 2.ed. São Paulo: Ed. 34, 1998.

HALL, Stuart. *A questão da identidade cultural*. Textos didáticos, Campinas, IFCH/Unicamp, n.18, 1995.

_____. *A identidade cultural na pós-modernidade*. 7.ed. Rio de Janeiro: DP&A, 2003.

_____. Quem precisa de identidade? In: SILVA, Tomaz Tadeu da (Org.). *Identidade e diferença*. 3.ed. Petrópolis: Vozes, 2004.

HARAWAY, Donna. Manifesto ciborgue: ciência, tecnologia e feminismo socialista no final do século XX. In: SILVA, Tomaz Tadeu da (Org.) *Antropologia do Ciborgue – as vertigens do pós-humano*. Belo Horizonte: Autêntica, 2000.

HARVEY, David. *Condição pós-moderna*. São Paulo: Loyola, 1993.

HILLMAN, James. Caminhar. In: HILLMAN, James. *Cidade e alma*. São Paulo: Studio Nobel, 1993.

IANNI, Octavio. *Enigmas da modernidade-mundo*. Rio de Janeiro: Civilização Brasileira, 2000.

ISTOÉ. A terceira onda. *IstoÉ*. São Paulo: Três Editorial, 27 mar. 1996.

JORNAL DE JUNDIAÍ. Uma nova maneira de treinamento. *Jornal de Jundiaí*, 2 mar. 2000.

KAY, Joanne; LABERGE, Suzanne. The "new" corporate habitus in adventure racing. *International Review for the Sociology of Sport*, v.37, n.1, 2002a.

_____. Mapping the Field of "AR": Adventure Racing and Bourdieu's Concept of Field. *Sociology of Sport Journal*, v.19, n.1, p.25-46, 2002b.

KRAKAUER, Jon. Sobre homens e montanhas. São Paulo: Companhia das Letras, 1999.

KUNZRU, Hari. Você é um ciborgue. In: SILVA, Tomaz Tadeu da (Org.). *Antropologia do Ciborgue: as vertigens do pós-humano*. Belo Horizonte: Autêntica, 2000.

LAERMANS, Rudi. Leisure as "making time": some sociological reflections on the paradoxical outcomes of individualization. New routes for leisure. *Atas do Congresso Mundial do Lazer*. Instituto de C. Sociais da Universidade de Lisboa, 1992.

LASCH, Scott. "A reflexibilidade e seus duplos: estrutura, estética, comunidade". In: GIDDENS, A; BECK, U. e LASH, S. *Modernização reflexiva*. São Paulo: Unesp, 1997.

LEFF, Enrique. *Epistemologia ambiental*. São Paulo: Cortez, 2000.

LEIS, Hector. Espiritualidade e Globalização na perspectiva do ambientalismo. *Ambiente e Sociedade*, ano 1, n.2, 1º semestre 1998.

_____. *A modernidade insustentável*. Petrópolis/Florianópolis: Vozes/UFSC, 1999.

LEITE, Ilke Boaventura. *Antropologia da viagem: escravos e libertos em Minas Gerais no século XIX*. Belo Horizonte: UFMG, 1996.

LEWIS, Neil. *The climbing body, nature and the experience of modernity*. Body and Society. UK: Sage Publications, 2000.

LOWY, Michael; SAYRE, Robert. *Romantismo e política*. São Paulo: Paz e Terra, 1993.

LUFTI, Adriana. Verdes agitam a internet: grupos ecológicos usam e-mails e sites para fazer campanhas. *Folha de S.Paulo*, 2 jun. 1999. Caderno Folha Informática. Disponível em: http://www1.folha.uol.com.br/fsp/informat/fr02069901.htm. Acesso em: 05 nov. 2008.

MAFFESOLI, Michel. *No fundo das aparências*. Petrópolis: Vozes, 1996.

_____. *O tempo das tribos*. 2.ed. Rio de Janeiro: Forense Universitária, 1998.

_____. *Sobre o nomadismo: vagabundagens pós-modernas*. São Paulo: Record, 2001a.

_____. *Elogio da razão sensível*. 2.ed. Petrópolis: Vozes, 2001b.

_____. *O mistério da conjunção: ensaios sobre comunicação, corpo e socialidade*. Porto Alegre: Sulina, 2005.

MAGNANI, José G. C. *Festa no pedaço*. São Paulo: Brasiliense, 1984.

MANINI, Daniela. A crítica feminina à modernidade e o projeto feminista no Brasil. *Cadernos AEL*, Campinas: IFCH/Unicamp, n.3/4, 1995/1996.

MARINHO, Alcyane. Do bambi ao rambo ou vice-versa? As relações humanas com a natureza. *Revista Conexões*, Campinas, FEF/Unicamp, n.3, dez. 1999.

MENDONÇA, Rita. A experiência na natureza segundo Joseph Cornell. In: SERRANO, Célia (Org.). *A educação pelas pedras: ecoturismo e educação ambiental*. São Paulo: Chronos, 2000.

MIES, Maria; SHIVA, Vandana. *Ecofeminismo.* Lisboa: Instituto Piaget, 1993.

MIRANDA, Julián et al. "Actividades físicas en la naturaleza: un objeto a investigar – dimensiones científicas. *Apunts,* n. 41, 1995.

MUNNÉ, Frederic; CODINA, Nuria. Psicologia social del ocio y del tiempo libre. In: GARRIDO, A. et al. (Orgs.). *Psicologia social: contextos de aplicación.* Madri: McGraw Hill, 1997.

NEIMAN, Zysman; RABINOVICI, Andréa. O cerrado como instrumento para educação ambiental em atividades de ecoturismo. In: NEIMAN, Zysman (Org.). *Meio ambiente, educação e ecoturismo.* Barueri: Manole, 2002.

NERY, Paulo R. Albieri. A construção social da pessoa moderna e as práticas de deslocamento por prazer em uma abordagem comparada. *Teoria e Sociedade,* UFMG, n.9, jun. 2002.

ORLANDI, Eni P. *As formas do silêncio.* 5.ed. Campinas: Unicamp, 2002.

ORTEGA, Francisco. *Para uma política da amizade: Arendt, Derrida, Foucault.* 2.ed. Rio de Janeiro: Relume Dumará, 2000.

ORTIZ, Renato. *Um outro território.* São Paulo: Olho d´água, s.d.

PADIGLIONE, Vincenzo. Diversidad y pluralidad en el escenario deportivo. *Apunts: educación física y deportes,* n.4, 1995.

PARLEBAS, Pierre. *Elementos de sociologia del deporte.* Málaga: Junta de Andalucia/Universidad Internacional Deportiva de Andalucia, 1988.

PELBART, Peter P. *Ensaios de biopolítica.* São Paulo: Iluminuras, 2003.

PETERS, Michael. *Pós-estruturalismo e filosofia da diferença.* Belo Horizonte: Autêntica, 2000.

POCIELLO, Christian. Os desafios da leveza. In: SANT'ANNA, Denise B. *Políticas do Corpo.* São Paulo: Estação Liberdade, 1995.

RAGO, Margareth. Adeus ao feminino? Feminismo e (pós)modernidade no Brasil. *Cadernos AEL,* Campinas: IFCH/Unicamp, n. 3/4, 1995/1996.

RASCH, Philip; BURKE, Roger. *Cinesiologia e anatomia aplicada.* Rio de Janeiro: Guanabara Koogan, 1977.

REIGOTA, Marcos. *Meio ambiente e representação social.* São Paulo: Cortez, 1995.

_____. *O que é educação ambiental.* São Paulo: Brasiliense, 1998.

REVISTA CAMINHOS DA TERRA. Radicais por natureza. *Revista Caminhos da Terra,* jan. 1997.

REVISTA DA FOLHA. Os impossíveis. *Revista da Folha,* 17 out. 1999.

REVISTA PESQUISA FAPESP. Mais verde, menos estresse. *Revista Pesquisa Fapesp,* out. 2003.

RIBEIRO, Gustavo L.; BARROS, Flávia L. A corrida por paisagens autênticas: turismo, meio ambiente e subjetividade no mundo contemporâneo. In: BRUHNS, Heloisa

T.; SERRANO, Célia M. T. (Orgs.). *Viagens à natureza: turismo, cultura e ambiente.* Campinas: Papirus, 1997.

ROJEK, Chris. *Decentring Leisure: Rethinking Leisure Theory.* Londres: Sage, 1995.

RUSHKOFF, Douglas. *Playing the future.* Nova York: Riverhead Books, 1999.

SALEM, Tânia. O "individualismo libertário" no imaginário social dos anos 60. *Revista Physis,* v.1, n.2, 1991.

SANT'ANNA, Denise B. Corpo e História. *Cadernos de Subjetividade,* São Paulo, PUC-SP, v.1, n.1, 1993.

_____. *O prazer justificado: história e lazer.* São Paulo: Marco Zero/CNPq, 1994.

_____. Passagens para condutas éticas na vida cotidiana. *Revista Margem,* São Paulo, n.9, jun. 1999.

_____. *Corpos de Passagem.* São Paulo: Estação Liberdade, 2001.

SCHAFFER, R. Murray. O mundo dos sons. *Correio da Unesco,* n.4, 1977.

SCHELLE, Karl Gottlob. *A arte de passear.* São Paulo: Martins Fontes, 2001.

SENNETT, Richard. *Carne e pedra: o corpo e a cidade na civilização ocidental.* Rio de Janeiro: Record, 1997.

SEVCENKO, Nicolau. O enigma pós-moderno. In: OLIVEIRA, Roberto C. (Org.) *Pós-Modernidade.* 3.ed. Campinas: Unicamp, 1990.

_____. Futebol, metrópole e desatinos. *Revista USP,* n.22, Dossiê Futebol, São Paulo, 1994.

_____. *A corrida para o século XXI: no loop da montanha-russa.* São Paulo: Companhia das Letras, 2001.

SHIVA, Vandana. O conceito de liberdade nas mulheres de Chipko. In: MIES, Maria; SHIVA, Vandana. *Ecofeminismo.* Lisboa: Instituto Piaget, 1993.

SILIPRANDI, Ema. Ecofeminismo: contribuições e limites para a abordagem de políticas ambientais. *Revista Agroecologia e Desenvolvimento Rural Sustentável,* Porto Alegre, v.1, n.1, jan-mar. 2000.

SILVA, Telma Domingues. O ambiente e o turista: uma abordagem discursiva. In: BRUHNS, Heloisa T.; SERRANO, Célia M. T. (Orgs.). *Viagens à natureza: turismo, cultura e ambiente.* Campinas: Papirus, 1997.

SILVA, Tomaz Tadeu da. "A produção social da identidade e da diferença." In Silva, Tomaz T. *Identidade e diferença – A perspectiva do estudos culturais.* 3.ed. Petrópolis: vozes, 2004.

SIMMEL, Georg. La aventura. In: SIMMEL, Georg (Org.) *Sobre la aventura.* Barcelona: Ediciones Península, 1988.

SORJ, Bila. O feminismo como metáfora da natureza. *Revista de Estudos Feministas,* Rio de Janeiro: CIEC/ECO/UFRJ, 1992.

SOUSA SANTOS, Boaventura de. *A crítica da razão indolente*. 4.ed. São Paulo: Cortez, 2002.

_____. *Pela mão de Alice: o social e o político na pós-modernidade*. 9.ed. São Paulo: Cortez, 2003.

SPINK, Mary Jane et al. Da exacerbação dos sentidos no encontro com a natureza: contrastando esportes radicais e turismo de aventura. *Psicologia: Reflexão e Crítica*, v.18, n.1, p.26-38, 2005.

_____. Suor, arranhões e diamantes: as contradições dos riscos na modernidade reflexiva. In: *Esterisco: estudo sobre tecnobiociências e risco na sociedade contemporânea*. Disponível em: www.ensp.fiocruz.br/projetos/esterisco/suor 1.htm. Acesso em: 2006.

THOMAS, Keith. *O homem e o mundo natural*. São Paulo: Companhia das letras, 1988.

THOREAU, Henry D. *Walden ou a vida nos bosques*. São Paulo: Aquariana, 2001.

TORRÃO FILHO, Almilcar. Uma questão de gênero: onde o masculino e o feminino se cruzam. In: *Cadernos Pagu*, Campinas: Unicamp, jan-jun, 2005.

TUAN, Yi-Fu. *Topofilia: um estudo da percepção, atitudes e valores do meio ambiente*. São Paulo: Difel, 1980.

_____. *Espaço e lugar*. São Paulo: Difel, 1983.

UCHÔA, Rodrigo. Equipe faz escalada para "limpar" Everest. *Folha de S.Paulo*, 9 maio 2000. Caderno Folha Mundo. Disponível em: http://www1.folha.uol.com.br/fol/inter/ult09052000010.htm

URRY, John. *O olhar do turista: lazer e viagens nas sociedades contemporâneas*. São Paulo: Sesc/Studio Nobel, 1996.

VEJA. O estilo ecológico. *Veja*, 27 dez. 1994.

_____. Santuários do Brasil ecológico. Veja, 27 dez. 1994. Disponível em: http://veja.abril.com.br/arquivo_veja/capa_07121994.shtml. Acessado em: 5 nov. 2008.

VEJA SÃO PAULO. Passo a passo. *Veja São Paulo*, 30 ago. 2000.

_____. Radical, pero no mucho. *Veja São Paulo*, 27 ago. 2003.

WOODWARD, Kathrin. Identidade e diferença: uma introdução teórica e conceitual. In: SILVA, Tomaz Tadeu (Org.). *Identidade e diferença - A Perspectiva dos Estudos Culturais*. 3.ed. Petrópolis: Vozes, 2004

ZIZEK, Slavoj. O superego pós-moderno. *Folha de S.Paulo*, 23 maio 1999. Caderno Mais!

Sobre a autora

Heloisa Turini Bruhns é professora titular do Departamento de Estudos do Lazer da FEF/Unicamp. É autora dos livros: *O corpo parceiro e o corpo adversário* e *Futebol, carnaval e capoeira: entre as gingas do corpo brasileiro*; organizadora e co-organizadora dos livros: *Conversando sobre o corpo*; *Viagens à natureza* e *Olhares contemporâneos sobre o turismo*; *Introdução aos Estudos do Lazer*; *Lazer e ciências sociais*; *Temas sobre Lazer, O corpo e o lúdico, Enfoques contemporâneos sobre o lúdico* e *Representações do lúdico*; *Turismo, Lazer e Natureza* e *Viagens, lazer e esporte: o espaço da natureza*, estes dois últimos pela Editora Manole. Durante o ano de 2007 realizou estágio como *visiting professor* no centro de pesquisa "Theory, Culture and Society" na Nottingham Trent University-UK.

Conheça também:

Encadernação: Brochura | 228 páginas
Formato: 16 x 23 cm

Viagens, Lazer e Esporte
Alcyane Marinho, Heloisa Turini Bruhns

Organizada por Alcyane Marinho e Heloisa Turini Bruhns, e com participação de autores da Inglaterra, França, Austrália e Espanha, a obra *Viagens, Lazer e Esporte* trata do fenômeno da procura pela natureza como um espaço fértil para o surgimento de novos valores e concepções, bem como de relações sociais.

O movimento atual das viagens à natureza é compreendido por meio de uma diversidade de enfoques, assim como pelo entrelaçamento de várias dimensões como o turismo, a geografia, a educação física, a biologia, a pedagogia, dentre outras.

Na tentativa de ampliar a questão, os estudos aqui desenvolvidos trazem uma visão abrangente e interdisciplinar do tema, sendo essencial para estudantes, professores, pesquisadores e para todo o público interessado nas viagens e nos esportes ligados à natureza.

Encadernação: Brochura | 308 páginas
Formato: 16 x 23 cm

Ecoturismo no Brasil
Zysman Neiman, Rita Mendonça

O termo ecoturismo é compreendido de diversas formas e isso tem originado um mosaico complexo de compreensões e de práticas.

Priorizando o que ocorre e é debatido no Brasil, este livro reúne as linhas mais representativas de cada área do conhecimento relativo ao tema: conceituação, regulamentação e implantação, educação e experiências.

Sob a organização de Zysman Neiman e Rita Mendonça, os autores discutem assuntos como o aproveitamento da natureza e da cultura, o equilíbrio entre a atividade econômica e a sustentabilidade ambiental, a certificação dos produtos e serviços ecoturísticos, o manejo de trilhas, a participação das ONGs, a educação ambiental e a formação profissional.

Também são apresentados capítulos sobre o turismo de aventura, as comunidades tradicionais, os *ecolodges*, a infra-estrutura sustentável, além de estudos de caso.

Abrangendo questões diversificadas e de forma interdisciplinar, esta obra é indicada para estudantes, professores e pesquisadores das áreas de meio ambiente e turismo.